## 《中国法院2025年度案例》编委会

**主　任**　李成林

**副主任**　李成玉

**成　员**　陈春梅　胡田野　王晓芳　徐光明　王　立
梁　欣　郑未媚　李成斌　程　瑛　王　锐
刘　畅　解文生　李晓果

**《中国法院2025年度案例》编审人员**（按姓氏笔画）

王　锐　朱　琳　刘　畅　李明桓　李晓果　杨小利
宋　爽　张淑芬　郑未媚　赵文轩　胡　岩　唐世银
梁　欣　程　瑛　潘园园

实习生（按姓氏笔画）

李　娅　杨延震　汪恒毅　武　悦　谢　涵

**编　务**　李明桓

**本书编审人员**　程　瑛

# 中国法院2025年度案例

国家法官学院　最高人民法院司法案例研究院 / 编

## 道路交通纠纷

中国法治出版社
CHINA LEGAL PUBLISHING HOUSE

# 《中国法院2025年度案例》通讯编辑名单

刘晓虹　北京市高级人民法院
王　凯　北京市高级人民法院
张　荷　天津市高级人民法院
徐翠翠　河北省高级人民法院
崔铮亮　山西省高级人民法院
杨钰奇　内蒙古自治区高级人民法院
张　健　辽宁省高级人民法院
苏　浩　吉林省高级人民法院
桑　松　黑龙江省高级人民法院
张　蕾　上海市高级人民法院
左一凡　江苏省高级人民法院
冯禹源　江苏省南通市中级人民法院
宋婉龄　江苏省无锡市中级人民法院
李　波　浙江省高级人民法院
刘伟玲　安徽省高级人民法院
林冬颖　福建省高级人民法院
杨云欣　江西省高级人民法院
李璐璐　山东省高级人民法院
卓峻帆　河南省高级人民法院
吴　杨　湖北省高级人民法院
唐　竞　湖南省高级人民法院
邵静红　广东省高级人民法院
邹尚忠　广西壮族自治区高级人民法院
韦丹萍　广西壮族自治区高级人民法院
黄文楠　海南省高级人民法院
吴　小　重庆市高级人民法院
任　梦　四川省高级人民法院
颜　源　贵州省高级人民法院
戚　雷　贵州省贵阳市中级人民法院
李丽玲　云南省高级人民法院
赵鸿章　云南省昆明市中级人民法院
索朗达杰　西藏自治区高级人民法院
郑亚非　陕西省高级人民法院
吴　莹　甘肃省高级人民法院
王　晶　青海省高级人民法院
马博文　宁夏回族自治区高级人民法院
石孝能　新疆维吾尔自治区高级人民法院
李　冰　新疆维吾尔自治区高级人民法院生产建设兵团分院

# 序

为深入学习贯彻习近平法治思想，落实习近平总书记“一个案例胜过一打文件”的重要指示精神，人民法院始终把完善中国特色案例制度，加强以案释法作为推进全面依法治国、支撑和服务中国式现代化的重要途径。人民法院案例库向社会开放一年多来，最高人民法院始终坚持高标准建设，实现入库案例对常见案由和罪名全覆盖，对于促进法律适用统一，实现严格公正司法发挥了重要作用。

“中国法院年度案例系列”丛书以及时记录人民法院司法审判工作新发展、新成就为己任，通过总结提炼典型案例的裁判规则、裁判方法和裁判理念，发挥案例鲜活生动、针对性强的优势，以案释法，以点带面，有针对性地阐释法律条文和立法精神，促进社会公众通过案例更加方便地学习法律，领悟法治精神，体现司法规范、指导、评价、引领的重要作用，大力弘扬社会主义核心价值观，积极服务人民法院案例库建设，加强对案例库案例的研究，促进统一法律适用，提升审判质效，丰富实践法学研究，增强全民法治意识和法治素养，展现新时代我国法治建设新成就。

“中国法院年度案例系列”丛书自 2012 年编辑出版以来，已连续出版 13 年，受到读者广泛好评。为更加全面地反映我国司法审判执行工作的发展进程，顺应审判执行实践需要，响应读者需求，丛书于 2014 年度新增金融纠纷、行政纠纷、刑事案例 3 个分册，2015 年度将刑事案例调整为刑法总则案例、刑法分则案例 2 个分册，2016 年度新增知识产权纠纷分册，2017 年度新增执行案例分册，2018 年度将刑事案例扩充为 4 个分册，2022 年度将土地纠纷（含林地纠纷）分册改为土地纠纷（含环境资源纠纷）分册。自 2020 年起，丛书由国家法官学院与最高人民法院司法案例研究院共同编辑，每年年初定期出版。在全国各级人民法院的大力支持下，丛书编委会现编辑出版《中国法院 2025 年度案例系列》丛书，共23册。

“中国法院年度案例系列”丛书以开放务实的态度、简洁明快的风格，在编辑过程中坚持以下方法，努力让案例书籍“好读有用”：一是高度提炼案例内容，控制案例篇幅，每个案例字数基本在3000字左右；二是突出争议焦点，力求在有限的篇幅内为读者提供更多有效信息，便于读者快速抓取案例要点；三是注重释法说理，案例由法官撰写“法官后语”，高度提炼、总结案例的指导价值，引发读者思考，为司法审判提供借鉴，为法学研究提供启迪。

“中国法院年度案例系列”丛书编辑工作坚持以下原则：一是以研究案例库案例为首要任务。自2024年起，“中国法院年度案例系列”丛书优先选用人民法院案例库案例作为研究对象，力求对案例库案例裁判要旨的基本内涵、价值导向、法理基础、适用要点等进行深入分析，增强丛书的权威性、参考性。二是广泛选编案例。国家法官学院和最高人民法院司法案例研究院每年通过各高级人民法院从辖区法院汇集上一年度审结的典型案例近万件，使丛书有广泛的精选基础，通过优中选优，可提供给读者新近发生的多种类型的典型、疑难案例。三是方便读者检索。丛书坚持以读者为本，做到分卷细化，每卷案例主要根据案由或罪名分类编排，每个案例用一句话概括裁判要旨或焦点问题作为主标题，让读者一目了然，迅速找到目标案例。

中国法治出版社始终全力支持“中国法院年度案例系列”丛书的出版，给了编者们巨大的鼓励。2025年，丛书将继续提供数据库增值服务。购买本系列丛书，扫描腰封二维码，即可在本年度免费查阅往年同类案例数据库。我们在此谨表谢忱，并希望通过共同努力，逐步完善，做得更好，探索出一条充分挖掘好、宣传好人民法院案例库案例和其他典型案例价值的新路，为广大法律工作者和社会公众提供权威、鲜活、精准的办案参考、研究素材，更好地服务司法审判实践、服务法学教育研究、服务法治中国建设。

“中国法院年度案例系列”丛书既是法官、检察官、律师等法律工作者的办案参考和司法人员培训辅助教材，也是社会大众学法用法的经典案例读本，同时为教学科研机构开展案例研究提供了良好的系列素材。当然，编者们在编写过程中也难以一步到位实现目标愿景，客观上会存在各种不足甚至错误，欢迎读者批评指正。我们诚心听取各方建议，立足提质增效，不断拓宽司法案例研究领域，创新司法案例研究方法，助推实现中国特色司法案例研究事业的高质量发展。

国家法官学院　最高人民法院司法案例研究院

2025 年 3 月

# 目　录

## Contents

## 一、交通事故中的主体问题

## 二、交通事故损害赔偿

## 三、交通事故损害赔偿程序

## 四、交通事故保险理赔

# 一、交通事故中的主体问题

1

## 车辆因买卖被过户后，出卖人私自退保商业三者险未告知买受人，买受人驾驶车辆发生事故的责任承担

——陆某1、陆某2诉曾某等机动车交通事故责任案

**【案件基本信息】**

1. 裁判书字号

广西壮族自治区玉林市中级人民法院（2023）桂09民终2028号民事判决书

2. 案由：机动车交通事故责任纠纷

3. 当事人

原告（上诉人）：陆某1、陆某2

被告（被上诉人）：曾某、某保险公司、莫某、覃某

**【基本案情】**

覃某为桂KE××××号轻型厢式货车车主，其于2022年4月1日在某保险公司投保交强险及保额为150万元的商业三者险。2022年8月5日，覃某告知王某想要转让车辆，并根据王某的要求将车辆有关证件及保单通过微信发送给王某，王某随后联系莫某，微信转发车辆证件及保单，莫某支付定金1500元给王

某。2022年8月6日，覃某与莫某签订车辆买卖协议，约定覃某将车辆转让给莫某，转让价款20500元（含已付定金1500元）。同日，曾某联系莫某商议购买车辆事宜，莫某将车容、车况及保险单通过微信发送给曾某。次日，曾某支付定金9000元给莫某。8月9日，曾某支付余款20000元给莫某，货车所有权人由覃某变更登记为曾某，车牌号亦变更登记为桂K7××××。曾某与莫某未签订车辆买卖合同。

2022年11月21日，覃某向某保险公司申请退保商业三者险，某保险公司同意覃某的退保申请，商业三者险从2022年11月22日00时起终止保险责任，某保险公司向覃某退还保费792.56元，覃某没有将退保情况如实告知莫某及曾某。覃某将涉案车辆转让给莫某，莫某又将涉案车辆转让给曾某，该三人均未向保险人某保险公司报备登记，也未请求保险人办理变更保险权利人的手续。

2023年1月16日，曾某驾驶桂K7××××号轻型厢式货车，与龙某驾驶的电动自行车发生碰撞，造成龙某送医经抢救无效后于事故当日死亡。容县公安局交通管理大队作出《道路交通事故认定书》，认定曾某、龙某承担事故的同等责任。龙某死亡后，曾某赔偿了丧葬费45684元给龙某的家属陆某1和陆某2。

陆某1和陆某2提起诉讼，要求某保险公司在交强险限额范围内承担赔偿责任，剩余损失由某保险公司按照50%的比例承担赔偿责任；仍有不足的，由曾某承担赔偿责任。曾某在一审审理时申请追加莫某和覃某作为被告参与诉讼，一审法院予以准许。

**【案件焦点】**

1. 覃某将涉案车辆转让时是否约定连同交强险和商业三者险的权利一并转让；2. 某保险公司准许覃某退保的行为是否合法有效，以及其应否在商业三者险责任限额范围内承担赔偿责任；3. 覃某、曾某、莫某是否存在过错，应否承担民事赔偿责任。

**【法院裁判要旨】**①

广西壮族自治区容县人民法院经审理认为：确定由曾某和龙某各自承担50%的民事责任。本案的合理损失合计 838328.78 元。曾某驾驶的车辆在某保险公司投保有交强险，由某保险公司在交强险责任限额内赔偿 182044.78 元给陆某 1、陆某 2。关于商业保险赔偿主体及责任划分问题。覃某将货车的交强险及商业三者险的保单通过微信发送给王某，王某又将该货车的交强险及商业三者险的保单通过微信发送给莫某，莫某再将该货车的交强险及商业三者险的保单通过微信发送给曾某。在此过程中，覃某与莫某在 2022 年 8 月 6 日完成桂 KE××××号轻型厢式货车的交付交易，莫某与曾某在 2022 年 8 月 9 日完成桂 KE××××号轻型厢式货车的交付交易。应认定覃某将桂 KE××××号轻型厢式货车的交强险及商业三者险的保单通过微信发送给其要求将该车进行交易的王某，即表示该货车投保的交强险及商业三者险在交易该货车时一并转让，覃某在该货车完成交易后，又向保险公司申请退保商业三者险，导致涉案车辆的商业三者险从 2022 年 11 月 22 日 00 时起终止保险责任。覃某的退保行为，致使 2023 年 1 月 16 日发生的本案交通事故的受害人无法得到保险公司商业保险的赔偿，责任属于覃某，原本应由某保险公司在商业三者险范围内承担的损失赔偿责任，现由覃某承担。覃某承担事故同等责任即应赔偿 328142 元（656284 元×50%）。曾某已赔偿的丧葬费 45684 元，应予以扣减，由某保险公司返还曾某。

广西壮族自治区容县人民法院依照《中华人民共和国民法典》第一千一百六十五条第一款、第一千一百七十九条、第一千二百零八条、第一千二百一十三条，《中华人民共和国道路交通安全法》第七十六条，《最高人民法院关于审理道路交通事故损害赔偿案件适用法律若干问题的解释》（2020 年修正）第十二条、第十三条第二款、第二十条、第二十二条、第二十四条，《最高人民法院关于审理人身损害赔偿案件适用法律若干问题的解释》（2022 年修正）第六条、第十四条、第十五条，《最高人民法院关于确定民事侵权精神损害赔偿责

---

① 本书【法院裁判要旨】适用的法律法规等条文均为案件裁判当时有效，下文不再对此进行提示。

任若干问题的解释》（2020 年修正）第一条、第五条之规定，判决如下：

一、被告某保险公司在机动车交通事故责任强制保险限额范围内赔偿医疗费、电动车损失费、死亡赔偿金、精神损害抚慰金、丧葬费合计 136360.78 元给原告陆某 1、陆某 2（已扣减曾某赔偿的丧葬费 45684 元）；

二、被告覃某赔偿 328142 元给原告陆某 1、陆某 2；

三、被告某保险公司返还 45684 元给被告曾某；

四、驳回原告陆某 1、陆某 2 的其他诉讼请求。

陆某 1、陆某 2 不服一审判决，提起上诉。广西壮族自治区玉林市中级人民法院经审理认为：商业三者险的投保人覃某，在车辆转让之后有权解除合同。涉案车辆于商业三者险终止保险责任之后发生交通事故，保险公司不予赔偿。覃某将涉案车辆转让后未经曾某同意擅自退保，也未告知曾某续保，导致车辆出险后受害人无法获得保险人的保险理赔，对此，覃某对损害结果的发生存在严重过错，依法应承担相应的过错责任。曾某作为直接侵权人以及转让车辆受让人，未请求保险人办理变更保险权利人的手续，其对损害结果的发生亦存在过错，应承担相应的过错责任。莫某在交易过程中，对损害结果的发生没有注意义务，其不存在过错。根据曾某、覃某的过错程度，确定覃某应承担 70%的民事赔偿责任，曾某应承担 30%的民事赔偿责任。

广西壮族自治区玉林市中级人民法院依照《中华人民共和国民法典》第一千二百一十三条，《中华人民共和国民事诉讼法》第一百七十七条第一款第一项、第二项之规定，判决如下：

一、维持容县人民法院（2023）桂 0921 民初 709 号民事判决第一、三项；

二、撤销容县人民法院（2023）桂 0921 民初 709 号民事判决第四项；

三、变更容县人民法院（2023）桂 0921 民初 709 号民事判决第二项为：被上诉人覃某赔偿损失 229699.4 元给上诉人陆某 1、陆某 2；

四、被上诉人曾某赔偿损失 98442.6 元给上诉人陆某 1、陆某 2。

## 【法官后语】①

车辆被转让过户后，原车主私自退保商业三者险时，保险公司对该退保行为不负有实质性的审查义务，保险合同关系自保险公司退还剩余保费时解除。买受人对退保行为并不知情，其在使用车辆过程中发生交通事故致他人损害时，被侵权人无权主张保险公司在商业三者险范围内承担赔偿责任。对于被侵权人一方的损失，应由私自退保一方和侵权人按照各自的过错承担相应的赔偿责任。

一、保险公司对于投保人退保商业三者险的行为不负有实质审查义务

退保属于单方主张解除保险合同的行为，若车辆投保的险种不同，则可以解除合同的条件也不尽相同。交强险因具有强制保险的属性和保护受害人权益的基本社会功能，故根据《机动车交通事故责任强制保险条例》第十六条的规定，只有在被保险机动车被依法注销登记、被保险机动车办理停驶和被保险机动车经公安机关证实丢失三种情形下，投保人才可以解除交强险合同。但对于商业三者险的解除，根据《中华人民共和国保险法》第十五条“除本法另有规定或者保险合同另有约定外，保险合同成立后，投保人可以解除合同，保险人不得解除合同”的规定，商业三者险合同的投保人可以根据合同约定解除合同。

在投保人与保险公司订立商业三者险时，双方在合同中对于退保商业三者险的约定仅为投保人提交退保申请可以退保，即仅针对可以申请退保的主体进行约定，并未就保险公司负有进一步的审查义务进行任何约定。保险公司在根据保险合同约定审查该退保申请并予以准许的行为，未违反法律规定或合同约定，其也不应在合同解除后继续履行原合同约定的义务。

二、原出卖人在车辆过户后，私自退保商业三者险且未告知买受人，买受人驾驶车辆发生事故的责任应适用过错责任原则

作为特殊动产，除当事人特别约定外，车辆在实际交付后，其毁损、灭失的风险转移给买受人，保险利益也随之转移。因车辆保险合同的标的是车辆，

---

① 本书【法官后语】对此类法律问题涉及的法律法规等内容进行了时效性更新，下文不再对此进行提示。

故投保人在原保险合同中的权利对车辆所有权而言是从权利，主权利转移从权利当然转移。被保险车辆发生转让后，由于该保险合同标的转让保险合同主体随之变更，附随的保险利益实际上也应随之转移给车辆买受人。即便是未办理批改手续，受让人对保险标的也当然享有保险利益，即其在事实上具有了保险合同当事人的主体资格，一旦发生交通事故，保险公司就应在商业险中予以赔偿。

但商业三者险保险合同被解除后，明显增加了车辆使用人的风险。假设事故发生时处于商业三者险的保险有效期间，那么本应由侵权人承担的赔偿责任，将由保险公司替代承担，这正是商业险分散自身风险的体现。本案中，原车主将车辆转让并过户后，擅自退保且未及时告知买受人，不仅违背了买卖合同的附随义务，而且完全剥夺了侵权人本身享有的保险公司替代赔偿的机会，造成侵权人变成直接的赔偿义务主体，对于投保人的该行为应给予否定性评价。当投保人的严重过错行为导致赔偿义务人需承担责任时，应由投保人替代侵权人承担部分责任，如此才能保证侵权人原本的合法权益。

另，买受人未及时办理保险批改手续，导致投保人有了退保的机会，买受人自身也存在一定的过错，但该过错程度明显轻于投保人的过错。应根据双方的过错程度，分别确定最终的责任承担比例。

编写人：广西壮族自治区玉林市中级人民法院　蒋慧

2

# 未投保交强险情形下，机动车副驾“开门杀”致人损害的民事责任认定

## ——韦某1诉蓝某1等机动车交通事故责任案

### 【案件基本信息】

1. 裁判书字号

广西壮族自治区河池市中级人民法院（2023）桂12民终171号民事判决书

2. 案由：机动车交通事故责任纠纷

3. 当事人

原告（上诉人）：韦某1

被告（被上诉人）：蓝某1、蓝某2

被告：韦某2

### 【基本案情】

2019年5月21日，蓝某2乘坐蓝某1驾驶的低速电动汽车，途中因故障停在路中间稍靠左位置，后方由韦某2驾驶的二轮摩托车（车上搭乘韦某1）从右侧超车，至前车副驾驶位置时遇蓝某2开车门，致使发生碰撞后韦某2驾驶的二轮摩托车翻出路外，造成韦某2、韦某1受伤，两车不同程度损坏的道路交通事故。事故发生后双方未立即报警。2019年6月6日，交警队主持蓝某2、韦某2签订了《协议书》，确认事故经过并约定：由蓝某2承担此次事故的主要责任，韦某2承担此次事故的次要责任。蓝某2承担此次事故造成损失的70%，余下30%的损失由韦某2承担，后此事故了结。

韦某1到医院住院治疗后，委托司法鉴定机构对其伤残程度进行鉴定，鉴

定结果为十级伤残。蓝某 1 系案涉低速电动车的车主，事故发生时该车未投保交强险。韦某 2 驾驶的二轮摩托车在事故发生时未年检。

韦某 1 向法院起诉，请求：蓝某 1 在交强险责任范围内赔偿医疗费、残疾赔偿金、护理费等各项损失 146244 元，被告蓝某 2 承担连带责任；仍有不足的，按照责任比例由被告蓝某 1、蓝某 2 承担 70%的赔偿责任。案件审理过程中，韦某 1 表示放弃要求二轮摩托车驾驶员韦某 2 承担本案民事赔偿责任。

【案件焦点】

在交强险责任限额范围内，蓝某 1、蓝某 2 应当如何承担责任。

【法院裁判要旨】

广西壮族自治区河池市宜州区人民法院经审理认为：蓝某 2、韦某 2、蓝某 1 在交警部门签订的协议书，系各方当事人的真实意思表示，约定的事故责任划分恰当、承担的民事责任比例相当，且未违反法律法规的强制性规定，韦某 1 也予以认可，应属合法有效并对当事人具有法律约束力。蓝某 1 虽在本次事故中无责任，但其作为案涉低速电动车的驾驶员及交强险的投保义务人，在事故发生时未为该车投保交强险，蓝某 1 应在交强险无责限额范围内承担赔偿责任；蓝某 2 与蓝某 1 在交强险限额范围内承担连带赔偿责任，无法律依据，法院不予支持。交强险赔偿不足部分，依协议约定应由蓝某 2 承担 70%的民事赔偿责任，由韦某 2 承担 30%的赔偿责任。被告蓝某 1 与蓝某 2 共同承担 70%的民事赔偿责任，亦无约定或法律依据，法院不予支持。韦某 1 放弃要求二轮摩托车驾驶员韦某 2 承担本案民事责任，应属对其诉讼权利的自主处分，法院予以准许。

广西壮族自治区河池市宜州区人民法院依照《中华人民共和国侵权责任法》第六条、第十六条，《中华人民共和国道路交通安全法》第二十二条第一款、第四十九条、第五十一条、第七十六条，《道路交通事故处理程序规定》第二十一条，《中华人民共和国道路交通安全法实施条例》第六十三条，《最高人民法院关于适用〈中华人民共和国民法典时间效力〉的若干规定》第一条第二款,《最高人民法院关于审理人身损害赔偿案件适用法律若干问题的解释》第十七条、第十九条、第二十条、第二十一条、第二十三条、第二十四条、第二十五条,《最高人民法院关于审理道路交通事故损害赔偿案件适用法律若干问题的解释》第十九条,《中华人民共和国民事诉讼法》第六十七条、第一百零三条、第一百四十七条之规定,判决如下:

一、被告蓝某1于本判决生效之日起十五日内赔偿原告12000元(优先赔偿精神损害抚慰金);

二、被告蓝某2于本判决生效之日起十五日内赔偿原告82401.81元(不含已赔部分);

三、驳回原告的其他诉讼请求。

韦某1不服一审判决,提起上诉。广西壮族自治区河池市中级人民法院经审理认为:蓝某1作为案涉低速电动车的驾驶员,对于车辆的安全行驶负有管理义务,而车辆对外是一个整体,车门属于车辆的一部分,发生事故时,蓝某1将其行驶的车辆停放在路中间,并且未能提醒、监督副驾乘坐人蓝某2在确保安全的情况下开车门下车,其存在一定过错。蓝某2在开车门时未注意后方来车,导致车门与韦某2驾驶的二轮摩托车发生碰撞从而直接造成了本案交通事故,根据《最高人民法院关于审理道路交通事故损害赔偿案件适用法律若干问题的解释》第十六条的规定,蓝某1和蓝某2的行为共同造成事故发生,且蓝某1作为投保义务人未依法投保交强险,故应由蓝某1和蓝某2在交强险责任限额范围内对韦某1的损失共同予以赔偿。对于不足部分,因蓝某2、韦某2在事故后达成了《协议书》,约定由蓝某2承担此次事故造成损失的70%,余下30%的损失由韦某2承担,该协议系当事人自愿签订,未违反法律法规的强制性规定,且韦某1对该协议予以认可,故不足部分应由蓝某2承担70%的赔偿责任。韦某1放弃要求韦某2在本案中承担民事责任,属于其自行处分权利。

广西壮族自治区河池市中级人民法院依照《最高人民法院关于审理道路交通事故损害赔偿案件适用法律若干问题的解释》第十六条,《中华人民共和国民事诉讼法》第一百七十七条第一款第二项之规定，判决如下：

一、撤销河池市宜州区人民法院（2022）桂 1203 民初 2598 号民事判决第三项；

二、变更河池市宜州区人民法院（2022）桂 1203 民初 2598 号民事判决第一项为：被上诉人蓝某 1、蓝某 2 于本判决生效之日起十五日内共同支付给上诉人韦某 113855.59 元（优先赔偿精神损害抚慰金）；

三、变更河池市宜州区人民法院（2022）桂 1203 民初 2598 号民事判决第二项为：被上诉人蓝某 2 于本判决生效之日起十五日内支付给上诉人韦某 111007.43 元；

四、驳回上诉人韦某 1 的其他诉讼请求。

## 【法官后语】

日常生活中，机动车“开门杀”致人损害事件时有发生。对于损害结果，案涉各方当事人应当如何承担民事责任，涉及多方面的问题。就本案而言，主要涉及两个争议焦点：一是在副驾驶“开门杀”致人损害的情况下，作为主驾驶的司机应否承担责任；二是在机动车未投保交强险的情况下，投保义务人与侵权人如何承担责任。

一、机动车副驾驶直接导致“开门杀”，司机应否承担责任应当根据司机是否存在过错予以判定

根据侵权责任理论，过错是一般侵权责任的核心，除了适用无过错责任的几种特殊情形外，行为人承担民事责任的前提是行为人存在过错。在“开门杀”事故中，若机动车司机在驾驶过程中或者临时停车时，未按照道路交通规则行驶或者停车，则应当认定其存在过错，其应当对损害后果承担相应的民事责任。

首先，按照《中华人民共和国道路交通安全法》及《中华人民共和国道路交通安全法实施条例》的规定，机动车在道路上临时停车，应当紧靠道路右侧停车；机动车在道路上发生故障，需要停车排除故障时，驾驶人应当立即开启危险报警闪光灯，将机动车移至不妨碍交通的地方停放。但本案中，蓝某 1 停

车时并未紧靠道路右侧，而是停在道路中间偏左位置，其辩称车辆临时出故障，但其并未提供证据证实，且即使车辆确系临时出故障，蓝某1亦未按照相关规定开启危险报警闪光灯或者及时将车辆移至安全位置。其次，根据《中华人民共和国道路交通安全法实施条例》第六十三条第四项的规定，车辆停稳前不得开车门和上下人员，开关车门不得妨碍其他车辆和行人通行。车辆对外是一个整体，车门属于车辆的一部分，蓝某1作为车辆所有人及驾驶人，其实际控制和管理案涉车辆，并有义务提醒和确保副驾乘坐人在安全情况下开门下车，但蓝某1并未尽到其应尽义务，存在过失。综上，蓝某1存在过错，应当承担相应的民事责任。

二、机动车未投保交强险，投保义务人和侵权人非同一人的，应由投保义务人和侵权人在交强险责任范围内共同承担责任

未投保交强险的机动车发生交通事故后，对于交强险限额范围内的责任，通常由投保义务人在交强险限额范围内先行赔偿。但在实践中，机动车交通事故的投保义务人与实际侵权人有可能并非同一人，此种情况下，赔偿主体的民事责任如何认定、投保义务人和侵权人之间如何承担责任，还需进一步明确。

《最高人民法院关于审理道路交通事故损害赔偿案件适用法律若干问题的解释》第十六条规定："未依法投保交强险的机动车发生交通事故造成损害，当事人请求投保义务人在交强险责任限额范围内予以赔偿的，人民法院应予支持。投保义务人和侵权人不是同一人，当事人请求投保义务人和侵权人在交强险责任限额范围内承担相应责任的，人民法院应予支持。"即投保义务人和侵权人并非同一人的情况下，二者在交强险责任限额范围内承担"相应责任"。如何理解此处的"相应责任"，是司法实务中的难点问题。

（一）侵权人和投保义务人应当各自向受害人承担责任

要准确理解"相应责任"，首先应当梳理侵权人责任和投保义务人责任的概念、区别以及二者之间的关联。侵权人责任，是指因机动车肇事行为给受害人造成人身、财产的直接损失，侵权人因其过错行为而对直接损失承担赔偿责任，侵权人责任所保护的是受害人的人身、财产权益，是一种绝对人身权；而

投保义务人责任，是指因投保义务人未依法投保交强险，发生交通事故后受害人不能获得交强险赔付的利益损失所产生的赔偿责任，投保义务人责任所保护的是受害人应获得交强险赔偿的利益，是一种绝对权之外的利益，即纯粹的经济利益。故，侵权人和投保义务人侵害的是两种不同的法益，且两种侵权行为之间是独立的，侵权人和投保义务人之间并不构成连带责任、按份责任或者补充责任（因为这三种形态的责任应当指向同一法益），二者应当独立承担各自的侵权责任。

（二）受害人同时起诉侵权人与投保义务人的，应先由侵权人与投保义务人在交强险责任范围内共同赔偿，不足部分再由侵权人按照过错比例予以赔偿

交强险具有强制性、公益性。我国交强险强调基本社会保障功能，注重对受害人的损失填补，采取的是在一定范围内与侵权人责任脱钩的模式。基于交强险的功能定位，《中华人民共和国民法典》确认了交强险、商业三者险、侵权人的法定赔偿顺序，即交强险负有先行赔付的义务。在投保义务人未依法投保交强险的情况下，在交强险责任范围内，侵权人和投保义务人如何承担责任？如上文所述，侵权人和投保人义务人各自向受害人承担责任，两者之间既不是连带责任，亦不是按份责任或补充责任，因交强险制度与侵权责任损害赔偿制度均具备损害填补的功能，若受害人同时向侵权人与投保义务人主张赔偿，则虽然侵权人和投保义务人承担的是两种不同的赔偿责任，但对受害人而言，在交强险限额范围内的损失部分，只要足额赔偿，其损失即可得到填补，故在实务中，法院直接判决侵权人和投保义务人在交强险责任范围内共同赔偿受害人即可，而对于侵权人和投保义务人之间在交强险责任范围内的赔偿顺序，法院判决时无须考虑，到执行阶段，可由受害人再根据实际情况自由选择。对于交强险赔偿不足的部分，由侵权人按照其过错比例予以赔偿。需要注意的是，受害人主张赔偿需受到损害填平原则的限制，即侵权人和投保义务人实际支付的赔偿费用总和不应超出受害人应受偿的损失数额。

综上，《最高人民法院关于审理道路交通事故损害赔偿案件适用法律若干问题的解释》第十六条的“相应责任”应当从以下两个方面予以理解：第一，

投保义务人与侵权人均各自向受害者承担损害赔偿责任，即投保义务人对其不依法投保交强险给受害人不能获得交强险赔付承担赔偿责任，侵权人对受害人的人身、财产损失承担赔偿责任；第二，当受害人同时请求两者进行赔偿时，应先由侵权人和投保义务人在交强险责任范围内共同赔偿，不足部分再由侵权人按照过错比例予以赔偿。侵权人和投保义务人实际支付的赔偿费用总和不应超出受害人应受偿的损失数额。

本案中，司机蓝某1与直接开门的副驾蓝某2构成共同侵权。蓝某1作为侵权人之一，同时也系投保义务人，但其未依法投保交强险。因此按照上述相应责任的理解，应当先由投保义务人和侵权人（蓝某1、蓝某2）在交强险责任范围内对受害人共同承担赔偿责任，对于赔偿金额不足的部分，再由侵权人（蓝某2）按照过错比例予以赔偿。

编写人：广西壮族自治区河池市中级人民法院　李慧莹

3

# “开门杀”交通事故致车外人员损害赔偿责任之司法认定

## ——许某诉某保险公司等机动车交通事故责任案

**【案件基本信息】**

1. 裁判书字号

福建省漳州市中级人民法院（2023）闽06民终2077号民事判决书

2. 案由：机动车交通事故责任纠纷

3. 当事人

原告（被上诉人）：许某

被告（上诉人）：某保险公司

被告（被上诉人）：张某、张某1

被告：张某2、张某3

## 【基本案情】

2022年2月15日21时10分，张某2驾驶小型普通客车（该车所有权人为张某3）行驶至涉案路段，将车停靠在道路右侧停车位上，未提醒后座人员张某（事故时系未成年人，其法定代理人为张某1）在开启车门时要注意车辆旁边的其他来往车辆，后张某开车门导致车门与同向左侧后方沈某驾驶的未登记二轮电动车发生碰撞［车后载许某（事故时为未成年人）］两车受损和许某受伤的交通事故。2022年2月16日，交警部门作出《道路交通事故认定书》，认定张某承担本次事故的全部责任；张某2、沈某和许某无责。许某受伤后，被送往医院住院治疗。经某司法鉴定中心鉴定，其出院后护理期限为66日、后续治疗费约10000元。许某自认受伤后由父母护理，其均是城镇户口，父亲在市场卖猪肉，母亲在卖牛肉丸，均为个体户，收入不固定。涉案车辆投保交强险及商业第三者责任保险于某保险公司，且本次事故发生在保险期间内。据此，许某主张张某、张某1、某保险公司、张某2、张某3共同赔偿其因本次事故产生的医疗费、住院伙食补助费、交通费、护理费等经济损失。

## 【案件焦点】

1. 护理费的标准应如何认定；2. 某保险公司的赔偿责任应如何认定，涉案车辆驾驶员张某2与后座人员张某是否构成共同侵权。

## 【法院裁判要旨】

福建省诏安县人民法院经审理认为：许某因本次交通事故产生的经济损失合计为58320.28元，其中护理费14419.29元。本案虽然系后座人员张某开车门时未注意左侧后方交通情况导致许某受伤引发交通事故，但开车门属于车辆使用内容，且张某2作为驾驶员没有尽到提示义务，对本案事故的发生存在一定的责任。故，应当先由张某2所驾驶车辆的承保公司即某保险公司在交强险和商业三者险有责的赔偿限额内承担保险赔偿责任，即在交强险限额内赔偿

32919.29元、在商业三者险限额内赔偿25400.99元，共计58320.28元。

福建省诏安县人民法院依照《中华人民共和国民法典》第一千一百七十九条，《中华人民共和国道路交通安全法》第七十六条，《中华人民共和国保险法》第六十五条，《最高人民法院关于审理人身损害赔偿案件适用法律若干问题的解释》第一条、第六条、第八条、第九条、第十条，《中华人民共和国民事诉讼法》第四十条、第一百四十七条之规定，判决如下：

一、某保险公司应在判决生效之日起十日内在交强险、商业三者险项下给付许某58320.28元（其中交强险32919.29元，商业三者险25400.99元）；

二、驳回许某的其他诉讼请求。

某保险公司不服一审判决，提出上诉。福建省漳州市中级人民法院经审理认为：第一，关于护理费的标准。根据许某自认的护理人员工作情况，护理费应参照2021年福建省城镇非私营单位分行业就业人员年平均工资76355元的标准计算为11923.83元。一审法院关于护理费标准的认定，确有不当。许某因事故造成的各项经济损失合计55824.82元。第二，关于某保险公司的赔偿责任应如何认定的问题。二审法院同意一审法院关于张某2、张某二人对于事故的发生均有过错的意见。其二人在使用车辆过程中的过失侵权行为，具有关联性，共同导致了本案事故的发生，应对许某因事故发生造成的损失承担连带赔偿责任。而张某2、张某应根据各自过错程度和原因力大小，承担与其过错相适应的责任，即张某2承担70%的责任，张某承担30%的责任。故，某保险公司应在交强险限额内赔偿30423.83元、在商业三者险限额项下赔偿25400.99元，合计55824.82元。某保险公司在商业三者险限额内承担赔偿责任后，可就超出被保险人责任份额的部分向张某追偿。

福建省漳州市中级人民法院依照《中华人民共和国民法典》第一千一百六十八条，《中华人民共和国道路交通安全法》第七十六条，《最高人民法院关于适用〈中华人民共和国保险法〉若干问题的解释（四）》第十六条，《最高人民法院关于审理人身损害赔偿案件适用法律若干问题的解释》第八条，《中华人民共和国民事诉讼法》第一百七十六条第一款、第一百七十七条第一款第二项之规定，判决如下：

一、撤销福建省诏安县人民法院（2023）闽0624民初592号民事判决；

二、某保险公司应于判决发生法律效力之日起十日内赔偿被上诉人许某各项经济损失合计55824.82元（其中在交强险范围内赔偿30423.83元，在商业三者险范围内赔偿25400.99元）；

三、驳回许某的其他诉讼请求。

【法官后语】

开车门看似寻常，但稍有不慎即可能酿成交通事故，危及自身和他人的生命安全，这种情况俗称“开门杀”。司法实践中，对“开门杀”所涉驾驶员和乘客侵权行为的性质如何界定，往往涉及责任承担及保险赔付责任的认定，实务中也存在不同观点。因此，对“开门杀”现象所引起的机动车交通事故责任纠纷，亟须进一步厘清侵权行为的责任形态及法律适用问题。

一、“开门杀”侵权责任性质之分析与界定

在“开门杀”交通事故中，一般情况下，先有驾驶员停车、解除车门锁，后有乘客推开车门碰撞车外人员造成人身及财产损害，两个行为先后连贯。驾驶员与乘客均有防止开门行为侵害他人人身和财产权利的安全注意义务。

从构成要件上看，驾驶员与开门乘客存在共同过失。驾驶员张某2和乘客张某作为具备一定民事行为能力与正常生活常识的人，应当预见到贸然打开车门可能导致车外他人损害，二人却因为疏忽或者过于自信等造成了损害结果的发生，应当认定为共同过失。

从客观行为上看，司机与乘客作为同一辆车内的人员，处同一时空之下，对外应视为一个整体。停车、解除车锁、打开车门一系列行为前后相续、相互结合，客观上具有共同关联性。本案中，驾驶员张某2在乘客下车前，既未提醒乘客张某不能随意开启车门，也未提醒其在打开车门时应注意后方来车以有效制止危险发生；而乘客张某在打开车门时亦未注意后方来车。二人均因疏忽大意或过于自信而在行为上未尽到注意义务，两个行为相互结合、密不可分，共同导致同一损害结果的发生。

二、"开门杀"侵权行为的责任承担规则

1. 关于驾驶员和乘客的责任承担分析。"开门杀"交通事故中，驾驶员和乘客应当承担共同侵权责任，使被侵权人的损失得以救济。依据《中华人民共和国民法典》第一千一百六十八条的规定："二人以上共同实施侵权行为，造成他人损害的，应当承担连带责任。"第一百七十八条第二款规定："连带责任人的责任份额根据各自责任大小确定；难以确定责任大小的，平均承担责任。实际承担责任超过自己责任份额的连带责任人，有权向其他连带责任人追偿。"本案中，驾驶员张某2与乘客张某为共同侵权人，应对被侵权人承担连带赔偿责任；应通过比较过错和原因力，确认二人的责任大小，承担相应的责任。本案二审法院根据驾驶员张某2对于乘客下车时机、区域的选择所具有的控制力及安全保障和提示告知义务，认定其应承担事故发生70%的责任；乘客张某在事故发生时已满16周岁未满18周岁，具有一定的独立意识和行为能力，负有安全注意义务，应承担事故发生30%的责任。

2. 关于提供责任保险的保险公司的赔偿责任分析。根据《最高人民法院关于适用〈中华人民共和国保险法〉若干问题的解释（四）》第十六条的规定："责任保险的被保险人因共同侵权依法承担连带责任，保险人以该连带责任超出被保险人应承担的责任份额为由，拒绝赔付保险金的，人民法院不予支持。保险人承担保险责任后，主张就超出被保险人责任份额的部分向其他连带责任人追偿的，人民法院应予支持。"另，根据车辆交强险和商业险条款的约定，驾驶员作为被保险的范围，发生机动车交通事故，应当先由保险公司在保险限额内承担连带赔偿责任，再在商业险限额内，就超出被保险人责任份额的部分进行追偿。

三、以社会主义核心价值观引导"开门杀"侵权行为之预防

"开门杀"机动车交通事故中，因驾驶员、乘客存在共同侵权行为，故应由其二人依法承担相应的侵权赔偿责任。基于社会救助的及时性，交通事故损害赔偿依法先由保险公司根据交强险及商业险的条款约定承担连带责任赔偿，再向相关责任人追偿，这体现了对被侵权人的合法权益的及时保障、兼顾了司法效率与公平，最大限度地避免了因乘客个人客观经济情况无力负担而延误对

被侵权人的伤情救治。

值得注意的是，在此类交通事故案件的审理过程中，需要法官全面调查，厘清事故的事实经过，从而明确侵权行为责任及相应的赔偿义务。正如生效判决对社会主义核心价值观的倡导，应以本案“开门杀”机动车交通事故为戒，在思想上，人人树立正确的道路交通安全意识；在行为上，自觉遵守交通规则，各尽其责珍惜生命健康，营造良好的社会风尚。驾驶员作为机动车操控者应选择合法适当的停车地点，通过后视镜观察路况并提醒乘客打开车门时注意后方来车，而乘客在使用车辆的过程中应服从驾驶员指挥、听从劝告或提示，并养成良好的安全下车习惯，采用“两段式开门法”或以离车门较远的一只手开门的“荷式开门法”等方式，以有效预防“开门杀”等违反道路交通安全法规行为的发生。

编写人：福建省漳州市中级人民法院　郭兰君　方汤琳

4

# 送货骑手用人单位的法律识别

## ——陈某诉顾某等机动车交通事故责任案

**【案件基本信息】**

1. 裁判书字号

北京市第二中级人民法院（2023）京02民终14432号民事判决书

2. 案由：机动车交通事故责任纠纷

3. 当事人

原告（被上诉人）：陈某

被告（上诉人）：甲科技公司

被告（被上诉人）：顾某、乙科技公司

**【基本案情】**

2022 年 5 月 13 日 8 时 5 分，在某小区门口，顾某驾驶电动三轮车由东向南行驶时，车辆右后部与陈某由西向东骑行的自行车右前部相撞，发生交通事故，造成车辆接触部位损坏、陈某受伤。事发后，公安机关交通管理部门依法进行了现场勘查、调查取证等工作，确定顾某负全部责任，陈某无责。

事故发生后，陈某被送往医院治疗，住院 9 日，支付医疗费 52257.84 元。司法鉴定所对陈某所受损伤的伤残等级以及误工期、护理期、营养期进行鉴定，出具了《司法鉴定意见书》：（1）被鉴定人陈某外伤致腰 1、腰 3 椎体压缩性骨折（压缩程度均达 1/3），为八级伤残，人体致残率为 30%。（2）建议被鉴定人陈某误工期为 150~180 日，护理期为 60~90 日，营养期为 60~90 日。

乙科技公司主张，其为甲科技公司提供费用发放服务，在收到甲科技公司支付后的费用后，立即无差额地支付给顾某，乙科技公司仅收取服务费，而顾某与乙科技公司之间系独立平等的民事承揽合作关系，并提交《平台服务合同》、银行入账回单及代发业务明细对账单、乙科技公司 2022 年 5 月业务结算单及银行贷记回单、《业务承担协议》《某产品服务证明》。对此，陈某和甲科技公司均认可其真实性，不认可其证明目的，陈某称乙科技公司与顾某有业务往来，协议中明确载明了甲科技公司发包给乙科技公司，乙科技公司再与骑手联系，故乙科技公司有赔偿责任；甲科技公司称其属于总包，乙科技公司属于分包，乙科技公司直接与顾某签订承揽协议，定期给顾某发放工资和服务费，服务费是乙科技公司与顾某结算的差价。

经查，甲科技公司委托案外公司为顾某投保了雇主责任险及附加第三者身故/伤残责任限额 40 万元、附加第三者意外医疗责任限额 40 万元、附加第三者财产损失责任限额 5 万元。此后，针对本次事故，保险公司进行了理赔，陈某收到理赔款项共计 40 万元。

事故发生后，顾某、甲科技公司和乙科技公司均未垫付其他费用。

**【案件焦点】**

如何认定送货骑手顾某的实际用人单位。

**【法院裁判要旨】**

北京市大兴区人民法院经审理认为：行为人因过错侵害他人民事权益造成损害的，应当承担侵权责任。用人单位的工作人员因执行工作任务造成他人损害的，由用人单位承担侵权责任。

本案中，关于责任主体，甲科技公司自案外人处承包了多点项目物流配送业务，需招揽大量如顾某这样的自由职业者完成上述任务。虽然顾某的收入系由乙科技公司实际发放，但从甲科技公司与乙科技公司的合同约定内容可知，乙科技公司向甲科技公司提供的仅为平台服务，实际用人单位仍应为甲科技公司，顾某系受甲科技公司雇用的。因顾某在事发时系职务行为，故本案事故给陈某造成的损失，应由甲科技公司承担赔偿责任。

北京市大兴区人民法院依照《中华人民共和国民法典》第一千一百六十五条、第一千一百九十一条，《中华人民共和国民事诉讼法》第一百四十七条之规定，判决如下：

一、甲科技公司于本判决生效之日起十日内向陈某赔偿医疗费、住院伙食补助费等各项损失共计 172188.94 元；

二、驳回陈某的其他诉讼请求。

甲科技公司不服一审判决，提出上诉。北京市第二中级人民法院经审理认为：本案二审焦点为甲科技公司与顾某之间法律关系的性质及甲科技公司应否对陈某所主张的交通事故损失承担相应的赔偿责任。首先，根据各方陈述及在案证据，甲科技公司从案外人处承包多点项目物流配送业务，因业务需求需招揽大量的自由职业者（骑手）协助完成与业务相关的服务。顾某作为此类自由职业者通过多点手机应用接单，并配送某超市的订单，该订单任务实际是由甲科技公司负责。就甲科技公司主张的其为委托乙科技公司提供服务，实际是乙科技公司转包给自由职业者劳务一节，根据甲科技公司与乙科技公司的平台服务合同，甲科技公司对该工作任务进行验收、监管，乙科技公司仅提供平台服务。在此基础上，虽甲科技公司与顾某之间没有签订劳务合同，不直接发放工资或劳务报酬，但顾某进行配送服务事实上系完成甲科技公司的工作任务，并由甲科技公司对其工作完成情况进行监督。故此法院认定顾某受甲科技公司雇用。其次，甲科技公司通过案外公司为此类自由职业者代缴人身损害意外保险，包括雇主责任险附加第三者责任险等，并就此次事故进行了相关保险理赔，亦印证了甲科技公司通过具体行为实质上已认可其与顾某存在雇佣关系。最后，本案各方当事人在一审期间对发生交通事故时顾某系在从事配送多点订单业务并未提出异议；且根据保险合同的约定“第三者责任：在保险期间内，被保险人及其指定雇员在中国境内为相关平台提供配送服务的过程中发生意外事故（含交通事故）”，基于该约定，甲科技公司配合顾某办理保险理赔应以该公司认可事故发生时顾某系从事雇佣工作为前提。故，现上诉人甲科技公司如否认顾某发生交通事故时系在从事雇佣工作期间，则该公司应就此反驳主张承担举证责任。二审期间，甲科技公司并未提供相应证据证实该主张，故该公司应承担举证不能的法律后果。

北京市第二中级人民依照《中华人民共和国民事诉讼法》第一百七十七条第一款第一项之规定，判决如下：

驳回上诉，维持原判。

**【法官后语】**

本案为送货骑手在履行配送任务过程中与自然人发生交通事故时，应当如何确定赔偿责任主体的典型案例，争议焦点在于如何确认骑手真正的用人单位。实践中，新技术与新需求的不断涌现催生了多种多样的新业态从业人员，其一般依托电子商务、网络约车、网络送餐、快递物流等新业态平台实现就业，但未与新业态平台相关企业建立劳动关系，“外卖小哥”“快递小哥”就是其典型代表。平台企业在吸纳就业的同时，对于从业者的劳动保障及从业者发生侵权事故时的替代赔偿往往也会引发关注。

《中华人民共和国民法典》第一千一百九十一条与第一千一百九十二条都

是关于用人者的特殊侵权责任规定①，学理上通常称之为雇主责任、使用人责任。新业态从业人员与用人单位之间的关系存在模糊地带：既可能构成劳动关系，也可能构成劳务关系；既可能与甲科技公司签订合同，也可能受乙科技公司管理。快速识别真正的用人单位，往往成为法院事实审查的焦点问题，本案例通过总结特征和规律，明确裁判思路，确定坚持以劳动关系认定的“从属性”核心标准，结合入职招聘、人员培训、奖惩管理、保险投保等因素综合考量，为保障劳动者合法权益指引方向。

一、“互联网+”平台用工特性

1. 用工形式多样化。以快递员骑手为例，有的企业自建物流体系，自行招聘骑手，并对其进行统一管理，此类情况与传统的劳动关系无异；有的企业则是在互联网平台发布订单需求，平台企业提供信息撮合，骑手接单后执行配送任务，按照订单本身获取劳动报酬；有的企业则是与互联网平台合作，由企业负责招聘、管理骑手，平台公司发布订单、支付报酬，该方式常以商务合作或承包协议等方式规避劳动关系，以降低企业用工成本。本案中，乙科技公司为平台企业，其根据甲科技公司的需求，与骑手签订协议，定期发放工资和服务费，诉讼中其与甲科技公司均不认可是顾某的用工单位。

2. 链条分工精细化。得益于互联网平台强大的信息撮合和数据分析能力，商业链中的企业社会分工不断精细化。在货运体系中，不同的公司仅负责链条中的一环。骑手在执行配送任务时，自身可能亦无法明确是在执行哪家用人单位的工作任务。本案中，交通事故发生时顾某正在执行某超市的货品配送任务，其既不清楚超市与甲科技公司之间的关系、甲科技公司与乙科技公司之间的关系，亦无法明确是谁在平台发布的订单任务，这对法官查明事实提出了更高的要求。

3. 从属关系不断弱化。传统劳动关系中，劳动者通过其劳动力和指挥控制

---

① 《中华人民共和国民法典》第一千一百九十一条规定，“用人单位的工作人员因执行工作任务造成他人损害的，由用人单位承担侵权责任”。第一千一百九十二条规定，“个人之间形成劳务关系，提供劳务一方因劳务造成他人损害的，由接受劳务一方承担侵权责任”。

权的让渡以从用人单位获得经济利益，双方之间存在较强的人身及经济依附关系。骑手的用工管理模式相较于传统劳动关系的用工管理模式，在考勤、薪资管理、奖惩考核等方面呈现高度灵活性、流动性、自主性等特征。公司对骑手的管理、监督和控制弱化，人格从属关系也不断弱化。

二、骑手与用人单位关系认定难点

1. 用工关系确认难。此类案件中，能够确认劳动关系的只是少数情况，多数情况下，骑手未能与任何一家企业签订劳动合同，企业常常以承包关系或承揽关系为由进行抗辩，认为其与骑手之间不存在管理与被管理的关系。例如，在本案中，甲科技公司主张其与顾某无资金往来，未签订劳动合同，不参与其跑单过程，不对其进行任何指示，与顾某属于平等合作关系；乙科技公司则认为其仅提供费用、发放服务，在收到甲科技公司支付的费用后，立即无差额地支付给顾某，与顾某之间系承揽合作关系。

2. 用工主体确认难。骑手通常通过平台应用程序接单，其对于订单来源、订单管理者并不清楚。平台公司负责提供平台应用程序的数据管理及支持，发包方负责订单信息及资金结算，承包方录入骑手信息统计其工作量，三方对骑手在管理上均有一定的权限，确定真正的用人单位需要综合多种因素判断。本案中，乙科技公司作为平台服务企业，为顾某推送订单，与其结算薪酬，表面看应为顾某的用工单位，但实际上，乙科技公司与甲科技公司存在平台服务合作关系，而甲科技公司是相关商超物流配送业务的承包主体，订单配送本属其职责范围，其与乙科技公司的商业合作模式涉及的权利义务范围在法律关系项下并不属于对物流业务的分包关系，仅是平台信息化方面的服务合作关系。结合在案证据，甲科技公司依然对顾某的工作进行验收和监管，在此之后指令乙科技公司支付顾某薪酬。综上所述，应认定甲科技公司为顾某的实际用工单位。

3. 关键证据举证难。配送服务工作为基础体力劳动，从业者大多留存证据的意识较弱。尤其是在发生纠纷后，如被限制权限，则提供基本的订单信息、用工合同、考勤信息等都将成为障碍。受侵害一方亦难以了解骑手背后的法律关系。例如，在本案中，出现多次追加当事人的情况，对及时解决纠纷增加了阻力。

三、准确识别用人单位的法律考量

1. 仔细审查合同关系，划分好“责任田”。在判断骑手与用人单位关系时，首先应尊重当事人意思自治。骑手与用人单位之间签署相关协议或合同，如能明确约定人员管理、工资薪酬、工作任务等事项，对于判断用工主体至关重要。如缺乏骑手与公司之间的书面合同，则亦可从发包方与互联网平台之间的合同、发包方与承包方之间的合同，判断各自的责任范围。本案中，顾某与乙科技公司签订了《业务承揽协议》，但该协议以承揽的表面形式掩盖了甲科技公司实际管理并支配顾某劳动的事实，这点可以从甲科技公司与乙科技公司所签署的《平台服务合同》中得到印证。故，划分好平台与企业之间、发包方与承包方之间的“责任田”，有助于判定他们与骑手之间的关系。

2. 坚持“从属性”实质特征，做好司法审查。虽然新业态从业有新的用工特点，但承担雇主责任不要求确认劳动关系，对于用人单位与劳动者之间的关系审查仍可参照传统劳动关系中的人身及财产的从属性内涵。从属标准可能包括人格从属、经济从属、组织从属、信息从属等。尤其是信息从属，谁是订单信息的生产者、管理者，谁控制着订单信息，对订单完成情况进行考核，是判断从属性的重要标准。本案中，甲科技公司承包了某超市的物流配送工作，根据其与超市之间的协议，配送订单由甲科技公司产生、执行、监督，超市不负责具体订单的信息，由此可排除超市与骑手之间的用工关系。而根据甲科技公司与乙科技公司之间的协议，乙科技公司仅提供平台服务，订单执行、骑手管理依然由甲科技公司负责，顾某在执行配送任务时应视为其人格服从于甲科技公司，并为实现其利益而劳动，对甲科技公司具有人身的从属性。

3. 参考保险投保等因素，综合判断风险承担。保险公司作为市场感知较为敏锐的营利法人，在市场上已经针对新业态从业人员推出了特别的人身意外险、雇主责任险等险种，而“享受利益者承担风险”的法律原则正是我国民法中关于使用人责任的重要法理基础。保险公司的商业认知对于判断用人单位的法律考虑亦有积极意义。用人单位基于降低自身经营风险的考虑，为此类人员投保，考虑到经济性与关联性，能够从侧面印证用人单位的事实判断。本案中，甲科技公司通过案外公司为顾某投保了人身损害意外险，并就此次事故进行了相关保险理赔，对其与顾某的雇佣关系作了印证。

编写人：北京市第二中级人民法院　李珊　祁欢

5

# 外卖骑手在工作中发生交通事故，其驾驶的车辆未投保交强险的责任应当先由用人单位承担

——盛某诉某企业服务公司等机动车交通事故责任案

## 【案件基本信息】

1. 裁判书字号

广东省高级人民法院（2023）粤民再262号民事判决书

2. 案由：机动车交通事故责任纠纷

3. 当事人

原告（上诉人、再审申请人）：盛某

被告（被上诉人、再审被申请人）：陈某、某企业服务公司

被告：某财产保险公司、某科技公司

## 【基本案情】

2020年11月20日1时左右，陈某驾驶A二轮摩托车自东往西行驶至某路口左转弯时，适遇盛某驾驶B二轮摩托自西往东行驶至该处，因陈某驾车左转弯时未让直行车辆先行，加之盛某驾车行经路口未减速行驶且遮挡号牌，致两车发生碰撞，事故造成盛某受伤住院治疗及两车不同程度受损。交警大队作出

《道路交通事故认定书（简易程序）》，认定陈某负主要责任，盛某负次要责任。A二轮摩托车系陈某所有，事故发生时该车没有投保交强险。事故发生后，陈某为盛某垫付20500元。盛某因本次交通事故受伤的损失共计239621.78元。

陈某通过M众包平台注册登记并与某企业服务公司签订《网约配送员协议》，其中约定：为了保障配送员在配送服务提供过程中的安全，某企业服务公司为其投保意外险，即在一个自然日期间，如约承接了一单或一单以上的订单，每日需支付3元的保险费，该费用将从其服务费用中予以扣除。在配送员提出结算申请，经核实其提供的配送服务符合标准且无误后，该公司将在其提出结算申请的三个工作日内将服务费及活动奖励等费用支付到其向平台提交的银行账号上。约定某企业服务公司的义务为：根据用户在众包平台发布或另行制订服务作业计划和作业要求、配送服务规范等，督促完成配送活动等；负责处理配送员在配送服务期间发生的包括但不限于用工、服务质量、事故、纠纷等所有问题；及时支付服务费并承担相关的税费。约定配送员的义务为：确保提供配送服务环节中行车的安全，不侵犯任何第三方的权益。如自驾相关车辆，则应保证证件资质齐全，并符合国家或当地政府关于相关车辆合规使用的相关标准及要求等。陈某与某企业服务公司均确认双方为劳务关系及涉案交通事故发生于派送过程中，盛某、某科技公司对此均无异议，某财产保险公司对此亦没有提出相反证据。

**【案件焦点】**

某企业服务公司应否承担陈某在交强险范围内应负的赔偿责任。

**【法院裁判要旨】**

广东省潮州市湘桥区人民法院经审理认为：基于交强险的基本保障功能，交强险与侵权责任在一定范围内相互脱钩，投保义务人未投保交强险的行为，导致交通事故所造成的损害中的一部分不能从交强险中获得赔偿，这种损害与未投保交强险的行为具有因果关系，故陈某虽然与某企业服务公司存在劳务关系，但交强险范围内的赔偿责任应由其自行承担。

广东省潮州市湘桥区人民法院根据《最高人民法院关于适用〈中华人民共和国民法典〉时间效力的若干规定》第一条第二款，《中华人民共和国道路交通安全法》第七十六条，《中华人民共和国侵权责任法》第三十四条、第四十八条，《中华人民共和国保险法》第六十五条，《最高人民法院关于审理人身损害赔偿案件适用法律若干问题的解释》第十七条第一款、第二款、第十八条、第十九条、第二十条、第二十一条、第二十二条、第二十三条、第二十四条、第二十五条，《最高人民法院关于审理道路交通事故损害赔偿案件适用法律若干问题的解释》第十九条第一款之规定，判决如下：

一、陈某应赔偿盛某 171569.29 元，本项应于本判决发生法律效力之日起十日内履行完毕；

二、某财产保险公司应在第三者责任保险累计 250000 元限额内赔偿盛某 33286.74 元，本项应于本判决发生法律效力之日起十日内履行完毕；

三、驳回盛某的其他诉讼请求。

盛某不服一审判决第一项、第三项，提起上诉。广东省潮州市中级人民法院经审理认为：陈某系肇事车辆的所有人及实际支配人，同时也是肇事车辆交强险的投保义务人，但其日常提供劳务所必需的交通工具没有投保交强险，其应在交强险责任限额内对盛某的损失承担赔偿责任。

广东省潮州市中级人民法院依照《中华人民共和国民事诉讼法》第一百七十七条第一款第一项之规定，判决如下：

驳回上诉，维持原判。

盛某不服二审判决，申请再审。广东省高级人民法院经审理认为：《机动车交通事故责任强制保险条例》第二条第一款规定："在中华人民共和国境内道路上行驶的机动车的所有人或者管理人，应当依照《中华人民共和国道路交通安全法》的规定投保机动车交通事故责任强制保险。"《最高人民法院关于审理道路交通事故损害赔偿案件适用法律若干问题的解释》（2020 年修正）第十六条规定："未依法投保交强险的机动车发生交通事故造成损害，当事人请求投保义务人在交强险责任限额范围内予以赔偿的，人民法院应予支持。投保义务人和侵权人不是同一人，当事人请求投保义务人和侵权人在交强险责任限额范围内承担相应责任的，人民法院应予支持。”本案中，陈某既是涉案车辆的所有人，也是投保义务人，应在交强险责任限额范围内承担赔偿责任。《中华人民共和国侵权责任法》第三十四条第一款规定：“用人单位的工作人员因执行工作任务造成他人损害的，由用人单位承担侵权责任。”陈某通过 M 众包平台注册登记并与某企业服务公司签订《网约配送员协议》，其与某企业服务公司均确认双方为劳务关系及涉案交通事故发生于派送过程中，某企业服务公司应承担侵权责任，本案中，陈某未购买交强险，导致其侵权行为造成的盛某的损害无法从交强险中获得赔偿，亦属在执行工作任务中造成的他人损害，且某企业服务公司对涉案车辆是否投保交强险未尽到相应的监督管理义务，故交强险限额内的赔偿责任应当先由某企业服务公司承担。二审判决认定陈某应当在交强险责任限额内对盛某的损失承担赔偿责任属适用法律错误，且导致交通事故受害人无法及时有效获得赔偿，不利于保护受害人利益，应依法予以纠正。

广东省高级人民法院依照《最高人民法院关于适用〈中华人民共和国民法典〉时间效力的若干规定》第一条第二款，《中华人民共和国侵权责任法》第三十四条，《最高人民法院关于审理道路交通事故损害赔偿案件适用法律若干问题的解释》（2020 年修正）第十六条、第二十六条，《中华人民共和国民事诉讼法》第二百一十四条第一款、第一百七十七条第一款第二项的规定，判决如下：

一、撤销广东省潮州市中级人民法院（2022）粤 51 民终 452 号民事判决和广东省潮州市湘桥区人民法院（2021）粤 5102 民初 423 号民事判决；

二、某企业服务公司赔偿盛某 171569. 29 元；

三、某财产保险公司在第三者责任保险限额内赔偿盛某 33286. 74 元；

四、驳回盛某的其他诉讼请求。

## 【法官后语】

关于外卖骑手驾驶自备车辆在工作中发生交通事故，若其驾驶的车辆未投保交强险，则未投保交强险的责任由谁承担的问题，涉及投保义务人未投保交强险责任和一般侵权责任中关于用人单位替代责任发生交叉竞合的情况下，如何正确适用法律、如何正确认定责任主体。对此，实践中存在不同认识，有观点认为应由骑手自行承担未投保交强险的责任，也有观点认为应由用人单位承担责任。本案中，笔者认为外卖骑手在工作中发生交通事故，其驾驶的车辆未投保交强险的责任应当先由用人单位承担。

一、关于交强险投保义务人责任的特殊规定

1. 关于责任主体。《中华人民共和国道路交通安全法》第十七条规定，国家实行机动车第三者责任强制保险制度。第九十八条规定，机动车所有人、管理人未按照国家规定投保交强险的，应当承担相应的行政责任。《机动车交通事故责任强制保险条例》第二条规定，在中国境内道路上行驶的机动车的所有人或管理人都应当投保交强险。故，投保交强险是机动车所有人、管理人的法定义务，未投保交强险违反该法定义务，导致受害人无法获得交强险的赔偿利益，构成对受害人的侵权。根据《最高人民法院关于审理道路交通事故损害赔偿案件适用法律若干问题的解释》第十六条第一款的规定："未依法投保交强险的机动车发生交通事故造成损害，当事人请求投保义务人在交强险责任限额范围内予以赔偿的，人民法院应予支持。"故在未投保交强险的情况下，车辆所有人和管理人作为投保义务人需要对受害人承担交强险限额范围内的赔偿责任。

2. 关于赔偿范围。除受害人故意造成交通事故交强险不予赔偿外，在机动车一方无责的情形下，交强险保险公司要在无责的限额内进行赔付；在机动车一方有责的情形下，不再区分责任的大小，交强险保险公司应在有责的限额内进行赔付。这种特殊的交强险赔偿方式的赔偿范围更大，保障程度也更高，体现了交强险更加强调对第三人的损失填补功能、更加重视对受害人的权益保障。

本案中，外卖骑手陈某作为车辆所有人，是投保义务人，其未对驾驶的车辆投保交强险，故应当在未投保交强险的范围内承担赔偿责任。

二、用人单位可先替代骑手承担未投保交强险的责任

原《中华人民共和国侵权责任法》（以下简称《侵权责任法》）第三十四

条第一款规定："用人单位的工作人员因执行工作任务造成他人损害的，由用人单位承担侵权责任。"《中华人民共和国民法典》（以下简称《民法典》）第一千一百九十一条第一款规定，"用人单位的工作人员因执行工作任务造成他人损害的，由用人单位承担侵权责任"（因本案交通事故发生在《民法典》实施前，故适用原《侵权责任法》的规定)。二者均明确了用人单位就其员工的工作侵权承担无过错责任，这种责任属于替代责任，即由非行为人对行为人的侵权行为承担责任。而外卖骑手在执行工作任务时引发交通事故导致第三人受损，该侵权行为本身显然属于工作侵权，应当由用人单位承担替代责任。外卖骑手未购买交强险的责任也应当属于可由用人单位先承担替代责任的范围，理由如下：

第一，原《侵权责任法》第三十四条、《民法典》第一千一百九十一条第一款，均未明确排除未投保交强险责任由用人单位替代承担的情况，本案中，骑手未购买交强险，导致其侵权行为造成的受害人的损害无法从交强险中获得赔偿，受害人损失的是从交强险额度中获赔的利益，该利益损失的直接原因是骑手未投保交强险导致保险公司不能直接赔付，但该损失本质上亦属骑手在执行工作任务过程中造成的他人损害，属于工作侵权的后果，且用人单位亦应当对车辆是否投保交强险承担监督管理责任，根据上述法律规定应由用人单位承担全部替代责任。

第二，用人单位承担替代责任符合替代责任的制度目的。替代责任的制度目的包括：风险利益一致性、有利于受害人获得救济、有利于强化用人单位选任、监督管理责任等。

从风险利益一致性角度出发，工作人员为用人单位工作，用人单位享有该工作带来的利益，应当同时承担相应的责任和风险。且若骑手为自己的车辆投保了交强险，如在工作中发生交通事故，则原本应由用人单位承担的部分赔偿责任实际上由承保交强险的保险公司承担，用人单位因骑手投保交强险而获益，故交强险制度的受益人实际上包括用人单位，用人单位不能仅享有利益，而不承担相关风险，在骑手未投保交强险的情况下，用人单位替代承担相应的赔偿责任具有合理性。

从有利于受害人获得救济的角度出发，用人单位的经济实力通常优于个人，赔偿能力更强，由用人单位承担替代赔偿责任有利于受害人获得救济。一般而言，外卖骑手的赔偿能力较弱，实践中如判决外卖骑手直接向受害人承担赔偿责任，往往无财产可供执行，则将导致受害人不能及时获得赔偿。而用人单位一般是平台公司或相关的合作公司，具有更强的经济实力和赔偿能力，由其先承担替代责任更有利于交通事故受害人及时有效获得赔偿，有利于保护受害人利益。这与交强险更倾向于保护受害人的制度目的也具有一致性。本案中，一、二审判决外卖骑手陈某承担赔偿责任后，陈某并无足额财产可供执行，受害人盛某的损害无法及时获得赔偿，难以实现案结事了。

从强化用人单位监督管理责任的角度出发，外卖骑手使用交通工具送餐是由外卖配送的工作内容和工作性质所决定的，一定距离的配送工作必然要求骑手使用交通工具，故配送车辆是重要的劳动生产工具，车辆虽属骑手所有，但骑手使用该车辆送餐产生的相关利益归属于用人单位，用人单位作为劳动的受益人，对于劳动工具是否合法合规亦有义务进行适当的监督管理。本案中，虽有协议约定骑手有义务“保证证件资质齐全，并符合国家或当地政府或国家关于相关车辆合规使用的相关标准及要求等”，但不能仅以合同约定或监督成本高为由将用人单位应当承担的监督管理责任免除。故，在用人单位未举证证明其对车辆是否投保交强险尽到相关监督管理责任的情况下，由其先行承担交强险限额内的赔偿责任亦有合理性，有利于倒逼用人单位加强对车辆投保交强险的监督管理，进而有利于交强险制度的有效运行。

第三，由用人单位先行承担替代责任并不会过分加重用人单位的责任。在一般侵权责任中，对于受害人有过错的，侵权人（包括替代责任人）可以提出过失相抵的抗辩，可减轻侵权人（包括替代责任人）的责任。在交强险责任范围内，对于受害人有过错的，在侵权人与受害人存在主次责任的情况下，仍然应全额赔偿受害人损失；在受害人全责的情况下，交强险责任范围内仍应按无责限额进行赔偿。故，在上述两种情况下，用人单位承担的替代责任可能比一般侵权责任更重。

但结合《民法典》对用人单位追偿权的制度设计看，用人单位承担的这种责任不一定是终局性的，并不会导致雇主责任不合理地扩大。《民法典》第一千一百九十一条第一款后半句明确规定了用人单位的追偿权，即“用人单位承担侵权责任后，可以向有故意或者重大过失的工作人员追偿”，原《侵权责任法》虽无相关规定，但《民法典》实施前《最高人民法院关于审理人身损害赔偿案件适用法律若干问题的解释》第九条亦规定，“雇员因故意或者重大过失致人损害的，应当与雇主承担连带赔偿责任。雇主承担连带赔偿责任的，可以向雇员追偿”，故《民法典》实施前后均有雇主追偿权的相关规定。本案中，骑手作为车辆所有人，明知机动车未购买交强险仍然上路行驶，其违反法定投保义务，对于用人单位可能多承担的损失差额（交强险责任限额内的赔偿数额减去一般侵权责任情况下适用过失相抵而应当赔偿的数额）具有过错，因该过错属于对法定义务的违反，故如用人单位已尽到了相关监督管理义务，则一般可以依法认定骑手对未投保交强险具有故意或重大过失，用人单位有权依法向骑手追偿相应的损失。

本案中，骑手陈某与用人单位某企业服务公司均确认双方为劳务关系及涉案交通事故发生于派送过程中，故在陈某未购买交强险，导致其侵权行为造成的盛某的损害无法从交强险中获得赔偿，亦属在执行工作任务中造成的他人损害，且某企业服务公司对涉案车辆是否投保交强险未尽到相应的监督管理义务，受害人盛某亦明确向用人单位某企业服务公司主张交强险范围内的赔偿，故交强险限额内的赔偿责任先由某企业服务公司承担，具有法律依据，亦有利于保证交通事故受害人及时有效获得赔偿，保护受害人利益，实现案件“三个效果”的统一。

编写人：广东省高级人民法院　陈国进　廖宇凌

6

# 非履行职务过程中发生交通事故致人损害的，不应由雇主承担赔偿责任

## ——陈某2、黄某某诉某股份公司、邱某某机动车交通事故责任案

**【案件基本信息】**

1. 裁判书字号

福建省厦门市中级人民法院（2023）闽02民终6610号民事判决书

2. 案由：机动车交通事故责任纠纷

3. 当事人

原告（被上诉人）：陈某2、黄某某

被告（上诉人）：某股份公司

被告（被上诉人）：邱某某

**【基本案情】**

2023年2月26日6时8分许，陈某1驾驶无号牌两轮普通摩托车行驶发现前方同方向、同车道行驶的无号牌电动正三轮轻便摩托车时，采取紧急措施造成连人带车向右摔倒，摔倒后向前滑行时车身左前侧与前方同方向、同车道由邱某某驾驶的无号牌电动正三轮轻便摩托车车尾左侧发生碰撞，碰撞后无号牌电动正三轮轻便摩托车失控向右偏移时邱某某被甩出摔倒，无号牌电动正三轮轻便摩托车的前轮及右后轮碾轧到在摔倒后向前滑行的陈某1身体，事故造成两车车损及邱某某受伤、陈某1当场死亡的损害后果。经认定，受害人陈某1负事故主要责任，被告邱某某负事故次要责任。陈某2、黄某某主张其合理损失应由两被告共同承担30%的赔偿责任，其承担70%的赔偿责任。邱某某主张

他是给某股份公司打工的，原告的合理经济损失应由两被告共同承担。某股份公司主张邱某某与某股份公司之间系承揽关系，其不承担赔偿责任。

**【案件焦点】**

非履行职务过程中发生交通事故致人损害的，是否应当由雇主承担赔偿责任。

**【法院裁判要旨】**

福建省厦门市集美区人民法院经审理认为：根据《中华人民共和国民法典》第一千一百九十一条第一款的规定，用人单位的工作人员因执行工作任务造成他人损害的，由用人单位承担侵权责任。某股份公司未给邱某某缴纳社会保险、邱某某无须在某股份公司考勤以及被告某股份公司提交的垃圾清运外包合同书、被告邱某某提交的某银行卡/活期存折交易明细清单，可以证明 2022 年 8 月 3 日某股份公司与邱某某签订了《垃圾清运外包合同书》，邱某某承包了 Y 小区的垃圾清运。2022 年 9 月至 2023 年 5 月，邱某某每月都会收到某股份公司以××城的名义支付的款项。法院确认邱某某和某股份公司之间不存在管理与被管理的关系，双方之间不构成劳动关系。另，法院确认讼争事故发生时，邱某某是在捡空啤酒瓶，不是在执行某股份公司指派的工作任务，故讼争事故给二原告造成的损失应由邱某某自行承担相应的赔偿责任。讼争事故发生时，某股份公司未对车辆进行有效管理，故其对损害的发生有一定的过错，应承担相应的赔偿责任。根据陈某 1、邱某某、某股份公司的过错，法院确认邱某某承担讼争交通事故损害后果 25%的民事赔偿责任，某股份公司承担 5%的民事赔偿责任，受害人陈某 1 自行承担 70%的民事责任。

福建省厦门市集美区人民法院依据《中华人民共和国民法典》第一千一百六十五条第一款、第一千一百七十九条、第一千一百八十三条第一款、第一千二百零八条、第一千二百一十二条，《中华人民共和国道路交通安全法》第七十六条，《最高人民法院关于适用〈中华人民共和国民法典〉时间效力的若干规定》第一条，《最高人民法院关于审理道路交通事故损害赔偿案件适用法律若干问题的解释》第十一条、第十六条，《最高人民法院关于审理人身损害赔偿案件适用法律若干问题的解释》第十四条、第十五条、第十六条、第十七条、第二十二条，《最高人民法院关于确定民事侵权精神损害赔偿责任若干问题的解释》第五条，《中华人民共和国民事诉讼法》第六十七条第一款之规定，判决如下：

一、被告某股份公司应于本判决生效之日起十日内赔偿原告陈某2、黄某某经济损失246680.85元；

二、被告邱某某应于本判决生效之日起十日内赔偿原告陈某2、黄某某经济损失333404.25元；

三、驳回原告陈某2、黄某某的其他诉讼请求。

某股份公司不服一审判决，提起上诉。福建省厦门市中级人民法院依照《中华人民共和国民事诉讼法》第一百七十七条第一款第一项之规定，判决如下：

驳回上诉，维持原判。

**【法官后语】**

本案中，对于被告邱某某与某股份公司之间是否存在雇佣关系，有两种不同的意见。第一种意见认为，邱某某与某股份公司存在事实劳动关系。邱某某驾驶某股份公司提供的车辆，根据某股份公司的指示，从事道路清洁和垃圾转运工作，符合事实上的管理与被管理的关系。第二种意见认为，邱某某与某股份公司存在承揽关系，有双方签订的垃圾清运外包合同书为证，且双方未签署任何劳动合同。

笔者同意第二种意见，邱某某与某股份公司存在承揽关系。机动车发生交通事故，属于机动车一方责任的，当机动车所有人与使用人一致时，损害赔偿责任由所有人承担，这是一种常态。但是因用工方式不同等导致机动车所有人与使用人分离、车辆实际驾驶人和车辆实际使用权人不同的情形，实践中十分常见。

根据《中华人民共和国民法典》第一千一百九十一条之规定，用人单位的工作人员因执行工作任务造成他人损害的，由用人单位承担侵权责任。用人单位承担侵权责任后，可以向有故意或者重大过失的工作人员追偿。劳务派遣期间，被派遣的工作人员因执行工作任务造成他人损害的，由接受劳务派遣的用工单位承担侵权责任；劳务派遣单位有过错的，承担相应的责任。根据上述法条规定，雇主应对雇员因执行工作任务造成他人损害负法律责任。

实践中，关于是否存在真实的雇佣关系，《最高人民法院关于审理人身损害赔偿案件适用法律若干问题的解释》第九条第二款规定："前款所称'从事雇佣活动'，是指从事雇主授权或者指示范围内的生产经营活动或者其他劳务活动。雇员的行为超出授权范围，但其表现形式是履行职务或者与履行职务有内在联系的，应当认定为'从事雇佣活动'。"一般认为，雇佣关系是指雇员利用雇主提供的条件，在雇主的指导和监督下，以自身的技能或劳力为雇主提供劳动，并由雇主支付劳动报酬的法律关系，其特征有：(1) 雇主与雇员之间依口头或书面的雇佣合同而形成；(2) 由雇员提供劳务、雇主支付报酬的劳务法律关系；(3) 雇员以自身的技能或劳力为雇主完成劳务而形成；(4) 在提供劳务的过程中，雇员必须接受雇主的指示、监督。

承揽关系是一方按照对方的要求完成一定的工作并交付工作成果，而另一方接受该工作成果并支付一定报酬的合同关系。二者间主要有以下不同：

一是是否具有隶属关系不同。加工承揽合同强调工作的完成以及工作成果的交付，合同的标的是承揽完成的工作成果，而不是劳动过程本身。在承揽合同中，承揽人与定作人之间不存在隶属关系，二者之间的关系是平等的。劳动合同的标的是劳动者和用人单位在劳动过程中的权利与义务。劳动合同中，劳动者与用人单位有隶属关系，用人单位是管理者，劳动者是被管理者。

二是合同形式不同。承揽合同为不要式的合同，当事人之间订立承揽合同并不需要采用书面形式，只要其就承揽事项达成合意，合同就可成立。劳动合同需要订立书面劳动合同，但实践中有可能存在事实上的劳动关系，需要注意甄别。

三是是否需要提供工作成果不同。劳动合同以劳动者提供的劳务过程为标的，至于此种劳务过程的实现是否一定导致相应工作成果的完成，尚不确定，此项内容也不属于合同的内容。因此，二者属于不同性质的合同关系，劳动合同并不属于承揽合同。但依照承揽合同，承揽人应向定作人交付约定的劳动成果，并按照等价交换的原则取得约定的报酬；而依照劳动合同，劳动者应按照约定从事劳动，并根据按劳分配原则取得报酬。承揽合同以完成特定的工作成果为标的，定作人并不仅仅是为了获得承揽人提供劳务的过程本身。在劳动合同关系中，提供劳务的一方只是提供一定的劳务，并不保证特定的结果出现，因此，其属于方式性义务；而在承揽合同中，承揽人要完成特定的工作成果，属于结果性义务。

四是是否提供材料、设备不同。承揽合同中的材料既可以由定作人提供，也可以由承揽人提供；而劳动合同中，劳动者在用人单位指定的时间、地点进行劳动，其设备、原材料都是用人单位提供的。

本案中，从外观上看，某股份公司与邱某某签订《垃圾清运外包合同书》，约定由邱某某承包 Y 小区的垃圾清运，邱某某每月收到某股份公司以××城的名义支付的款项，双方之间的关系是平等的，不存在管理与被管理的关系。从事故发生的实际情况来看，讼争事故发生时，邱某某驾驶的肇事车辆虽然是由某股份公司提供，但是其工作内容是从家中出发，先到 X 路烧烤店边捡空啤酒瓶，后到 B 小区路边捡空啤酒瓶，工作地点和时间与某股份公司约定的垃圾清运工作均不相符。法院确认讼争事故发生时邱某某是个人在捡空啤酒瓶，不是在执行某股份公司指派的工作任务，于法有据。

编写人：福建省厦门市集美区人民法院　杨小芬

7

# 下班途中驾驶车辆致他人受伤的，雇主及车辆所有人责任承担的认定

## ——李某等诉高某等机动车交通事故责任案

### 【案件基本信息】

1. 裁判书字号

江苏省南通市中级人民法院（2024）苏06民终1880号民事判决书

2. 案由：机动车交通事故责任纠纷

3. 当事人

原告（被上诉人）：李某、杨某、李甲、李乙、刘某

被告（上诉人）：甲财产保险公司

被告（被上诉人）：狄某

被告：高某、姚某、宗某、乙财产保险公司

### 【基本案情】

2022年12月23日19时29分左右，高某驾驶三轮载货摩托车由东向西行驶时，车辆前左部碰撞同向步行的张某。同日19时31分左右，狄某驾驶小型轿车由东向西行驶，车辆右前部又碰撞倒地的张某，后狄某驾车驶离现场。事故致张某当场死亡。事发后，高某驾驶车辆逃逸。2022年12月24日上午，狄某发现其车辆右前角下方车身外壳有损坏后报警，公安机关出具《道路交通事故认定书》，高某在事故发生后驾车逃逸，承担该事故的主要责任；狄某未被认定逃逸，承担事故的次要责任；张某无责。张某与李某为夫妻关系，二人共同生育了杨某、李甲、李乙。另，张某与其前夫育有一女刘某。

另查，高某系受雇于姚某，在姚某开办的快递营业点从事快递服务工作，其驾驶的三轮载货摩托车车辆登记所有人为宗某，宗某与姚某系夫妻关系。案涉车辆系姚某提供给高某用于接收和派送快递并作为上下班的交通工具。事故发生于高某将快件送往快递点后回家的途中。姚某明知高某无驾驶证仍然让其驾驶案涉车辆。事故所涉三轮载货摩托车在甲财产保险公司投保交强险；狄某驾驶的小型轿车，在乙财产保险公司投保交强险及商业险（商业三者险限额为300万元），事故均发生在保险期间内。

【案件焦点】

下班途中驾驶车辆致他人受伤，雇主及车辆所有人的责任应当如何承担。

【法院裁判要旨】

江苏省如皋市人民法院经审理认为：机动车所有人、管理人与使用人不是同一人时，发生交通事故造成损害，属于该机动车一方责任的，由机动车使用人承担赔偿责任；机动车所有人、管理人对损害的发生有过错的，承担相应的赔偿责任。机动车发生交通事故造成损害，属于该机动车一方责任的，先由承保机动车强制保险的保险人在强制保险责任限额范围内予以赔偿；不足部分，由承保机动车商业保险的保险人按照保险合同的约定予以赔偿；仍然不足或者没有投保机动车商业保险的，由侵权人赔偿。

关于被告高某、宗某、姚某在本案中应当承担何种责任的问题。原告及被告高某、甲财产保险公司均主张由高某的雇主被告姚某承担雇主责任。法院认为，本起事故的发生地点系在高某完成当天的快递配送下班回家途中，该地点并不在高某的快递配送范围内，亦非其工作时间或工作过程中，非因提供劳务造成本起事故，故姚某在本案中不应承担雇主责任。被告宗某、姚某作为案涉车辆的所有人、管理人，知道或者应当知道高某无驾驶证仍然将案涉车辆交由其驾驶，从而导致本起事故的发生，存在过错。法院综合考虑高某无证驾驶且在事故发生后逃逸，未能及时救助伤者、保护现场，导致张某遇险程度增加，造成张某死亡的后果等情况，被告宗某、姚某未尽车辆所有人、管理人的审慎、管理义务，由宗某、姚某对原告超过强制保险责任限额的损失承担20%的赔偿责任。原告损失合计1301472.5元，由被告甲财产保险公司在交强险限额范围内承担180000元，由乙财产保险公司在交强险限额范围内承担180000元（含精神损害抚慰金15000元），对于超出交强险限额内的损失941472.5元，结合高某、狄某在事故中分别承担主要、次要责任以及宗某、姚某应承担的过错责任，由高某承担50%的赔偿责任，即470736.25元，由宗某、姚某承担20%的赔偿责任，即188294.5元，由乙财产保险公司在商业三者险范围内承担30%的赔偿责任，即282441.75元。

江苏省如皋市人民法院依照《中华人民共和国民法典》第一千一百六十五条、第一千一百七十九条、第一千二百零八条、第一千二百一十三条，《中华人民共和国道路交通安全法》第七十六条，《最高人民法院关于审理人身损害赔偿案件适用法律若干问题的解释》第六条、第七条、第八条、第九条、第十条、第十一条、第十四条、第十五条、第二十二条、第二十三条，《最高人民法院关于确定民事侵权精神损害赔偿责任若干问题的解释》第五条，《最高人民法院关于审理道路交通事故损害赔偿案件适用法律若干问题的解释》第一条、第十五之规定，判决如下：

一、被告甲财产保险公司在交强险限额范围内给付原告李某、杨某、李甲、李乙、刘某赔偿款180000元；

二、被告高某给付原告李某、杨某、李甲、李乙、刘某赔偿款470736.25元；

三、被告宗某、姚某给付原告李某、杨某、李甲、李乙、刘某赔偿款188294.5元；

四、被告乙财产保险公司在交强险及商业三者险范围内给付原告李某、杨某、李甲、李乙、刘某赔偿款462441.75元；

上述一项至四项均于本判决发生法律效力后十日内履行。

五、驳回原告李某、杨某、李甲、李乙、刘某的其他诉讼请求。

甲财产保险公司不服一审判决，提起上诉。江苏省南通市中级人民法院经审理认为：交通事故认定书未认定狄某具有逃逸行为，且根据狄某在交警部门的陈述，其离开现场也不存在逃逸的故意，甲财产保险公司认为狄某具有逃逸行为但未举证证明，本院对其主张不予采纳。关于处理丧事人员误工费，相关损失客观上实际发生，根据侵权赔偿的损失填平原则，一审法院酌情予以支持并无不当。

江苏省南通市中级人民法院依照《中华人民共和国民事诉讼法》第一百七十七条第一款第一项之规定，判决如下：

驳回上诉，维持原判。

## 【法官后语】

对于本案的责任承担存在两种观点：一种观点认为，车辆由雇主姚某提供且事故发生于下班途中，应由姚某承担雇主责任，宗某已将车辆交由姚某管理，其作为车主不应当承担责任；另一种观点认为，高某发生事故时并非在执行工作任务，宗某、姚某作为车辆的所有人和管理人明知高某无驾驶证仍提供车辆，应承担过错责任。本案采纳了第二种观点，理由如下。

一、交通事故中雇主责任的认定条件

雇佣关系与劳动关系中，对于上下班途中发生交通事故的责任承担存在明显差异。关于劳动关系，《工伤保险条例》第十四条第六项规定，职工在上下班途中受到非本人主要责任的交通事故伤害的，应当认定为工伤。该规定是基于保护劳动者合法权益，帮助其缓解医疗费用和经济困难的负面影响而制定的。关于雇佣关系，《中华人民共和国民法典》第一千一百九十一条第一款规定，用人单位的工作人员因执行工作任务造成他人损害的，由用人单位承担侵权责任。用人单位承担侵权责任后，可以向有故意或者重大过失的工作人员追偿。《最高人民法院关于审理人身损害赔偿案件适用法律若干问题的解释》第九条规定，雇员在从事雇佣活动中致人损害的，雇主应当承担赔偿责任；雇员因故意或者重大过失致人损害的，应当与雇主承担连带赔偿责任。雇主承担连带赔偿责任的，可以向雇员追偿。前款所称“从事雇佣活动”，是指从事雇主授权或者指示范围内的生产经营活动或者其他劳务活动。雇员的行为超出授权范围，但其表现形式是履行职务或者与履行职务有内在联系的，应当认定为“从事雇佣活动”。

本案中，姚某与高某系雇佣关系，姚某作为雇主，其承担责任的主要条件有二：一是交通事故发生于高某提供劳务的过程中；二是高某提供的劳务代表着雇主的意志，为雇主谋取利益。因此雇员在日常生活中或下班、休息时间内的行为并非在执行工作任务的，雇主并不需要承担雇主责任。本案发生地点在高某完成当天的快递配送下班回家途中，并不在高某的快递配送范围内，亦非工作时间或工作过程中，故姚某在本案中不应承担雇主责任。

二、交通事故中车辆所有人、管理人的责任认定条件

《中华人民共和国民法典》第一千二百零九条规定，因租赁、借用等情形机动车所有人、管理人与使用人不是同一人时，发生交通事故造成损害，属于该机动车一方责任的，由机动车使用人承担赔偿责任；机动车所有人、管理人对损害的发生有过错的，承担相应的赔偿责任。《最高人民法院关于审理道路交通事故损害赔偿案件适用法律若干问题的解释》第一条规定："机动车发生交通事故造成损害，机动车所有人或者管理人有下列情形之一，人民法院应当认定其对损害的发生有过错，并适用民法典第一千二百零九条的规定确定其相应的赔偿责任：（一）知道或者应当知道机动车存在缺陷，且该缺陷是交通事故发生原因之一的；（二）知道或者应当知道驾驶人无驾驶资格或者未取得相应驾驶资格的；（三）知道或者应当知道驾驶人因饮酒、服用国家管制的精神药品或者麻醉药品，或者患有妨碍安全驾驶机动车的疾病等依法不能驾驶机动车的；（四）其他应当认定机动车所有人或者管理人有过错的。"如上所述，在租赁、借用等机动车使用人与机动车所有人、管理人不一致的情形下，由机动车使用人作为直接侵权人承担赔偿责任，机动车所有人或管理人承担的是"相应责任"，该规定以所有人、管理人有过错作为承担责任的前提条件。从立法本意来看，此规定的初衷是从源头加强对车辆管理、维护和对使用人驾驶能力的审查，有利于预防和避免交通事故的发生。因此，对于机动车所有人、管理人过错的认定，要按照一般人的注意义务标准，根据日常生活经验法则，并结合具体案件情况予以认定。

三、本案中的车辆所有人、管理人共同承担责任分析

车辆管理人是指受所有人委托，对机动车进行管理、维护或者使用的民事主体。本案中，宗某与姚某系夫妻关系，其将车辆交由姚某作为派送快递的交通工具，应认定姚某为车辆的管理人、高某为车辆的使用人，姚某应对高某使用车辆的行为进行管理和提醒。而宗某系车辆的所有人，其对于委托车辆由他人管理、使用的行为，也要尽到相应的审慎义务。其二人应当结合普遍认知和理性判断，对高某是否有驾驶能力进行审查。而姚某、宗某未尽到车辆管理人和所有权人的合理审查义务，明知高某没有驾驶资格，仍然将车辆提供给其派送快递，甚至作为其上下班的交通工具，大大提高了发生事故的危险性，可以认定其二人对损害的发生均存在过错，应当依据上述《中华人民共和国民法典》第一千二百零九条规定承担相应的赔偿责任。该相应责任应是与其过错相适应的按份责任，并非连带责任。而本案的特殊情形在于，宗某、姚某虽主体身份不同，但双方系家庭成员关系，宗某出借车辆用于经营快递业务，其目的是增加家庭收益，故二人间的过错责任应当共同承担。

综上，雇佣关系中确需为雇员配备车辆的，应当做到基本的审查和注意义务，确认车辆是否存在缺陷、使用人是否具备驾驶资格或存在妨碍安全驾驶的情形等，否则机动车所有人或管理人应承担与其过错相适应的责任及风险。

编写人：江苏省如皋市人民法院　孙俊驹　郝玲丽

8

# 网约车服务平台应对网约车司机的对外侵权行为承担主体责任

## ——阳某诉汤某等机动车交通事故责任案

**【案件基本信息】**

1. 裁判书字号

广东省深圳市中级人民法院（2023）粤 03 民终 6901 号民事判决书

2. 案由：机动车交通事故责任纠纷

3. 当事人

原告（被上诉人）：阳某

被告（被上诉人）：汤某、某新能源公司

被告（上诉人）：某科技公司、某技术公司、某保险公司

**【基本案情】**

2021 年 6 月 13 日，汤某驾驶轿车起步时，碰撞道路两侧防护栏后，冲上路口安全岛及人行道，车头与阳某骑行的 H 共享自行车及案外人陈某推行的二轮电动车发生碰撞，造成三车不同程度损坏，阳某受伤，陈某当场死亡的道路交通事故。交警认定，汤某驾驶机动车在事故发生时处于脑血管疾病发作状态，右侧肢体控制能力丧失，无导致此次事故发生的过错；阳某、陈某在人行道上正常通过，无导致此次事故发生的过错；此次事故属于交通意外事故，各方均无责任。经鉴定，阳某伤残等级为一个九级、两个十级伤残。某新能源公司系涉案车辆的所有人，其与汤某就涉案车辆存在租赁合同关系，某新能源公司为涉案车辆在被告某保险公司处投保交强险及商业三者险 300000 元，事故发生在

保险期限内。事故发生后双方协商无果，阳某向法院起诉请求各被告共同赔偿其人身损害 1015633.5 元。

【案件焦点】

某科技公司作为网约出租车经营者和承运人是否应当对其从业人员在营业过程中发生交通事故对第三人损害承担侵权赔偿责任。

【法院裁判要旨】

广东省深圳市宝安区人民法院经审理认为：本案事故责任由机动车方即被告汤某承担，其驾驶的机动车在被告某保险公司投保了交强险及商业三者险，故被告某保险公司应在保险范围内赔偿原告 448000 元。关于某科技公司、某技术公司及汤某的责任。在本案中，司机汤某是直接侵权人，系网约车司机。某科技公司依托“××出行”手机应用程序，构建网络预约出租汽车经营服务平台，系从事网约车经营服务的企业法人。被告汤某从事被告某科技公司经营网络预约出租汽车业务过程中发生交通事故侵权行为，某科技公司作为网约出租车经营者和承运人应当对其从业人员在营业过程中对外发生侵权行为承担主体责任。至于某科技公司与驾驶人即被告汤某无论是劳动关系还是其他合作关系，属于双方内部的合同关系，可依内部约定另行处理。此外，被告某技术公司系某科技公司的法人独资股东，依据《中华人民共和国公司法》第六十三条规定，应当对公司债务承担连带责任。综上，对于超出保险赔偿限额的赔偿责任 128137.6 元，应由某科技公司与某技术公司连带赔偿。

广东省深圳市宝安区人民法院依照《中华人民共和国民法典》第一千一百六十六条、第一千一百七十九条、第一千二百零九条、第一千二百一十三条，《中华人民共和国道路交通安全法》第七十六条，《中华人民共和国公司法》第六十三条，《中华人民共和国民事诉讼法》第六十七条第一款、第一百四十七条之规定，判决如下：

一、被告某保险公司于本判决生效之日起十日内赔偿原告阳某人民币 448000 元；

二、被告某科技公司与某技术公司于本判决生效之日起十日内连带赔偿原告阳某人民币 128137.6 元；

三、驳回原告阳某的其他诉讼请求。

被告某科技公司、某技术公司、某保险公司均不服一审判决，提起上诉。广东省深圳市中级人民法院经审理认为：上诉人某科技公司、某技术公司、某保险公司的上诉请求不成立，原审判决认定事实清楚，适用法律正确，处理并无不妥。

广东省深圳市中级人民法院依照《中华人民共和国民事诉讼法》第一百七十七条第一款第一项规定，判决如下：

驳回上诉，维持原判。

**【法官后语】**

随着互联网技术的快速发展，共享经济在我国萌芽并蓬勃发展，深刻影响并逐渐改变传统产业的经营模式。网约车是我国目前规模最大、发展最典型的共享经济类型之一，虽然源于传统巡游出租车，但关于传统巡游出租车的规定、规则并不当然地适用于网约车服务领域，如发生交通事故时，赔偿责任的划分会因网约车的运营模式、网络预约出租汽车服务平台（以下简称网约车服务平台）与司机之间的法律关系而有所不同，本案的争议焦点就是确认交通事故责任的赔偿主体及责任划分。笔者认为，本案网约车服务平台应对外承担侵权损害赔偿的主体责任，具体而言是由平台先行承担承运人责任，内部责任划分可依平台与司机的合同约定或法律规定另行处理。

一、明确网约车司机与网络服务平台的关系

网约车运营模式直接影响平台与司机之间法律关系的性质，随着现代网约车运营模式的多样化发展，司机与平台之间的关系也日趋复杂多元，如劳动关系、劳务关系、居间合同关系、挂靠关系等，不同法律关系是受害人请求平台承担责任的请求权基础，也是构建平台侵权责任的法理基础。笔者认为，司机与平台之间的法律关系虽未有定论，但二者之间无论属于劳动关系，还是劳务关系，抑或其他合作关系，皆属于主体内部的关系，而涉及对外的侵权赔偿责任时，平台与司机应视为一个整体。从实践中看，目前常见的网约车模式下，司机自备车辆，以专职或兼职接受平台“派单”的方式参与到网约车运营中，根据运行支配与运行利益相结合的“二元”道路交通事故赔偿主体理论，可以说平台对网约车司机具有一定控制力，也有权分享网约车运营利益。同时，乘客往往是通过网络服务平台下单，具体匹配哪位司机是概率事件，换言之，对乘客及第三人而言，缔结运输合同关系的相对方是平台而非司机，至少平台具有主导作用。因此，在对外关系上，如确定网约车交通事故对外的赔偿责任时，司机与平台应视为一个整体，二者之间的法律关系系内部关系，不影响对外的赔偿责任。

二、明确平台对外应承担侵权损害赔偿的主体责任

在本案中，网约车服务平台承担的是侵权损害赔偿的主体责任，具体而言是平台先以承运人的身份承担网约车司机侵权赔偿的全部对外责任，后可根据内部关系向司机进行追偿。第一，可类推承运人主体责任。机动车交通肇事侵权损害赔偿纠纷中承运人的判断一般以运行支配和运行利益为依据，根据《网络预约出租汽车经营服务管理暂行办法》第十六条的规定，网约车平台公司承担承运人责任，应当保证运营安全，保障乘客合法权益。虽然该条针对的是平台对于网约车乘客的责任，但如前文所述，对乘客和第三人来说，平台对司机有一定主导权，与司机共享收益，对外就是一个整体，因此平台对网约车交通事故造成对第三人的侵权损害赔偿可类推承担承运人的主体责任。第二，符合优先保障人身安全的价值取向。《中华人民共和国道路交通安全法》第一条即规定了保护人身安全系本法重要的立法目的之一，强调法的安全价值。与平台相比，网约车司机作为个人本身承担赔偿责任的能力有限，尽管有交强险或商业保险分担风险，但在造成人身损害时，也很难承担全部赔偿责任，如本案中需要支付给原告的赔偿费用已远超其购买的交强险和商业险额度。若一味要求网约车司机购买更高额度的保险以规避可能发生的危险，实际上不合理地加重了其义务，也缺乏实际落实的可能性，因此，由平台先承担主体责任，提升受害人获得赔偿的可能性符合道路交通事故损害赔偿案件审理的价值取向。第三，内部追偿机制能够有效控制平台经营风险。若一概要求网约车服务平台对事故

承担主体责任，则很可能导致网约车事故风险被司机不恰当转接至平台，进而给网约车平台造成重大负担，不利于网约车行业长足发展。平台承担主体责任并不意味着最终的责任承担结果，网约车服务平台对外承担主体责任后可根据合同约定或法律规定向司机追偿，最终实现赔偿责任的实质性分配，有效平衡司机合法权益保障与平台经营风险控制，一定程度上有助于网约车行业的规范、长远发展。

三、明确内部责任可依合同约定或法律规定另行处理

网约车服务平台对外承担了侵权损害赔偿的主体责任并不意味着最终的责任形态，平台与司机具体的内部责任分配可依合同约定或法律规定另行处理，如可以根据劳动合同的约定向存在故意或者重大过失行为的司机进行追偿，或以过错责任为依据进行内部责任划分。总之，网约车服务平台与网约车司机的内部关系不影响平台对外承担侵权损害赔偿的主体责任，至于具体内部责任如何分配的问题，可以根据二者不同法律关系以及合同约定进行处理和决定。

编写人：广东省深圳市宝安区人民法院　王辉　吴泽玲

9

# 网约车模式"平台—员工"用工关系法律认定及"霸王条款"效力判定

——兰某诉谢某、某科技公司机动车交通事故责任案

## 【案件基本信息】

1. 裁判书字号

浙江省丽水市中级人民法院（2023）浙11民终1431号民事判决书

2. 案由：机动车交通事故责任纠纷

3. 当事人

原告（被上诉人）：兰某

被告（上诉人）：某科技公司

被告（被上诉人）：谢某

【基本案情】

2023年4月9日晚，被告谢某驾驶某小型普通客车沿某省道超速行驶，当日20时27分许，车辆途经某处东侧路口人行横道区域时，与行走的受害人兰某甲发生碰撞，造成受害人兰某甲当场死亡。经某市交通警察支队认定，被告谢某负事故全部责任。受害人兰某甲出生于1961年，其父母与妻子均已亡故，原告兰某为其唯一的儿子。

本案涉案车辆为网约车，其所有人为被告某科技公司，被告谢某系被告某科技公司的员工。原告认为，被告谢某的行为已构成侵权，应承担相应的赔偿责任。被告某科技公司作为车辆所有人及被告谢某的用人单位对事故损害后果应当承担侵权责任。

【案件焦点】

1. 涉案车辆为网约车，被告谢某与被告某科技公司在“平台—员工”模式下的用工法律关系该如何界定；2. 被告谢某与被告某科技公司所签订“霸王条款”“如发生事故全部由被告谢某承担”法律效力如何认定。

【法院裁判要旨】

浙江省丽水市莲都区人民法院经审理认为：根据案涉双方签订的《网络预约出租汽车承包经营协议》的约定，承包经营关系中承包人依约交纳承包费，承包人的营运活动相对自由独立，并且要承担自负盈亏的经济后果，故双方在人身、经济关系上的从属性并不显著。虽然被告某科技公司与被告谢某签订的承包协议约定双方为承包关系，但营运车辆为某科技公司所有，被告谢某并无运营自主权，包括休息时间、营运路线等也是平台管理内容，营运方式为平台统一调配，营收款也由被告某科技公司收取，并以利润分成方式计酬，因此，本院认定两被告间雇佣关系成立。

浙江省丽水市莲都区人民法院依照《中华人民共和国民法典》第一千一百七十九条、第一千一百九十一条，《最高人民法院关于审理人身损害赔偿案件适用法律若干问题的解释》第十四条、第十五条，《中华人民共和国民事诉讼法》第一百四十七条之规定，判决如下：

一、被告某科技公司于本判决生效之日起十五日内赔偿原告兰某因交通事故所致损失238504.5元；

二、驳回原告兰某的其他诉讼请求。

某科技公司不服一审判决，提起上诉。浙江省丽水市中级人民法院经审理认为：根据案涉《网络预约出租汽车承包经营协议》的约定，谢某必须服从上诉人的调度指派，接受相应劳动管理，营运线路、工作、休息时间固定，且有明确的工作纪律，如不得私自接客或接货、拒客、拒货、私自放空等，故一审认定谢某并无运营自主权，谢某系某科技公司雇用的工作人员，事实依据充分，如主张双方是中介合同法律关系，与查明的事实不符，本院不予支持。综上所述，某科技公司的上诉请求不能成立，应予以驳回；一审判决认定事实清楚，适用法律正确，处理结果并无不当，应予维持。

浙江省丽水市中级人民法院依照《中华人民共和国民事诉讼法》第一百七十七条第一款第一项规定，判决如下：

驳回上诉，维持原判。

## 【法官后语】

目前，基于平台模式新型用工关系层出不穷。针对“平台—员工”模式下用工合同法律关系的认定，以网约车企业用工为例，其用工模式有以下分类：（1）从“车辆由谁提供”的角度可分为两类：第一类是平台提供车辆。第二类是私家车模式，该模式又存在多种样态，例如司机仅在一个网约车平台注册或同时在多个平台注册；又如司机为全职网约车司机或仅为兼职等。（2）从“用工主体”角度出发亦可分为两类：一是平台企业用工；二是平台企业的合作企业用工，平台企业采取加盟、外包等方式将业务委托或发包给第三方，由该合作企业管理。

《网络预约出租汽车经营服务管理暂行办法》已认定网约车平台是承运人，因此，与乘客订立客运服务合同关系的相对方是平台企业，而非网约车司机。平台企业和司机之间的合同关系应综合案件的具体事实、双方的签约内容、合同的实际履行情况等进行判断。

全面判定应当遵循“使用从属”的复合标准为主，“组织从属性”加以为辅的认定标准。

第一，“使用从属”的复合标准：人格从属性和经济从属性。首先，人格上的从属性指用人单位对劳动者具有指派、命令、监督、考核等权力。其次，经济上的从属性要考察的因素有诸多方面，如劳动条件与劳动环境是否由用人单位提供、平台从业者劳动报酬的获取等。

第二，“组织从属性”的辅助标准：首先，组织从属性的内涵主要是将劳动者看作企业的一项重要生产要素纳入企业的组织系统，从属于企业业务的组成。传统劳动关系是建立在单一劳动者与用人单位之上的社会关系，具有典型的一维性。其次，组织从属性这一标准就是用来测试劳动者所执行的工作是否融入用人单位的生产组织体系。这对于判断业务承揽的工作是否具有独立性具有重要意义。针对平台经济下用工行为的松散化，具体认定时应当转变固有思维，不应过度关注雇员对雇主经济上的依赖性，而应当观察雇主对雇员是否具有一定的依赖性，如果雇员的工作内容属于雇主主要的商业功能之一，并且构成雇主主要的经济利润，那么该工作者拥有雇员身份。因此，对平台经济下的劳动者而言，只要其所执行的工作是用人单位业务组成的一部分，且工作具有一定的持续性，就应当考虑其与用人单位之间存在劳动关系。

针对用工企业与劳动者签订的“霸王条款”“如发生事故全部由劳动者承担”法律效力如何认定。应考虑劳动者系职务行为这一事实适用相关法律。职务行为产生的法律责任应当由企业法人承担，双方签订的用工协议中如有约定“如发生事故全部由劳动者个人承担”条款违反相关法律规定，则属无效条款。

《中华人民共和国民法典》第一千一百九十一条规定，“用人单位的工作人员因执行工作任务造成他人损害的，由用人单位承担侵权责任”。从上述法律规定可以看出，职务行为产生的民事责任和法律后果应当由企业自己承担。虽然双方签订的用工协议中有用工企业全免责的霸王条款，但该约定显然违反了上述法律、司法解释的规定，也违反了劳动法的相关规定。《中华人民共和国劳动合同法》第二十六条第一款规定：“下列劳动合同无效或者部分无效……（二）用人单位免除自己的法定责任、排除劳动者权利的；（三）违反法律、行政法规强制性规定的。”据此，应当认定“如发生事故全部由劳动者承担”属无效条款。

编写人：浙江省丽水市莲都区人民法院　周山丹　雷宇辉

10

# 特许经营模式下快递交通事故中快递公司（特许人）应对不具有相应资质的本地物流企业（被特许人）的员工造成第三人的损害承担选任过错责任

## ——陆某诉秦某等机动车交通事故责任案

### 【案件基本信息】

1. 裁判书字号

江苏省无锡市中级人民法院（2023）苏02民终2878号民事判决书

2. 案由：机动车交通事故责任纠纷

3. 当事人

原告（被上诉人）：陆某

被告（上诉人）：某速递公司

被告（被上诉人）：秦某、某物流公司

第三人：某医院

【基本案情】

2021年9月29日，秦某驾驶无号牌电动三轮车行驶时，车辆右侧前部撞倒在道路南侧路边由东向西行走的陆某，造成陆某受伤的交通事故。交警部门认定秦某负事故主要责任，陆某负事故次要责任。事故认定书载明：事发时秦某驾驶的无牌电动三轮车经鉴定属于机动车，为某速递公司派送快递。

经法院委托鉴定，陆某持续性植物生存状态评定为一级残疾，护理期、营养期自受伤日至评残前一日，需要完全护理依赖。

某速递公司（授权方）与某物流公司（被授权方）签订《特许经营合同》，载明：在授权区域范围内，特许人授权被特许人使用某速递公司知识产权、经营模式、管理制度、快递服务产品等在内的特许经营权，被特许人仅在收件揽收与派送、营运车辆、员工制服等方面拥有商标使用权，合同有效期为2021年7月1日至2023年6月30日；特许人向被特许人收取某速递公司网络资源使用费；被特许人的员工发生事故造成第三方人身损害的，由被特许人承担赔偿责任，与特许人无关。

某物流公司营业执照中无快递业务。陆某对结欠某医院249308.17元及返还事宜无异议。某物流公司和秦某签订《承包协议书》载明：乙方（秦某）在甲方（某物流公司）领导下开展各项工作，乙方的一切经营活动将受甲方监督，需无条件服从公司的管理，乙方必须坚决执行公司的一切规章制度，如恶意违反，甲方有权对其行为进行规劝、处罚，甚至解除合约；合同有效期自2021年7月1日起至2022年7月1日止；等等。某速递公司以某物流公司为被保险人投保雇主责任保险，员工姓名为秦某，保险期间为自2021年9月1日0时起至30日24时止。

【案件焦点】

某速递公司应否对案涉交通事故造成陆某的损害承担赔偿责任。

【法院裁判要旨】

江苏省江阴市人民法院经审理认为：肇事车辆的赔偿责任主体负有相应的赔偿责任，采信交通警察大队作出的事故责任认定，确定由秦某承担80%的赔偿责任。根据交警查明事实，事发时秦某派送某速递公司快递，结合秦某陈述，秦某系为某物流公司从事快递收发工作。某速递公司未提供证据证明某物流公司具有快递业务经营许可，因此某速递公司系将快递业务分包给不具有特许经营许可的某物流公司。根据《快递暂行条例》第十三条第三款关于“快递从业人员因执行工作任务造成他人损害的，由快递从业人员所属的经营快递业务的企业依照民事侵权责任相关法律的规定承担侵权责任”的规定，某速递公司将快递业务分包给不具有特许经营主体，应承担快递员执行任务造成他人损害的赔偿责任。至于某速递公司与某物流公司之间签订合同约定由被特许人即某物流公司承担责任，属于两者之间协商约定，不足以对抗合同之外第三人，故对某速递公司的辩称意见，不予采纳，其公司可在履行赔偿责任后根据合同约定另行主张。陆某损失1239733.50元，由某速递公司赔偿999786.8元（1199733.50×0.8+40000），其中给付陆某750478.63元，给付某医院249308.17元。

江苏省江阴市人民法院依照《中华人民共和国保险法》第十条、第十三条、第十四条、第十七条之规定，判决如下：

一、某速递公司应赔偿陆某损失999786.80元，其中给付陆某750478.63元，给付某医院249308.17元，于判决生效之日起十日内履行完毕；

二、驳回陆某的其他诉讼请求。

某速递公司不服一审判决，提出上诉。江苏省无锡市中级人民法院经审理认为：关于案涉交通事故赔偿责任主体及责任比例问题。事故认定书载明，事发时秦某驾驶无牌电动三轮车为某速递公司派送快递。根据秦某、某物流公司关于双方之间用工事实的陈述以及承包协议书、保险单等有关内容，秦某派送快递工作须无条件接受某物流公司的领导、监督和管理，秦某工资收入须经某物流公司考核后确定，保险单亦显示秦某系某物流公司雇主责任险下的员工，应当认定秦某与某物流公司之间存在人身和财产关系的依附性，秦某派送快递的行为系在执行某物流公司的工作任务。根据《中华人民共和国民法典》第一千一百九十一条“用人单位的工作人员因执行工作任务造成他人损害的，由用人单位承担侵权责任。用人单位承担侵权责任后，可以向有故意或者重大过失的工作人员追偿”以及《快递暂行条例》第十三条第三款“快递从业人员因执行工作任务造成他人损害的，由快递从业人员所属的经营快递业务的企业依照民事侵权责任相关法律的规定承担侵权责任”的规定，本案中，秦某发生交通事故造成的损害后果，应由用人单位某物流公司承担侵权责任。

另外，经审理查明，某物流公司作为经营快递业务的企业，并未取得快递业务经营许可证，即不符合《中华人民共和国邮政法》第五十一条“经营快递业务，应当依照本法规定取得快递业务经营许可；未经许可，任何单位和个人不得经营快递业务”以及《快递暂行条例》第十七条“经营快递业务，应当依法取得快递业务经营许可”所规定的经营快递业务的资质条件。而某速递公司在与某物流公司签订《特许经营合同》时未对某物流公司是否具有相应资质条件进行审查便将快递业务发包给某物流公司，存在选任过错，参照《中华人民共和国民法典》第一千一百九十三条“承揽人在完成工作过程中造成第三人损害或者自己损害的，定作人不承担侵权责任。但是，定作人对定作、指示或者选任有过错的，应当承担相应的责任”的规定，某速递公司对某物流公司侵权责任应当承担相应责任。某速递公司上诉主张依据其公司和某物流公司签订的《特许经营合同》的约定其公司对外不承担侵权责任，于法无据，本院不予采纳。根据双方过错类别和程度大小，本院酌定陆某因交通事故造成的损害后果，除去其自担 20% 的责任外，剩余部分由某物流公司、某速递公司分别承担 80%、20%的赔偿责任为宜。据此，陆某损失 1239733. 50 元，由某物流公司赔偿 799829. 44 元，由某速递公司赔偿 199957. 36 元。因一审中陆某同意其结欠某医院医疗费 249308. 17 元在判决赔偿款中优先返还，故本院确定某速递公司赔偿款 199957. 36 元直接支付给某医院，某物流公司赔偿款中支付某医院 49350. 81 元、赔偿陆某 750478. 63 元。

江苏省无锡市中级人民法院依照《中华人民共和国民法典》第一千一百九

十一条、第一千一百九十三条，《中华人民共和国邮政法》第五十一条，《快递暂行条例》第十三条第三款、第十七条，《中华人民共和国民事诉讼法》第一百七十七条第一款第二项之规定，判决如下：

一、撤销江阴市人民法院（2022）苏 0281 民初 15099 号民事判决；

二、某物流公司应于本判决生效之日起十日内赔偿陆某损失 799829.44 元，其中支付陆某 750478.63 元、支付某医院 49350.81 元；

三、某速递公司应于本判决生效之日起十日内赔偿陆某损失 199957.36 元，该款直接支付给某医院；

四、驳回陆某的其他诉讼请求。

【法官后语】

对于特许经营模式下的快递交通事故，快递公司（特许人）将快递业务发包给未取得快递业务经营许可的本地物流企业（被特许人），本地物流企业员工执行工作任务过程中发生交通事故造成第三人损害时，快递公司应否承担赔偿责任，实践中存在不同认识，呈现出多种判决模式，包括：（1）无责任，即由本地物流企业对外承担责任，快递公司不承担责任；（2）全部责任或替代责任，即由快递公司对外承担责任；（3）连带责任，即由本地物流企业对外承担侵权赔偿责任，在本地物流企业不具有快递主体资格情况时，快递公司承担连带赔偿责任，或从外观主义、权责利一致、第三人保护等出发，快递公司和本地物流企业承担连带责任；（4）补充责任，即由本地物流企业先承担赔偿责任，本地物流企业无力赔偿或赔偿不足情况下由快递公司承担赔偿责任。

笔者认为，基于快递公司和本地物流企业之间均为独立法人主体，本地物流企业在特许范围内从事快递业务，对外独立承担民事责任，本地物流企业的员工侵权行为一般与快递公司没有直接关系，直接判决快递公司对外承担全部赔偿责任缺乏法律依据。而连带责任是一种较为严格和特殊的责任形式，只有在法律明确规定特定情形下应当承担连带责任，或者当事人之间通过明确约定来确定连带责任时，才可以要求相关主体承担连带责任。在快递特许经营模式下的交通事故责任认定中，同样需要依据具体的法律规定和实际情况来判断是否存在连带责任以及由谁承担。另外，补充责任是一种次要责任，是基于与首要责任人的某种特定法律关系或存在某种与责任来源事实相关的过错而承担责任的，侵权法上的补充责任主要应用在安全保障义务的情形。从快递工作来看，快递公司对本地物流企业、快递员的监督控制和管理主要是保证快递包裹安全、及时送达，其他方面并不承担管理职责，快递公司对不特定的第三人也不负有安全保障义务，故不应判决快递公司承担补充责任。

特许经营模式下快递公司应承担与其过错相适应的赔偿责任。快递公司作为专业从事快递业务的经营主体，其对法律法规关于经营快递业务的有关规定应为明知，应当依法依规开展经营活动。依据有关法律法规关于经营快递业务的规定，经营快递业务，应当依照法律规定取得快递业务经营许可；未经许可，任何单位和个人不得经营快递业务。快递公司在与本地物流企业签订《特许经营合同》时应对本地物流企业是否具有相应资质条件进行审查。

本案中，某速递公司将快递业务发包给未取得快递业务经营许可的某物流公司，存在选任过错，参照《中华人民共和国民法典》第一千一百九十三条“承揽人在完成工作过程中造成第三人损害或者自己损害的，定作人不承担侵权责任。但是，定作人对定作、指示或者选任有过错的，应当承担相应的责任”的规定，某速递公司对某物流公司侵权责任应当承担与其公司选任过错相适应的按份赔偿责任。根据双方过错类别和程度大小，除去受害人自担20%的责任外，剩余部分由某物流公司、某速递公司分别承担80%、20%的赔偿责任为宜。

编写人：江苏省无锡市中级人民法院　杨志　杜凤君

11

# 在驾驶人无证驾驶无牌摩托车侧滑坠落路边深沟造成的单方交通事故中，道路管理部门等相关单位应否赔偿须根据过错责任认定

——蓝某、覃某诉某公路养护中心等机动车交通事故责任案

## 【案件基本信息】

1. 裁判书字号

广西壮族自治区南宁市中级人民法院（2022）桂01民终12111号民事判决书

2. 案由：机动车交通事故责任纠纷

3. 当事人

原告（上诉人）：蓝某、覃某

被告（被上诉人）：某公路养护中心、某县住房和城乡建设局（以下简称某县住建局）、某交通公司、某工程公司、某交通设计公司

## 【基本案情】

2020年1月10日22时许，原告蓝某、覃某的亲人覃某某驾驶摩托车行驶至某路段时，由于天色昏暗且道路未设置路灯和防护栏，覃某某驾车发生侧滑坠入道路旁2.2米边沟致死。原告认为，被告作为公路管理方，对辖区内的公路养护有监管和维护的职责，事发路段未设置照明和防护栏，亦未设置安全警示标志，存在严重管理维护缺陷的安全隐患，与案涉事故的发生及损害后果具有直接的因果关系，应承担相应的赔偿责任。根据《公路工程技术标准》（JTG B01—2014）和《公路交通安全设施设计规范》（JTG D81—2017）中的相关标

准，涉案路段应当设置防护栏和路灯，但各被告未尽相应职责，应当按照相关法律规定承担责任。

【案件焦点】

某公路养护中心、某县住建局、某交通公司、某工程公司、某交通设计公司对覃某某死亡是否存在过错，应否承担赔偿责任。

【法院裁判要旨】

广西壮族自治区马山县人民法院经审理认为：本案是机动车交通事故责任纠纷，因道路管理维护缺陷导致机动车发生交通事故造成损害，或者因设计、施工单位未按照法律法规、规章或者国家标准、行业标准、地方标准的强制性规定设计、施工，致使道路存在缺陷并造成交通事故，受害人有权请求相关单位承担相应赔偿责任。

某交通设计公司就案涉公路所作的设计方案已取得自治区交通行政主管部门的原则同意，其所作的设计符合国家和行业的强制性标准；施工单位某工程公司已严格按照业主、设计单位的相关要求进行规范施工，并已通过竣工验收，建设项目综合评价为优良；某公路养护中心正式接养案涉公路后，亦按照规范要求对接养路段进行养护。特别需要指出的是，死者覃某某在没有取得机动车驾驶资格的情况下夜间驾驶无号牌摩托车，其行为存在严重安全隐患和重大过错，且家属于事故发生后，明确表示不要求公安交管部门立案调查，致使公安交管部门没有对涉案交通事故的原因及责任作出明确认定。蓝某、覃某既没有举出相应的证据证实发生涉案事故路段的道路建设单位、施工单位或者道路管理者对涉案交通事故负有责任，也没有举出任何证据证实各被告单位对其请求赔偿的各项经济损失存在因果关系。蓝某、覃某未能举出充分的证据证明其主张，其诉讼请求，证据不足，不予支持。

广西壮族自治区马山县人民法院依照《最高人民法院关于适用〈中华人民共和国民法典〉时间效力的若干规定》第一条第二款和《中华人民共和国侵权责任法》第六条，《最高人民法院关于审理道路交通事故损害赔偿案件适用法律若干问题的解释》第九条第一款、第十一条,《中华人民共和国民事诉讼法》第六十四条第一款,《最高人民法院关于适用〈中华人民共和国民事诉讼法〉的解释》第九十条之规定,判决如下:

驳回蓝某、覃某的诉讼请求。

蓝某、覃某不服一审判决,提起上诉。广西壮族自治区南宁市中级人民法院经审理认为:《最高人民法院关于审理道路交通事故损害赔偿案件适用法律若干问题的解释》第八条规定:“未按照法律法规、规章或者国家标准、行业标准、地方标准的强制性规定设计、施工,致使道路存在缺陷并造成交通事故,当事人请求建设单位与施工单位承担相应赔偿责任的,人民法院应予支持。”事发路段原设计符合公路交通安全设施规范,但现场实际为 2 米左右的垂直挡土墙,对往来的行人、车辆存在一定的安全隐患;虽然公路已通过验收,但至本案事故发生时该路段并未再进行过施工,被上诉人某工程公司作为施工单位未能举证证实建设施工时已按照设计图纸施工,亦未举证证实事故现场存在其他改建者,虽然本案交通事故的发生系覃某某本人过错造成,但公路边坡未按图纸施工,存在过错,参照上述法律规定,某工程公司作为施工单位应承担相应的赔偿责任,考虑到上诉人的家属覃某某经常往来于该路段,夜间无证行车未注意安全驾驶,因自身原因导致其驾驶的摩托车发生侧滑坠落路边深沟,覃某某对于交通事故的发生存在重大过错;某工程公司未按照图纸施工的过错有可能扩大覃某某的损害后果,本院综合事故发生的原因、损害后果及各方过错与损害后果之间因果关系,酌情确定某工程公司对上诉人因覃某某死亡造成的经济损失承担 10%的民事赔偿责任,其他被上诉人对覃某某的死亡不存在过错,依法不承担本案赔偿责任,一审判决驳回上诉人的诉讼请求不当,本院予以纠正。上诉人的经济损失:死亡赔偿金 694900 元(34745 元/年×20 年)、丧葬费 39756 元(6626 元/月×6 个月),合计 734656 元,某工程公司承担 10%即 73465.6 元,符合法律规定,本院予以支持。综上所述,上诉人的上诉请求部分成立,本院予以支持,一审判决认定事实不清,本院予以改判。

广西壮族自治区南宁市中级人民法院依照《中华人民共和国民事诉讼法》

第一百七十七条第一款第二项之规定，判决如下：

一、撤销广西壮族自治区马山县人民法院（2021）桂0124民初241号民事判决；

二、被上诉人某工程公司赔偿上诉人蓝某、覃某73465.6元；

三、驳回上诉人蓝某、覃某的其他诉讼请求。

【法官后语】

在驾驶人与道路环境因素造成的人身损害或财产损失的单方事故中，责任如何界定值得探讨。

一、驾驶人与道路环境因素造成的人身损害或财产损失的单方事故，应当认定为道路交通事故

《中华人民共和国道路交通安全法》规定，交通事故是指车辆在道路上因为过错或者意外造成人身损害或者财产损失的事件为交通事故。根据该定义，构成道路交通事故应具备以下四个要件：（1）主体必须是车辆；（2）空间必须是在道路上；（3）主观上必须存在意外或过错；（4）客观上必须造成人身伤亡或者财产损失的后果。那么，对于一起车辆行驶在道路上、因驾驶人的过错与道路环境因素造成人身伤亡的单方事故，应当认定为道路交通事故。

二、道路环境因素对单方道路交通事故损害赔偿责任的影响

《道路交通事故处理程序规定》第六十条第一款第一项已明确，因一方当事人的过错导致道路交通事故的，应当由其承担全部责任。按照该规定，当驾驶人无证驾驶机动车、驾驶无牌照等不符合技术安全的机动车在道路上行驶过程中发生的单方事故，则由其承担全部事故责任。但是，在实践中，将该类单方道路事故责任认定为由过错机动车车主一方承担全部事故责任后，车主一方往往找不到除保险公司外的主体来承担赔偿责任。因此，在该类单方交通事故的责任认定中，我们还应当充分考虑道路环境因素与损害后果之间是否存在因果关系，即道路是否存在危及人身、他人财产安全的不合理的危险。

道路环境因素主要包含道路设计、施工、维护、交通设施、环境条件等影响道路安全的因素。判断道路环境因素与损害结果之间的因果关系，应当从道

路环境因素的异常性以及作用力来判断。在道路环境因素的异常性判断中需要注意一般化与具体化的区别，在道路环境不存在安全隐患的情况下，一方当事人的过错导致道路交通事故的，则应当由驾驶人对损害结果的发生承担全部责任；反之，则应当从因素对人身损失或财产损失结果的作用力来判断，《最高人民法院关于审理道路交通事故损害赔偿案件适用法律若干问题的解释》对道路管理者、设计、施工等建设单位的赔偿责任作出了明确规定，道路管理者在尽到安全防护、警示等义务后，可以免除其赔偿责任，承担的是过错责任，而设计、施工等建设单位则应承担无过错赔偿责任。道路方未按照国家、行业、地方标准以及法律法规、规章的规定履行维护道路安全的义务，对道路造成的安全隐患越大，则作用力更大。因此，在驾驶人与道路环境因素造成的人身损害或财产损失的单方事故中，应当充分考虑管护、设计、施工等道路环境因素对损害后果的影响。

回归到本案中，尽管是因驾驶人的主要过错而导致事故的发生，但是道路施工方未能严格按照设计图纸施工，对道路安全存在着隐患缺陷，即便是已经通过竣工验收的，也应当根据过错责任界定责任主体。

编写人：广西壮族自治区马山县人民法院　陈彬

12

# 车辆安全统筹合同不宜在机动车交通事故纠纷中视为债务加入条款

## ——覃甲等诉某物流公司等机动车交通事故责任案

【案件基本信息】

1. 裁判书字号

广西壮族自治区高级人民法院（2024）桂民再209号民事判决书

2. 案由：机动车交通事故责任纠纷

3. 当事人

原告（被上诉人、被申请人）：覃甲、覃乙、覃丙、覃丁、覃戊、韦某

被告（上诉人、再审申请人）：某物流公司

被告（上诉人）：甲运输公司

被告：滕某、乙运输公司

【基本案情】

2022年8月20日中午，覃乙驾驶桂G1××××号普通二轮摩托车（搭载覃某某）行至某加油站出口处临近滕某驾驶的桂BD××××号重型仓栅式货车时，由于制动措施不当，摩托车发生侧翻被桂BD××××号重型仓栅式货车碾轧，造成覃乙、覃某某受伤及两车不同程度损坏的道路交通事故。覃某某受伤后经医院抢救无效当日死亡。经交警认定，滕某、覃乙承担事故的同等责任，覃某某不承担责任。桂BD××××号重型仓栅式货车在2019年7月5日至2021年12月28日登记在乙运输公司的名下，2021年12月29日转移登记到甲运输公司的名下，实际车主为滕某，该车挂靠在甲运输公司名下经营，在某保险公司投保有交强险。事故发生后，某保险公司在交强险限额内赔偿覃甲等六人经济损失187162.45元。

2021年12月2日，乙运输公司向某物流公司缴纳统筹费11411.39元，某物流公司向乙运输公司出具《机动车辆安全统筹（电子统筹单）》，确定统筹车辆号牌为桂BD××××，统筹项目为：机动车第三者责任统筹，统筹金额/责任限额为1000000元。统筹合同期限自2021年12月3日起至2022年12月2日止。

覃某某（1954年12月28日出生）与妻子覃甲婚后生育4个子女：女儿覃丙（1977年4月9日出生）、儿子覃丁（1980年7月7日出生）、儿子覃戊（1981年4月5日出生）、儿子覃乙（1985年9月7日出生）。覃某某母亲韦某（1923年8月8日出生）与父亲莫某（已故）生育2个儿子覃某某、莫某某。

覃甲等六名近亲属遂起诉请求：首先，某物流公司在机动车第三者责任统

筹（保险）责任限额内赔偿覃甲等六人的各项经济损失共240585.35元，超出机动车第三者责任统筹（保险）责任限额的损失由滕某、甲运输公司、乙运输公司连带赔偿。

**【案件焦点】**

某物流公司是否构成债务加入及应否承担连带赔偿责任。

**【法院裁判要旨】**

广西壮族自治区来宾市兴宾区人民法院经审理认为：首先，某物流公司不具备经营相关保险业务的资质，其经营范围为交通安全统筹服务等，与保险业务有所区别，机动车第三者责任统筹险并非保险法规定的商业三者险。因此，《中华人民共和国保险法》的相关规定不能适用于某物流公司。其次，《中华人民共和国民法典》第一千二百一十三条也不能成为统筹公司直接承担责任的法律依据，因此，该条文不能成为统筹公司参加诉讼并承担责任的法律依据。《中华人民共和国民法典》第五百五十二条规定，第三人与债务人约定加入债务并通知债权人，或者第三人向债权人表示愿意加入债务，债权人未在合理期限内明确拒绝的，债权人可以请求第三人在其愿意承担的债务范围内和债务人承担连带责任。《最高人民法院关于适用〈中华人民共和国民法典〉有关担保制度的解释》第三十六条第二款规定："第三人向债权人提供的承诺文件，具有加入债务或者与债务人共同承担债务等意思表示的，人民法院应当认定为民法典第五百五十二条规定的债务加入。"本案中，某物流公司向乙运输公司出具的《机动车辆安全统筹（电子统筹单）》及《机动车综合统筹条款（2020版）》的行为表明，某物流公司已就桂BD××××号重型仓栅式货车合法的驾驶人所造成的侵权之债，具有加入该债务或者与侵权人共同承担债务的意思表示，符合上述法律条款规定的情形，因此某物流公司应在统筹限额内就被告滕某应承担的赔偿承担连带责任。

广西壮族自治区来宾市兴宾区人民法院依照《中华人民共和国民法典》第五百五十二条、第一千二百一十一条、第一千一百六十五条、第一千一百七十九条、第一千二百零八条、第一千二百一十三条,《中华人民共和国道路交通安全法》第七十六条,《最高人民法院关于适用〈中华人民共和国民法典〉有关担保制度的解释》第三十六条,《中华人民共和国民事诉讼法》第一百四十七条之规定,判决如下:

一、被告滕某赔偿原告覃甲、覃乙、覃丙、覃丁、覃戊、韦某经济损失226480.75元;

二、被告甲运输公司、某物流公司对被告滕某的上述赔偿承担连带责任;

三、驳回原告覃甲、覃乙、覃丙、覃丁、覃戊、韦某的其他诉讼请求。

某物流公司、甲运输公司不服一审判决,提出上诉。广西壮族自治区来宾市中级人民法院依照《中华人民共和国民事诉讼法》第一百七十七条第一款第一项规定,判决如下:

驳回上诉,维持原判。

某物流公司不服二审判决,申请再审。广西壮族自治区高级人民法院经审理认为:某物流公司与乙运输公司签订《车辆统筹项目合作协议》,某物流公司接受桂BD××××号货车的第三者责任统筹并向乙运输公司出具《机动车辆安全统筹(电子统筹单)》及《机动车综合统筹条款(2020版)》,属于法律没有特殊规定的一般合同。根据《车辆统筹项目合作协议》《机动车辆安全统筹(电子统筹单)》及《机动车综合统筹条款(2020版)》的约定,发生交通事故后,应由某物流公司及时进行定损核补,《车辆统筹项目合作协议》及《机动车辆安全统筹(电子统筹单)》并不直接对某物流公司、乙运输公司或乙运输公司转让他人之外的当事人发生法律效力。根据合同相对性原则,在没有法律规定或者当事人约定的情况下,在本案交通事故责任纠纷中不宜一并处理车辆统筹合同法律关系。

首先,本案《车辆统筹项目合作协议》《机动车辆安全统筹(电子统筹单)》及《机动车综合统筹条款(2020版)》并非某物流公司向债权人覃某等六人出具,该协议条文中亦未有加入债务或者与债务人共同承担债务等意思表示,而是某物流公司与乙运输公司基于交通事故发生后对造成的损失进行的相关补偿约定。其次，上述条款虽赋予第三者在被统筹人怠于请求时统筹人可直接向该第三者补偿，但统筹人仍需按照《车辆统筹项目合作协议》《机动车辆安全统筹（电子统筹单）》及《机动车综合统筹条款（2020 版）》的约定进行核定，与债务加入有所区别。最后，某物流公司亦未在事故发生后有加入债务或者与债务人共同承担债务等意思表示。因此，本案中某物流公司未有体现其有加入该损失的债务或者与债务人共同承担债务的意思表示，该情形不符合《最高人民法院关于适用〈中华人民共和国民法典〉有关担保制度的解释》第三十六条第二款的规定。原审认定《车辆统筹项目合作协议》《机动车辆安全统筹（电子统筹单）》及《机动车综合统筹条款（2020 版）》系债务加入的承诺文件并判决某物流公司承担连带责任属适用法律错误，应予纠正。覃某等六人起诉某物流公司承担赔偿责任，无相关事实及法律依据，不予支持。

广西壮族自治区高级人民法院依照《中华人民共和国民事诉讼法》第二百一十八条第一款、第一百四十七条、第一百七十七条第一款第二项之规定，判决如下：

一、撤销来宾市中级人民法院（2023）桂 13 民终 1082 号民事判决和来宾市兴宾区人民法院（2023）桂 1302 民初 1807 号民事判决第三项；

二、维持来宾市兴宾区人民法院（2023）桂 1302 民初 1807 号民事判决第一项；

三、变更来宾市兴宾区人民法院（2023）桂 1302 民初 1807 号民事判决第二项为"甲运输公司对滕某的上述赔偿承担连带责任"；

四、驳回覃甲、覃乙、覃丙、覃丁、覃戊、韦某的其他诉讼请求。

## 【法官后语】

机动车车辆安全统筹不属于商业三者险，被统筹人与统筹公司之间仅为一般合同关系，在发生纠纷时无法适用《中华人民共和国保险法》的规定，不能直接适用《中华人民共和国民法典》第一千二百一十三条的规定，而应适用《中华人民共和国民法典》合同编的一般规定，根据合同相对性原则，第三者无权直接要求统筹公司在统筹范围内向其赔偿损失，在机动车交通事故责任纠纷案件中一并处理。否则，在机动车交通事故责任纠纷中一并处理该统筹合同，将会影响侵权赔偿的公平性和统筹合同的相对性。

统筹合同系被统筹人与统筹公司之间的意思表示，统筹合同是否成立、约定内容及效力等需结合被统筹人与统筹公司之间的具体证据另行认定。被统筹人与统筹企业间的合同权利义务关系，被统筹人可以根据法律规定和双方的约定来主张自己的权利。至于该统筹合同能否认定为债务加入，仍应按照债务加入的法律规定来进行区分。《中华人民共和国民法典》第五百五十二条规定："第三人与债务人约定加入债务并通知债权人，或者第三人向债权人表示愿意加入债务，债权人未在合理期限内明确拒绝的，债权人可以请求第三人在其愿意承担的债务范围内和债务人承担连带责任。"《最高人民法院关于适用〈中华人民共和国民法典〉有关担保制度的解释》第三十六条第二款规定："第三人向债权人提供的承诺文件，具有加入债务或者与债务人共同承担债务等意思表示的，人民法院应当认定为民法典第五百五十二条规定的债务加入。"本案中，《车辆统筹项目合作协议》《机动车辆安全统筹（电子统筹单）》及《机动车综合统筹条款（2020版）》并非某物流公司向债权人覃甲等六人出具，债务加入的主体不符合债务加入的主体要求。该统筹款项需要核定，并非债务加入全盘无条件认可，某物流公司亦未在事故发生后有加入债务或者与债务人共同承担债务等意思表示。因此，本案中某物流公司未有体现其有加入该损失的债务或者与债务人共同承担债务的意思表示，该情形不符合《最高人民法院关于适用〈中华人民共和国民法典〉有关担保制度的解释》第三十六条第二款的规定。本案的安全统筹合同不应当认定为债务加入的情况。

车辆统筹合同不是保险合同，一般也不具有债务加入的意思表示，因此在机动车交通事故责任纠纷中不宜将该车辆统筹合同认定为债务加入一并进行处理并让统筹公司承担连带责任。购买车辆安全统筹合同的机动车发生交通事故时，受害人无权直接要求统筹公司赔偿。统筹保险合同不能替代被统筹人承担侵权责任，统筹合同仅为保障性合同，在交通事故中并不能减轻自身的侵权赔偿责任，被统筹人仍应按照法律、行政法规以及司法解释的规定承担侵权责任。

至于被统筹人与统筹公司之间的合同关系，由被统筹人与统筹公司按照统筹合同的约定另行处理。

编写人：广西壮族自治区高级人民法院　李寒

13

# 机动车安全统筹合同性质、效力及统筹公司责任承担方式认定

## ——黄某甲等诉贺某等机动车交通事故责任案

**【案件基本信息】**

1. 裁判书字号

广东省深圳市中级人民法院（2023）粤 03 民终 25212 号民事判决书

2. 案由：机动车交通事故责任纠纷

3. 当事人

原告（被上诉人）：黄某甲、黄某乙、黄某丙、黄某丁、黄某戊

被告（上诉人）：某物流公司

被告（被上诉人）：贺某、甲保险公司、乙保险公司、某汽车服务公司、某汽车服务公司分公司

**【基本案情】**

2022 年 3 月 15 日，贺某驾驶 A 车辆牵引 B 挂重型集装箱半挂车在某红绿灯路口右转弯时碾轧到二轮电动车驾驶员陈某某，造成陈某某当场死亡及二轮车损坏的交通事故。交警部门认定贺某全责，陈某某免承事故责任。

A 车辆登记所有人为某物流公司，实际所有人为贺某，贺某将 A 车辆挂靠于某物流公司。

某物流公司为A车辆在甲保险公司购买了交强险，在乙保险公司购买了商业第三者责任险；另在某汽车服务公司购买了《机动车综合商业统筹单》（以下简称《机动车统筹单》），约定机动车第三者责任统筹金额/责任限额为100万元、车上人员责任统筹（司机）统筹金额/责任限额为30万元。《机动车统筹单》第十四条约定："发生交通事故后，统筹人依据本条款约定在统筹责任范围内承担赔偿责任。赔偿方式可由统筹人进行直接赔付。"

黄某甲、黄某乙、黄某丙、黄某丁、黄某戊为死者陈某某的配偶及子女。

**【案件焦点】**

黄某甲等受害人近亲属的损失超出两保险公司赔偿责任部分，是否由某汽车服务公司在本案中直接向黄某甲等受害人近亲属赔偿。

**【法院裁判要旨】**

广东省深圳市盐田区人民法院经审理认为：关于某汽车服务公司分公司、某汽车服务公司应否承担赔偿责任。首先，机动车安全统筹合同主体为某汽车服务公司，而非某汽车服务公司分公司，合同义务应由某汽车服务公司承担。其次，某汽车服务公司不具备保险业务经营资质，《机动车统筹单》也非机动车商业三者险保单，某汽车服务公司依法不承担保险赔付责任。最后，《机动车统筹单》第十四条表明，对于因被统筹车辆所造成侵权之债，统筹人具有加入该债务的意思表示，受害人近亲属可依据《中华人民共和国民法典》第五百五十二条债务加入规定，要求某汽车服务公司与侵权人承担连带赔偿责任。

广东省深圳市盐田区人民法院依照《中华人民共和国民法典》第五百五十二条、第一千一百八十一条第一款、第一千二百零八条、第一千二百一十三条、第一千二百一十一条，《中华人民共和国道路交通安全法》第七十六条，《最高人民法院关于审理人身损害赔偿案件适用法律若干问题的解释》第一条、第七条、第十四条、第十五条、第二十二条、第二十三条，《中华人民共和国民事诉讼法》第六十七条第一款、第一百四十七条，《最高人民法院关于适用〈中华人民共和国民事诉讼法〉的解释》第一百零八条第一款之规定，判决如下：

一、甲保险公司于判决生效之日起七日内赔偿黄某甲、黄某乙、黄某丙、黄某丁、黄某戊 180000 元；

二、乙保险公司于判决生效之日起七日内赔偿黄某甲、黄某乙、黄某丙、黄某丁、黄某戊 365799.54 元；

三、贺某、某物流公司于判决生效之日起七日内赔偿黄某甲、黄某乙、黄某丙、黄某丁、黄某戊 944900 元；

四、某汽车服务公司对贺某、某物流公司的上述债务承担连带赔偿责任；

五、驳回黄某甲、黄某乙、黄某丙、黄某丁、黄某戊的其他诉讼请求。

某物流公司不服一审判决，提起上诉。广东省深圳市中级人民法院经审理认为：两保险公司承担赔偿责任后，仍不足以赔偿黄某甲等受害人近亲属的损失，一审法院依据《中华人民共和国民法典》第一千二百一十三条的规定，认定贺某与某物流公司在本案中对不足部分承担赔偿责任适用法律正确。某汽车服务公司不是依法设立的保险公司，不具备保险业务经营资质，其与某物流公司签订的《机动车统筹单》不属于保险合同，某物流公司主张参照适用保险法的规定在本案中认定某汽车服务公司直接向黄某甲等受害人近亲属承担赔偿责任，没有事实和法律依据。一审法院认定某汽车服务公司对贺某与某物流公司的涉案债务承担连带清偿责任，某汽车服务公司与黄某甲等受害人近亲属二审未持异议，本院予以确认。综上所述，一审判决认定事实清楚，适用法律正确，应予维持。

广东省深圳市中级人民法院依照《中华人民共和国民事诉讼法》第一百七十七条第一款第一项之规定，判决如下：

驳回上诉，维持原判。

## 【法官后语】

机动车安全统筹是指统筹人通过向被统筹人集资的方式，要求统筹人缴纳交通安全统筹费，形成统筹资金来为参与统筹的机动车提供保障，约定参加统筹车辆发生交通事故后由统筹资金进行赔偿、提供保障，属于运输行业互助行为。《国务院关于加强道路交通安全工作的意见》《交通运输部、公安部、应急管理部关于印发〈道路旅客运输企业安全管理规范〉的通知》均明确鼓励运输企业采用交通安全统筹等形式，加强行业互助，提高企业抗风险能力。这些规定也成为统筹公司用于证明其业务合法性的主要依据。

然而，实践中，统筹公司制定统筹合同/《机动车统筹单》时，照抄照搬商业三者险条款的情形时有发生。在审理机动车交通事故纠纷案件中，对于机动车安全统筹合同的性质、效力，以及统筹公司承担责任的依据和方式等问题的认定也存在争议。

关于机动车安全统筹合同的性质，目前裁判观点已趋于统一，即此类合同并非商业保险合同。关于机动车安全统筹合同的效力，有裁判观点认为，机动车安全统筹合同内容实质上与商业三者险合同无异，统筹公司不具有经营保险业务的资质，却与被统筹人签订保险合同的行为违反了《中华人民共和国保险法》第六条“保险业务由依照本法设立的保险公司以及法律、行政法规规定的其他保险组织经营，其他单位和个人不得经营保险业务”这一效力性强制性规定，应属无效民事行为。本案中，机动车安全统筹与商业三者险均具有互助性、分担风险的特点，业务模式相似在所难免，仅因合同内容相似即认定机动车安全统筹合同违反保险法效力性强制性规定，理由不够充分。考虑到机动车安全统筹业务具有政策依据，在解决运输企业投保难、投保贵的问题上具有现实意义，且从鼓励交易的原则出发，不宜轻易否定合同效力，两业务合同内容雷同的问题通过行政管理手段解决更为妥当。故，本案未采纳否定合同效力的裁判观点。

关于统筹公司承担责任的依据和形式认定。第一种裁判观点认为，可以直接参照《中华人民共和国民法典》第一千二百一十三条的规定，由统筹公司对保险赔付限额外的损失承担赔偿责任。第二种裁判观点认为，受害人并非统筹合同主体，基于合同相对性，受害人在保险赔付限额外的损失，应由侵权人进行赔偿，侵权人赔偿后可基于统筹合同另行向统筹公司主张权利。第三种裁判观点认为，统筹公司与被统筹人约定可由统筹公司直接向受害人赔偿的内容，表明统筹公司具有加入被统筹人侵权之债的意思表示，统筹公司应在统筹限额内与侵权人承担连带赔偿责任。第一种观点是对交通事故责任承担主体赔偿顺序规则的突破，相当于将统筹公司等同于保险公司，显然不宜采用。第二种观点在司法实践中普遍采用，符合法理，但并非解决纠纷的最佳方式，不利于维护受害人的合法权益，也会造成受害人、侵权人的诉累。

本案采用第三种裁判观点。《中华人民共和国民法典》第五百五十二条规定："第三人与债务人约定加入债务并通知债权人，或者第三人向债权人表示愿意加入债务，债权人未在合理期限内明确拒绝的，债权人可以请求第三人在其愿意承担的债务范围内和债务人承担连带债务。"典型情况下，债务加入首先要求存在债务，其次要求存在债务加入合同。本案情形与典型的债务加入稍有区别：一是统筹公司所加入的债务为未来可能发生的债务，统筹公司在作出债务加入的意思表示时债务并不存在；二是本案不存在债务加入合同，《机动车统筹单》中"可以由统筹人直接赔付"的约定是否包含债务加入的意思，也需要结合合同内容加以推断。但这两点区别并不影响本案适用债务加入的规定。首先，《中华人民共和国民法典》第五百五十二条规定并未禁止合同主体加入将来可能发生之债；其次，本案中的可能发生之债受到赔偿限额限制，并不会因债务发生的不确定性而导致重大误解、显失公平等合同效力上的瑕疵；最后，"可以由统筹人直接赔付"的约定未免除侵权人的法定赔偿之债，而是在侵权之债的基础上同时赋予债权人向统筹公司要求赔偿的权利，产生债务加入的法律效果，即由侵权人与统筹公司承担连带赔偿责任。此外，适用债务加入规定，有助于一次性解决纠纷，减少侵权人承担责任后再诉统筹公司案件，起到有力保障受害人合法权益、减轻当事人诉累、避免统筹公司规避合同责任等多赢的效果。

编写人：广东省深圳市盐田区人民法院　王松

14

# 多辆机动车交通事故中的赔偿责任

## ——王某、许某诉冯某等机动车交通事故责任案

### 【案件基本信息】

1. 裁判书字号

河南省信阳市中级人民法院（2023）豫15民终4506号民事判决书

2. 案由：机动车交通事故责任纠纷

3. 当事人

原告（被上诉人）：王某、许某

被告（被上诉人）：冯某、康某、甲保险公司、乙保险公司

被告（上诉人）：丙保险公司

### 【基本案情】

2023年7月1日20时许，许甲驾驶豫三轮摩托车行驶时撞上冯某停放的A号重型半挂牵引车牵引的B号挂车尾部，许甲受伤掉下三轮摩托车，躺在道路南侧机动车道，后康某驾驶浙C号小型轿车行驶时将许甲碾轧，致许甲受伤经抢救无效死亡，车辆受损。2023年7月26日，交通警察大队作出道路交通事故认定：许甲负事故的主要责任，冯某负事故的次要责任，康某负事故的次要责任。C号小型轿车在乙保险公司投保交强险，在丙保险公司投保限额200万元的商业三者险，事故发生在保险有效期内；A号重型半挂牵引车在甲保险公司投保交强险和限额100万元的商业三者险，事故发生在保险有效期内。事故发生后，冯某垫付300元。经审核，原告损失总金额为859525.5元，其中死亡赔偿金769674元、丧葬费39451.5元、精神抚慰金50000元、物损酌定400元。

**【案件焦点】**

在多辆机动车发生交通事故造成第三人损害的情况下，损失超出各机动车交强险责任限额之和的，对承保交强险的两个保险公司按责任比例确定赔偿责任适用法律是否正确。

**【裁判要旨】**

河南省商城县人民法院经审理认为：公民的生命权不受侵犯。受害人许甲驾驶豫三轮摩托车撞上被告冯某停放的 A 号重型半挂牵引车牵引的 B 号挂车尾部，许甲受伤掉下三轮摩托车，躺在机动车道，被告康某驾驶 C 号小型轿车行驶时将许甲碾压，致许甲受伤经抢救无效死亡，车辆受损。该起事故经公安交通警察大队认定，受害人许甲负事故的主要责任，被告冯某负事故的次要责任，被告康某负事故的次要责任。C 号小型轿车在被告乙保险公司投保交强险，在被告丙保险公司投保限额 200 万元的商业三者险，事故发生在保险有效期内；A 号重型半挂牵引车在被告甲保险公司投保交强险和限额 100 万元的商业三者险，事故发生在保险有效期内。故，原告方的损失应当由被告甲保险公司和被告乙保险公司在交强险限额内各承担 50%的赔偿责任，不足部分由被告甲保险公司和被告丙保险公司在商业险限额内各赔偿 20%。

河南省商城县人民法院根据《中华人民共和国民法典》第一千一百七十九条、第一千二百零八条、第一千二百一十三条，《最高人民法院关于审理道路交通事故损害赔偿案件适用法律若干问题的解释》第十八条和《最高人民法院关于审理人身损害赔偿案件适用法律若干问题的解释》的相关规定，判决如下：

一、被告乙保险公司自判决生效之日起十日内为被告康某赔偿原告王某、许某损失 90200 元［交强险 90200 元（180000 元+400 元）×50%］；

二、被告丙保险公司自判决生效之日起十日内为被告康某赔偿原告王某、许某损失 135825.1 元［商业险 135825.1 元（859125.5 元−180000 元）×20%］；

三、被告甲保险公司自判决生效之日起十日内为被告冯某赔偿原告王某、许某损失 226025.1 元［交强险 90200 元（180000 元+400 元）×50%+商业险 135825.1 元（859125.5 元-180000 元）×20%］；

四、驳回原告王某、许某的其他诉讼请求。

丙保险公司不服一审判决，提起上诉。河南省信阳市中级人民法院经审理认为：根据《最高人民法院关于审理道路交通事故损害赔偿案件适用法律若干问题的解释》第十八条第一款规定："多辆机动车发生交通事故造成第三人损害，损失超出各机动车交强险责任限额之和的，由各保险公司在各自责任限额范围内承担赔偿责任；损失未超出各机动车交强险责任限额之和，当事人请求由各保险公司按照其责任限额与责任限额之和的比例承担赔偿责任的，人民法院应予支持。"该规定中的责任限额是各保险公司承保的交强险责任限额而非事故责任。本案中，被害人许甲的损失总额已经超出交强险责任限额之和，按前述规定，被上诉人甲保险公司与被上诉人乙保险公司应当在其承保的交强险范围内各自承担责任。超出交强险部分按照原审认定的上诉人与被上诉人甲保险公司各自按 20%的责任比例进行承担。据此计算方式，上诉人丙保险公司应赔偿被上诉人王某、许某损失 99745.1 元［（859125.5 元-360400 元）×20%］；被上诉人乙保险公司应赔偿被上诉人王某、许某损失 180200 元；被上诉人甲保险公司应赔偿被上诉人王某、许某损失 279941.5 元［交强险 180200 元+商业险（859125.5 元-360400 元）×20%］。丙保险公司的上诉请求成立，予以支持。

河南省信阳市中级人民法院依照《中华人民共和国民事诉讼法》第一百四十七条、第一百七十七条第一款第二项之规定，判决如下：

一、撤销河南省商城县人民法院（2023）豫 1524 民初 3078 号民事判决；

二、丙保险公司自判决生效之日起十日内在商业险限额内赔偿王某、许某损失 99745.1 元［（859125.5 元-360400 元）×20%］；

三、乙保险公司自判决生效之日起十日内在交强险限额内赔偿王某、许某损失 180200 元；

四、甲保险公司自判决生效之日起十日内在交强险及商业险限额内赔偿王某、许某损失 279941.5 元［交强险 180200 元+商业险 99745.1 元（859125.5

元-360400元）×20%］；

五、驳回王某、许某的其他诉讼请求。

## 【法官后语】

本案是道路交通事故责任纠纷案件中比较常见的问题，把握此类案件的重点和难点，对于提高案件办理质量和效率意义重大，此类事故与单一事故相比，多车碰撞事故涉及的法律问题相对复杂，下面简析此类案件的责任认定和相关问题。

多辆机动车发生交通事故是指初次事故发生后，其他车辆冲入事故现场，与事故现场内的相关车辆、人员或安全设施等再次发生碰撞而产生的事故。《最高人民法院关于审理道路交通事故损害赔偿案件适用法律若干问题的解释》第十八条第一款规定："多辆机动车发生交通事故造成第三人损害，损失超出各机动车交强险责任限额之和的，由各保险公司在各自责任限额范围内承担赔偿责任；损失未超出各机动车交强险责任限额之和，当事人请求由各保险公司按照其责任限额与责任限额之和的比例承担赔偿责任的，人民法院应予支持。"交强险属于国家强制保障类保险，保障的对象是事故车辆以外的第三人，交强险的赔付实行有责限额和无责限额，故上述条文应当区分"多辆机动车均有责"和"多辆机动车部分有责和部分无责"。

1. 多辆机动车均有责，第三人损失超出各机动车交强险责任限额之和，此种情况下，不论车辆责任大小，各保险公司均应自行承担有责限额内的赔偿责任。例如，上述案例，被害人许甲撞上A车，倒地后被C车碾轧受伤经抢救无效死亡，经交警部门认定A车次责，C车次责，许甲主责。A、C两车均投保交强险。许甲的损失超过了A、C两车的交强险责任限额之和。根据上述法律规定，A车交强险承保保险公司和C车交强险承保保险公司应该在各自的有责限额内承担赔偿责任，两家交强险承保保险公司承担赔偿后的剩余部分，由A、C两车的侵权人或者承保商业险的保险公司按照各自的责任比例承担赔偿责任。

2. 多辆机动车部分有责和部分无责，第三人的损失超过各车辆的交强险的责任限额之和，由各保险公司分别承担有责限额的赔付责任和无责限额的赔付责任。例如，被害人许甲撞上 A 车，倒地后被 C 车碾轧受伤经抢救无效死亡，经交警部门认定 A 车全责，C 车无责，许甲无责。A、C 两车均投保交强险。此时许甲的总损失均超出两辆机动车交强险责任限额之和。根据上述法律规定，A 车交强险承保保险公司和 C 车交强险承保保险公司应该在各自的有责限额内和无责限额内承担赔偿责任，两家交强险承保保险公司承担赔偿责任后的剩余部分，由 A 车的侵权人或者承保商业险的保险公司承担赔偿责任。

3. 多辆机动车都有责，第三人的损失未超出各机动车交强险责任限额之和，不论各车的责任大小，均应平均承担。例如，被害人许甲撞上 A 车，倒地后被 C 车碾轧受伤经抢救无效死亡，经交警部门认定 A 车主责，C 车次责，许甲无责。A、C 两车均投保交强险。许甲的医疗费用损失 8000 元，伤残部分损失 8 万元，财产损失 800 元。此时许甲的分项损失和总损失均未超出两辆机动车交强险责任限额之和。A、C 两车均有责，因此根据上面所述法律规定，A 车交强险承保保险公司和 C 车交强险承保保险公司应该在各自的有责限额内承担赔偿责任，各保险公司在有责限额内承担责任的比例：A 车交强险承保保险公司承担许甲医疗费部分损失 1.8 万元÷3.6 万元×8000 元，即 4000 元；伤残部分损失 18 万元÷36 万元×8 万元，即 4 万元；财产损失 2000÷4000×800 元，即 400 元。C 车交强险承保保险公司承担许甲医疗费部分 1.8 万元÷3.6 万元×8000 元，即 4000 元；伤残部分损失 18 万元÷36 万元×8 万元，即 4 万元；财产损失 2000÷4000×800 元，即 400 元。

4. 多辆机动车部分有责和部分无责，第三人的损失未超出各机动车交强险责任限额之和，由各保险公司根据各自责任分别承担有责限额的赔付责任和无责限额的赔付责任。例如，被害人许甲撞上 A 车，倒地后被 C 车碾轧受伤经抢救无效死亡，经交警部门认定 A 车主责，C 车无责，许甲无责。A、C 两车均投保交强险。许甲医疗费用损失 8000 元，伤残部分损失 8 万元，财产损失 800 元。此时许甲的分项损失和总损失均未超出两辆机动车交强险责任限额之和。A 车交强险有责限额为 20 万元，C 车交强险的无责限额为 1.99 万元。A 车交强险承保保险公司在有责限额内承担赔偿责任，其承担许甲医疗费部分 1.8 万元÷1.98万元×8000元，即7272.7元；伤残部分18万元÷19.8万元×8万元，即7.273万元；财产损失2000÷2100×800元，即761.9元。C车交强险承保保险公司在无责限额内承担赔偿责任，其承担许甲医疗费部分1800÷19800×8000元，即727.3元；伤残部分1.8万元÷19.8万元×8万元，即0.727万元；财产损失100÷2100×800元，即38.1元。

编写人：河南省商城县人民法院　赵俊杰

15

# 追逐竞驶引发交通事故后赔偿责任的承担

## ——戈某诉丁某、某保险公司机动车交通事故责任案

### 【案件基本信息】

1. 裁判书字号

山东省日照市中级人民法院（2023）鲁11民终2306号民事判决书

2. 案由：机动车交通事故责任纠纷

3. 当事人

原告（被上诉人）：戈某

被告（上诉人）：丁某

被告（被上诉人）：某保险公司

### 【基本案情】

2022年8月28日10时2分，丁某驾驶A小型汽车行驶时，与前方顺行的戈某驾驶的小型轿车发生追尾碰撞后，又与王某驾驶的四轮机动车和滕某驾驶的小型普通客车发生碰撞，致三车损坏，王某、戈某、丁某受伤的道路交通事故。交通警察支队作出《道路交通事故认定书》，认定丁某承担事故的全部责

任，王某、戈某、滕某无责任。

丁某驾驶的A小型汽车在某保险公司投保交强险和商业三者险（保险金额200万元），事故发生在保险期间内。

另查明，经调取公安机关事故卷宗《案件侦破情况说明》中“案件侦破过程”记载：“丁某驾驶机动车在道路上追逐竞驶导致发生交通事故，涉嫌危险驾驶罪。”

戈某的各项损失经审理查明的事实认定330906.36元。

**【案件焦点】**

1. 丁某追逐竞驶引发交通事故的行为是否属于故意制造交通事故；2. 本案丁某追逐竞驶引发交通事故的行为保险公司的赔偿责任应该如何确定。

**【法院裁判要旨】**

山东省日照市岚山区人民法院经审理认为：从交警询问笔录和丁某的行车记录仪可知，丁某与戈某因其他纠纷于事故当天在派出所接受调解，在戈某开车离开派出所后，丁某车辆一直尾随戈某车辆行驶，在跟随戈某车辆等待红绿灯的过程中，丁某有明显倒车撞击戈某车辆的行为，在信号灯变为绿灯后，戈某通过该路口，后丁某仍加速跟随戈某车辆，在戈某遇前车刹车时，丁某未采取紧急有效的避险措施，造成本案交通事故的发生。本院认为，丁某作为机动车驾驶人应该能够明确预知在车流、人流较多的道路上追逐竞驶、追赶车辆的行为可能会造成道路交通事故的发生，但其主观上仍放任该行为，使双方车辆处于危险状态，导致本案交通事故的发生，丁某主观上属于间接故意，本案不属于意外交通事故。本案中丁某被认定为故意制造交通事故，保险公司应在交强险限额内对戈某的人身损害承担赔偿责任。综合保险公司提交的证据材料，能够证实保险公司已就“被保险人故意制造保险事故，保险人不负责赔偿”对丁某尽到了提示和说明义务，本案某保险公司不应在商业险范围内承担赔偿责任。

山东省日照市岚山区人民法院依照《中华人民共和国民法典》第一千一百

六十五条、第一千一百七十九条、第一千一百八十四条、第一千二百零八条、第一千二百一十三条，《中华人民共和国道路交通安全法》第七十六条，《最高人民法院关于审理人身损害赔偿案件适用法律若干问题的解释》第六条、第七条、第八条、第九条、第十条、第十一条、第十二条，《最高人民法院关于审理道路交通事故损害赔偿案件适用法律若干问题的解释》第十二条、第十五条之规定，判决如下：

一、在交强险责任限额内，某保险公司赔偿戈某医疗费 7163.5 元、住院伙食补助费 250 元、营养费 1100 元、精神损害抚慰金 2000 元、残疾赔偿金 178000 元，共计 188513.5 元；

二、丁某赔偿戈某其他各项损失共计 142392.86 元；

三、驳回戈某的其他诉讼请求。

丁某不服一审判决，提出上诉。山东省日照市中级人民法院经审理认为：本案的争议焦点为丁某是否故意制造案涉交通事故。根据一审法院调取的公安机关对丁某、戈某询问笔录、《案件侦破情况说明》以及某司法鉴定中心作出的《司法鉴定意见书》等证据，足以认定丁某驾驶机动车在道路上追逐竞驶造成案涉事故。丁某作为具备完全民事行为能力的自然人，应当知晓驾驶机动车在道路上追逐竞驶可能会发生交通事故。在事故发生前，丁某驾车尾随驾车行驶的戈某并在路口倒车故意碰撞戈某驾驶的车辆，随后丁某仍驾车加速行驶，放任车辆处于连续危险状态，放任危险结果的发生，从而导致案涉事故的发生，故一审认定丁某故意制造案涉事故并无明显不当。丁某主张不排除脑部肿瘤压迫神经导致其自身行为不受控制造成本案事故的可能，依据不足，本院不予支持。丁某故意制造案涉事故，根据《机动车商业保险免责事项说明书》第二十三条约定，在某保险公司履行提示和说明义务的情况下，保险人在该机动车商业保险范围内不承担赔偿责任。

山东省日照市中级人民法院依照《中华人民共和国民事诉讼法》第一百七十七条第一款第一项之规定，判决如下：

驳回上诉，维持原判。

【法官后语】

本案的核心在于追逐竞驶行为造成的交通事故定性以及赔偿责任的划分。

第一，机动车驾驶员在车流、人流较多的道路上追逐竞驶主观上放任该行为从而导致交通事故发生的行为，该如何定性。民法上的间接故意，是指行为人明知或者应当知道自己的行为会导致危害结果的发生，却放任结果的发生。而追逐竞驶是指机动车驾驶人员出于竞技、追求刺激、斗气或者其他动机在道路上曲折、穿行、快速追赶行驶。由此，追逐竞驶不仅局限于二人以上基于意思联络而实施的行为，也可以是单个人实施的以随意追逐、超越其他车辆、频繁变道，突然并线，或者近距离驶入其他车辆之前等危险驾驶行为。而具备完全民事行为能力的自然人，应当知晓驾驶机动车在道路上追逐竞驶可能会发生交通事故，仍放任车辆处于连续危险状态，放任危险结果的发生应属于间接故意。

本案中，关于侵权人丁某追逐竞驶行为定性存在两种观点。一种观点认为丁某主观上不是故意，本案属于意外交通事故。戈某在道路快速行驶，变更车道，与前方车辆未保持合适的制动距离，其紧急刹车的行为致使后方丁某车辆来不及躲避和刹车，发生了本案事故。丁某对其后来追逐他人车辆发生交通事故并不是主观积极追求该结果的发生，属于疏忽大意没有预见，主观上为过失，故认为本案属于意外交通事故。另一种观点认为丁某主观上存在故意，本案不属于意外交通事故。丁某在跟随戈某车辆等待红绿灯的过程中，两次明显倒车试图撞击戈某车辆，戈某通过路口后，丁某加速跟随戈某车辆，丁某作为机动车驾驶人应该能明确预知在车流、人流较多的道路上追逐竞驶，追赶车辆的行为可能会造成道路交通事故的发生，但其主观上仍放任该行为导致本案交通事故的发生，属于间接故意，故认为本案不属于意外交通事故。

本案中，丁某作为具备完全民事行为能力的自然人，应当知晓驾驶机动车在道路上追逐竞驶可能会发生交通事故，仍放任车辆处于连续危险状态，放任危险结果的发生，并最终导致本案事故，其行为符合间接故意的情形，故应认定丁某追逐竞驶引发交通事故属于故意制造交通事故的行为。

第二，保险公司的赔偿责任如何确定。依据《中华人民共和国民法典》第一千二百一十三条规定，保险公司的赔偿责任，分为机动车强制保险（交强险）的赔偿责任和机动车商业保险的赔偿责任。根据法律规定的不同和合同约定的不同，保险公司的上述两种赔偿责任亦不同。

1. 关于交强险的赔偿责任。《中华人民共和国道路交通安全法》第七十六条规定，机动车发生交通事故造成人身伤亡、财产损失的，由保险公司在机动车第三者责任强制保险责任限额范围内予以赔偿。对交强险而言，首先，被保险人适用的是无过错责任原则，即不论该交通事故是否由侵权人故意制造，保险公司均应在交强险范围内承担赔偿责任；其次，交强险是基于本车人员、被保险人员以外的第三者而设置，它是由法律规定的带有强制色彩的特殊责任保险，其基本目的是保护受害人，让受害人能有基本的治疗及生活保障，从而有利于社会的安定、和谐。

关于驾驶人故意制造交通事故的，《最高人民法院关于审理道路交通事故损害赔偿案件适用法律若干问题的解释》第十五条第一款第三项规定，驾驶人故意制造交通事故导致第三人人身损害的，当事人请求保险公司在交强险责任限额范围内予以赔偿，人民法院应予支持。同时，该司法解释第二款还规定，保险公司在赔偿范围内向侵权人主张追偿权的，人民法院应予支持。

本案中，丁某的行为属于故意制造交通事故，其驾驶的车辆在某保险公司投保了交强险，某保险公司应在交强险限额范围内先行对受害人戈某进行赔偿，且该保险公司在履行了赔偿义务后，有权在赔偿范围内向丁某进行追偿。

2. 关于机动车商业保险的赔偿责任。《中华人民共和国保险法》第四条规定，从事保险活动必须遵守法律、行政法规，尊重社会公德，不得损害社会公共利益。第五条规定，保险活动当事人行使权利、履行义务应当遵循诚实信用原则，以及保险行为应符合法律规定，符合公序良俗，保险人不能为法律法规明文禁止的违法行为提供补偿和保障，否则不利于弘扬遵纪守法的良好社会风尚。

具体到本案中，首先，丁某驾驶机动车辆在公共道路上追赶、碰撞他人车辆并在此过程中发生交通事故，造成两车受损、人员受伤，其行为具有相应的违法性和危险性，违反了公共利益和社会公德，若对其行为给予保险保障，则有违保险制度设立的初衷；其次，丁某追逐竞驶的行为引发交通事故认定为故意制造案涉事故，根据丁某投保的《机动车商业保险免责事项说明书》第二十三条约定“被保险人故意制造保险事故，保险人不负责赔偿”，在某保险公司尽到了提示和明确说明义务的情况下，保险人在该机动车商业保险范围内不承担赔偿责任。

综上，本案侵权人因为个人私怨，在道路上开“斗气车”，故意撞击他人车辆后又追逐竞驶，罔顾他人生命财产安全和社会公共安全，并最终导致事故发生，给他人造成严重损害，其行为应认定为故意制造交通事故，此情形下，保险公司虽然在交强险限额范围内先行承担赔偿责任，但有权在赔偿范围内向侵权人进行追偿。同时，故意制造交通事故属于机动车商业保险的免责条款，在保险公司已尽到提示和明确说明义务的情况下，保险公司在机动车商业保险范围内不承担赔偿责任。

编写人：山东省日照市岚山区人民法院　袁野　王欣欣

16

# 机动车登记所有人非因自身原因未掌握名下车辆时侵权责任的认定

——王某诉某销售中心等机动车交通事故责任案

【案件基本信息】

1. 裁判书字号

江苏省南京市中级人民法院（2023）苏01民终6658号民事判决书

2. 案由：机动车交通事故责任纠纷

3. 当事人

原告（上诉人）：王某

被告（上诉人）：某销售中心

被告（被上诉人）：邵某、秦某

## 【基本案情】

2021 年 2 月 4 日 17 时许，邵某驾驶小型客车在行驶过程中拐弯时，与骑电动自行车的王某发生碰撞，造成王某受伤及车辆受损的交通事故。交警部门认定邵某负事故全部责任，王某无责任。王某受伤后至医院治疗，共计产生损失 42289.61 元。经查，案涉小型客车在车管所登记所有人为某销售中心（2017 年 1 月办理登记手续），检验有效期截至 2019 年 8 月 31 日，保险终止日期为 2019 年 11 月 24 日，车辆状态为逾期未年检、违法未处理、达到报废标准；事故发生前，秦某从案外人处购得该车，未办理变更登记手续，后秦某将该车当作报废车辆以 3000 元价格出售给邵某。事故发生后，王某就其受伤后各项损失主张邵某、秦某、某销售中心承担连带赔偿责任。对此，某销售中心认为，其对案涉小型客车具体情况不清楚，与其无关，不知为何该车登记在其名下，另外还有其他近 60 辆案外车辆也是在其不知情的情况下登记在其名下，应是有人伪造其公章和营业执照办理车辆过户登记，曾向相关部门反映未果。

## 【案件焦点】

某销售中心作为机动车登记所有人，非因自身原因未能掌握名下车辆的使用、转让、投保、年检以及是否达到报废标准等具体情况，对该车被他人使用过程中所发生的交通事故是否具有过错，应否承担侵权责任。

## 【法院裁判要旨】

江苏省南京市江宁区人民法院经审理认为：行为人因过错侵害他人民事权益造成损害的，应当承担侵权责任。以买卖或者其他方式转让拼装或者已经达到报废标准的机动车，发生交通事故造成损害的，由转让人和受让人承担连带责任。邵某驾驶其购买的小型客车发生案涉交通事故，负全部责任，应对王某的合理损失承担赔偿责任。秦某明知小型客车系报废车辆仍转让给邵某，致使邵某驾驶该车发生事故，应与邵某承担连带赔偿责任。某销售中心作为案涉车辆的登记所有人，对该车负有管理义务，因其疏于管理，致使该车在逾期未年检、达到报废状态的情况下发生事故，具有过错，应对王某的损失承担相应赔偿责任。某销售中心抗辩案涉车辆系他人伪造其公章和营业执照将该车登记至其名下，其对车辆情况并不知情。对此，法院认为，某销售中心对其营业执照和公章负有严格的保管义务，而现有证据显示案涉车辆办理过户登记时的相关手续材料均加盖了其公章，且不足以证明这些公章为假章，其经法定机关登记为车辆所有人，对外负有对名下车辆进行审查和管理的义务，但该车在逾期未年检、违法未处理、保险脱保的情况下，被多次转让且未办理过户登记，直至达到报废状态还上路行驶并发生案涉事故，故其显然未尽到管理义务，对事故的发生具有过错，应当承担相应赔偿责任。综合考虑本案事实情况及当事人过错程度，法院确定王某的损失（经认定为 42289.61 元）由邵某、秦某承担 70%的连带赔偿责任，某销售中心承担 30%的赔偿责任。

江苏省南京市江宁区人民法院依照《中华人民共和国民法典》第一千一百六十五条第一款、第一千一百七十九条、第一千二百零八条、第一千二百零九条、第一千二百一十四条，《最高人民法院关于审理道路交通事故损害赔偿案件适用法律若干问题的解释》第一条、第四条，《中华人民共和国民事诉讼法》第六十七条第一款之规定，判决如下：

一、邵某、秦某于判决发生法律效力之日起十日内连带赔偿王某损失 3514.44 元（扣除已付的 26088.29 元）；

二、某销售中心于判决发生法律效力之日起十日内赔偿王某损失 12686.88 元；

三、驳回王某的其他诉讼请求。

王某、某销售中心均不服一审判决，提起上诉。江苏省南京市中级人民法院经审理认为：行为人因过错侵害他人民事权益造成损害的，应当承担侵权责任。案涉车辆的登记所有人为某销售中心，某销售中心对该车负有管理义务，其没有及时履行管理义务，与该车辆逾期未年检、保险脱保及达到报废标准未履行报废手续具有因果关系，以致该车辆行驶上路并发生交通事故，故其对交通事故的发生具有过错，依法应承担相应赔偿责任。某销售中心抗辩案涉车辆与其无关，系他人伪造其公章和营业执照将案涉车辆登记至其名下，但其提交的证据不足以证明案涉车辆办理过户登记时的相关材料加盖的公章为假章，其对公章疏于履行保管责任，亦存在过错，故法院对其该上诉意见不予采信。一审法院综合考虑本案具体情况、当事人过错程度，认定王某的损失由某销售中心承担 30%的赔偿责任，并无不当，应予维持。某销售中心该上诉请求，事实依据不足，不予支持。综上所述，王某、某销售中心的上诉请求不能成立，依法应予驳回；一审法院认定事实清楚，适用法律正确，二审法院予以维持。

江苏省南京市中级人民法院依照《中华人民共和国民事诉讼法》第四十一条第一款、第一百七十七条第一款第一项，《最高人民法院关于适用〈中华人民共和国民事诉讼法〉的解释》第九十条之规定，判决如下：

驳回上诉，维持原判。

**【法官后语】**

机动车交通事故损害赔偿责任案件中，机动车登记所有人非因自身原因未能掌握其名下车辆的使用、转让、投保、年检以及是否达到报废标准等具体情况，对该车被他人使用过程中所发生的交通事故是否具有过错，是否应承担损害赔偿责任，在司法实践中是值得探讨的问题。

从法理意义来说，机动车登记所有人即使并非名下机动车的实际所有人，未能有效控制该机动车的使用情况，也未基于自己的意思将机动车交付他人使用发生交通事故，但其作为法律意义上的权利主体，仍然可以采取法律手段限制其他主体对其名下机动车进行转让、抵押或其他处置的行为，根据权利义务相对等的原则，其对名下车辆亦应负有管理义务，如其怠于履行该管理义务造成损害，则具有过错，应当承担责任。对此，《中华人民共和国民法典》第一千二百零九条规定，因租赁、借用等情形机动车所有人、管理人与使用人不是同一人时，发生交通事故造成损害，属于该机动车一方责任的，由机动车使用人承担赔偿责任；机动车所有人、管理人对损害的发生有过错的，承担相应的赔偿责任。虽然该法条未明确列明除租赁、借用等情形外机动车所有人、管理人承担过错责任的其他具体情形，但也未排除本案情形对该法律条款的适用，即法律适用的应有之义。

从实践意义来说，法律设置机动车登记管理制度，是为了便于车辆管理和责任主体的确定。办理车辆登记、过户、变更等手续一般需要提供涉及权利主体切身利益的相关材料，包括公民的身份证件、企业的营业执照和公章、机动车行驶证、驾驶证等，而这些材料并非他人可以轻易获得并加以利用的，机动车登记所有人虽然非因自身原因未能直接对其名下机动车的转让、使用等情况加以掌握和控制，但可以通过程序手段实现对外部风险的规避和自身权益的维护。一是妥善保管涉及自身利益的相关材料，避免在其不知情的情况下被他人擅自使用或冒用；二是善于利用对外公示的车辆登记信息，其作为法定登记机关确认的权利主体，有权通过合法手段查询、掌控名下机动车的动向，并对损害其利益的行为及时采取应对措施，包括自力救济和向相关部门报告。相反，如果机动车登记权利人忽视对自身的风险规避和利益维护，疏于保管、管理或怠于履行审查义务，致使名下车辆在不受控制的情况下由他人驾驶，则等于放任道路安全隐患的存在而不采取措施，其对此造成的损害显然具有过错，应当承担相应的责任。

具体到本案中，某销售中心对登记在其名下包括案涉车辆在内的60多辆机动车长期疏于审查和管理，致使车辆被多次转让且未办理变更登记手续，并在逾期未年检、保险脱保及达到报废标准未履行报废手续时，仍上路行驶发生交通事故，其对此显然存在管理失职，具有过错，应当承担相应的侵权责任。

综上，机动车登记所有人即使非因自身原因未能掌握其名下车辆使用、转让等具体情况，因其怠于履行管理职责和保管义务，失去对名下机动车的掌控，对他人使用该机动车所发生的事故也应当具有过错，应当为此承担相应侵权责任。故此，法律通过对该种失职行为作出否定性评价，以督促机动车登记所有人积极履行对名下机动车的管理职责，既有利于维护其自身合法利益，也有利于维护车辆交易秩序和道路交通安全。此外，该机动车登记所有人的责任相较于侵权行为人而言，原因力与损害后果之间存在差别，责任比例划分上一般较轻，也体现了法律适用上的均衡原则。

编写人：江苏省南京市江宁区人民法院　左树

17

# 机动车交通事故责任纠纷中机动车所有人、管理人的归责原则和过错法律关系认定

——张某1诉刘某、某钛矿公司机动车交通事故责任案

**【案件基本信息】**

1. 裁判书字号

云南省昆明市中级人民法院（2024）云01民终1804号民事判决书

2. 案由：机动车交通事故责任纠纷

3. 当事人

原告（被上诉人）：张某1

被告（被上诉人）：刘某

被告（上诉人）：某钛矿公司

**【基本案情】**

2022年2月20日19时10分许，被告刘某驾驶施工装载机在某路段施工作业时，由于驾驶不慎，在倒车过程中，车辆后侧与等待通行的张某1所驾驶的两轮电动车侧面发生碰撞，致电动车驾驶员张某2和电动车乘坐人员原告张某1受伤，两车不同程度受损的道路交通事故。当事人家属于2022年2月26日报

案，属事后报案。事故经交通警察大队《道路交通事故认定书》认定，确定被告刘某承担此次事故的全部责任，张某2无责任，原告张某1无责任。被告刘某驾驶的案涉装载机系被告某钛矿公司所有，被告刘某系被告某钛矿公司雇用的驾驶员，从事装载机的驾驶工作。原告张某1受伤后，两次住院治疗共计76天，住院治疗等支出医疗费用共计104877.47元。2022年12月28日，原告张某1的损伤致残程度经云南乾盛司法鉴定中心评定为九级伤残；后期医疗费用评估为8000元；原告张某1支出鉴定费1800元。事故发生后，被告某钛矿公司向本案原告张某1垫付费用共计57000元。另查明，本案中，案涉驾驶员被告刘某系接到厂区附近村民钱某电话后，前往距离厂区几百米的道路上收整钱某家的建筑用砂，在作业过程中发生本案道路交通事故。事故发生后，被告某钛矿公司装载机伤人道路交通事故相关责任人（包括被告刘某、公司管理人员4人、领导2人）受到公司处罚。

**【案件焦点】**

1. 本案赔偿主体的法律关系如何认定；2. 原告张某1诉请的赔偿范围及数额是否符合法律规定。

**【法院裁判要旨】**

云南省寻甸回族彝族自治县人民法院经审理认为：根据《道路交通事故认定书》，认定机动车驾驶人被告刘某承担此次事故的全部责任，张某2无责任，原告张某1无责任。交警部门作出的《道路交通事故认定书》载明了案件的基本事实，并对各方应承担的责任作出划分，该证据具有较高的证明力。故，交通警察大队作出的事故认定结论应作为确定本案民事责任的基本依据。本案中，被告某钛矿公司系肇事装载机的所有人，案涉装载机为下班后从公司厂区开出发生交通事故，根据被告某钛矿公司提交的《关于某钛矿公司2月20日装载机伤人事故相关责任人处理的通报》认定，被告公司的管理人员监管不到位和领导对生产设备使用规范管理不到位、对公司安全生产规范管理落实不到位是本次事故发生的间接原因；《道路交通事故认定书》认定机动车驾驶人被告刘某承担此次事故的全部责任，考虑本案客观情况，被告某钛矿公司在此次事故中存在管理方面及选任方面的不当行为，对此次事故的损害发生存在较大过错，故原告张某 1 受伤后的损失应由二被告共同承担赔偿责任，法院酌定由被告某钛矿公司与被告刘某各承担 50%的侵权赔偿责任。

原告张某 1 诉请费用中的医疗费、住院伙食补助费、护理费、营养费、残疾赔偿金、交通费、精神抚慰金、鉴定费合计 271867. 87 元，法院予以认定。根据确认的责任比例，被告某钛矿公司对本案事故发生承担 50%的民事责任，即被告某钛矿公司应当赔偿 135933. 94 元，扣除被告某钛矿公司已经垫付的费用 57000 元，被告某钛矿公司还应赔偿 78933. 94 元；被告刘某对本案事故发生承担 50%的民事责任，即被告刘某应当赔偿 135933. 93 元。

云南省寻甸回族彝族自治县人民法院依照《中华人民共和国民法典》第一千一百六十五条、第一千一百七十九条、第一千一百八十三条、第一千二百零八条、第一千二百零九条、第一千二百一十三条，《最高人民法院关于适用〈中华人民共和国民法典〉时间效力的若干规定》第一条第一款，《中华人民共和国道路交通安全法》第七十六条，《最高人民法院关于审理人身损害赔偿案件适用法律若干问题的解释》第六条、第八条、第九条、第十条、第十一条、第十二条、第二十三条，《最高人民法院关于审理道路交通事故损害赔偿案件适用法律若干问题的解释》第十一条，《最高人民法院关于确定民事侵权精神损害赔偿责任若干问题的解释》第五条，《中华人民共和国民事诉讼法》第六十七条第一款之规定，判决如下：

一、由被告某钛矿公司于判决生效之日起十日内一次性赔偿原告张某 1 各项经济损失 78933. 94 元（扣除被告某钛矿公司已经垫付的费用 57000 元）；

二、由被告刘某于判决生效之日起十日内一次性赔偿原告张某 1 各项经济损失 135933. 93 元。

某钛矿公司不服一审判决，提出上诉。云南省昆明市中级人民法院经审理认为：二审审理查明的事实，与一审确认事实一致，依照《中华人民共和国民事诉讼法》第一百七十七条第一款第一项之规定，判决如下：

驳回上诉，维持原判。

## 【法官后语】

机动车所有人、管理人的归责原则和过错法律关系的认定问题。根据《中华人民共和国民法典》第一千二百零九条规定：“因租赁、借用等情形机动车所有人、管理人和使用人不是同一人时，发生交通事故造成损害，属于该机动车一方责任的，由机动车使用人承担赔偿责任；机动车所有人、管理人对损害的发生有过错的，承担相应的赔偿责任。”首先，机动车所有人、管理人承担的侵权责任大小，应当考虑机动车所有人、管理人的过错以及原因力与损害后果的关系综合判断。其次，机动车所有人、管理人承担的是与其过错相适应的侵权责任，而非连带责任。最后，该过错主要体现在机动车适于道路行驶的管理义务及使用人选任的注意义务两个方面。

本案中，刘某系某钛矿公司的员工，负责驾驶装载机作业，其有权占用、使用案涉装载机；某钛矿公司是案涉装载机的所有人，对装载机有管理和监督使用情况的责任。刘某作为车辆的使用人，对造成张某1损害的责任经交通事故责任认定书认定为全部责任，其应当对张某1的损害结果承担赔偿责任；而某钛矿公司作为装载机的所有权人，在装载机的使用过程中没有尽到监管责任，案涉装载机为下班后从公司厂区开出发生交通事故，且对装载机使用人使用情况没有定期进行监督管理，某钛矿公司应当承担相应的责任。另外，作为装载机的所有人，当装载机发生损害结果后，对受害人而言，装载机使用人和所有人之间的责任承担不能影响张某1的权利主张，某钛矿公司与刘某之间因比例承担的争议不能作为对张某1所主张权利不予支持的抗辩，法院根据刘某与某钛矿公司存在的过错及本案损害结果的发生等综合因素认定由刘某和某钛矿公司各承担50%的侵权赔偿责任符合现行的司法理念。

应当注意的是，《中华人民共和国民法典》第一千二百零九条规定的列举情形并非完全列举。《中华人民共和国民法典》第一千二百零九条规定：“因租赁、借用等情形机动车所有人、管理人和使用人不是同一人时，发生交通事故造成损害，属于该机动车一方责任的，由机动车使用人承担赔偿责任；机动车所有人、管理人对损害的发生有过错的，承担相应的赔偿责任。”该条文以“租赁、借用等情形”作了不完全列举性的规定，并不能限于租赁和借用两种情形考虑责任主体，该条文应当理解为本章适用的一般性规定，审判实践中，还客观存在其他多种情形，民法典及其司法解释并不能全部予以列举穷尽，需要结合具体案件情况予以审查。在无法查明是否未经允许驾驶他人机动车情形下的侵权责任，可以适用本章的一般性规定确定侵权责任；如果可以查明是未经允许驾驶他人机动车情形下的侵权责任，则可以适用《中华人民共和国民法典》第一千二百一十二条规定确定侵权责任。

编写人：云南省寻甸回族彝族自治县人民法院　谭继林

18

# “假顺风、真营运”的认定规则

## ——杨某诉刘某、某保险公司机动车交通事故责任案

### 【案件基本信息】

1. 裁判书字号

江苏省南京市中级人民法院（2024）苏 01 民终 4013 号民事判决书

2. 案由：机动车交通事故责任纠纷

3. 当事人

原告（被上诉人）：杨某

被告（上诉人）：刘某

被告（被上诉人）：某保险公司

### 【基本案情】

2023 年 4 月 2 日，刘某驾驶小型轿车在承接某网络平台顺风车订单过程中

追尾前方杨某驾驶的机动车，致杨某及其车上三名乘车人员受伤，杨某的车辆受损。杨某因治疗伤情产生医疗费 1352.24 元，支出交通费 800 元；杨某的车辆损失经评估为 62300 元，杨某支付评估费 3960 元。交管部门认定刘某负交通事故全部责任，杨某无责任。刘某为其车辆在某保险公司投保了交强险及保额为 300 万元的商业三者险，事故发生在保险期间内。某保险公司在交强险限额内已向本起事故其他伤者支付了 18000 元医疗费，交强险医疗费项下已无余额。

法院根据某保险公司的申请从某网络平台调取了刘某在 2022 年 10 月 1 日至 2023 年 4 月 2 日完成的顺风车订单记录，其中显示刘某使用案涉车辆接单连续且频次较高，半年内累计接单 273 笔，其中有多笔系拼车订单，订单金额合计 23900.76 元；起点和目的地广泛分布于南京与扬州的不特定区域，包括火车站、飞机场、酒店、学校、医院、住宅小区等；接单、完单时间分布在凌晨至深夜的各个时间段。

商业三者险保险条款第二十三条约定，下列原因导致的人身伤亡、财产损失和费用，保险人不负责赔偿……（三）被保险机动车被转让、改装、加装或改变使用性质等，导致被保险机动车危险程度显著增加，且未及时通知保险人，因危险程度显著增加而发生保险事故的……

杨某诉至法院，请求判令刘某、某保险公司赔偿杨某车辆损失 62300 元、评估费 3960 元、医疗费 1352.24 元、交通费 2000 元，合计 69612.24 元。

### 【案件焦点】

1. 刘某是否改变了案涉车辆的使用性质且导致危险程度显著增加；2. 某保险公司是否应在商业三者险范围内承担赔偿责任。

### 【法院裁判要旨】

江苏省南京市六合区人民法院经审理认为：第一，刘某驾驶的小型普通客车改变了车辆使用性质。刘某在事故发生前存在大量的顺风车订单信息，频率较高，且接单地点和目的地分布在南京与扬州等各个区域，远远超出了其家庭与公司的范围。事故发生时，刘某正在接单跑单过程中，接单人数为三人。被保险车辆在客观上已属于从事以获取利润为目的的营运车辆，应属于商业三者险保险条款中改变车辆使用性质的情形。第二，某保险公司已尽到免责条款的提示、说明义务。电子投保流程中的相关免责条款，已进行了加粗、加黑提示，故对刘某辩称某保险公司未尽到提示、说明义务的辩称意见，本院不予采纳。第三，被投保车辆改变车辆使用性质导致危险程度显著增加。刘某将登记注册的非营运车辆变更为事实的营运车辆，明显增加了事故发生概率和危险程度，但其未及时通知保险公司变更保险合同缴纳差额保费，自身存在过错，其不能要求保险公司承担不应承担的保险责任。故，某保险公司不应在商业三者险范围内承担赔偿责任。

江苏省南京市六合区人民法院依照《中华人民共和国民法典》第一千一百七十九条、第一千一百八十四条、第一千二百一十三条，《中华人民共和国道路交通安全法》第七十六条，《中华人民共和国民事诉讼法》第四十条第二款、第一百四十五条之规定，判决如下：

一、某保险公司于本判决生效后十日内赔偿杨某 2800 元；

二、刘某于本判决生效后十日内赔偿杨某 61652.24 元；

三、驳回杨某超出部分的诉讼请求。

刘某不服一审判决，提起上诉。江苏省南京市中级人民法院经审理认为：关于刘某承接顺风车订单的行为是否改变了车辆的使用性质。顺风车不以营利为目的，乘客搭乘的前提一般需与驾驶人出行路线基本一致，在此情况下，被保险车辆的行驶范围、路线、里程及频率均具有较高稳定性，且在合理可控范围内。案涉交通事故发生时，刘某正处于驾驶案涉车辆完成顺风车订单的过程中，判断其是否改变了车辆使用性质，不应仅以单一订单作为评价依据，而应综合一定时间段内的接单频次、搭载乘客的数量、是否处于上下班通勤时间以及路线是否在合理通勤行程范围内等因素予以综合分析判断。根据本案查明事实，刘某在案涉交通事故发生前的半年内，持续、高频次承接顺风车订单，半年内累计接单 273 笔；订单的起点和目的地广泛分布于南京与扬州的不特定区域，已经超出其合理通勤行程范围，且有多笔系拼车订单；接单和完单时间分布在凌晨至深夜的各个时间段，已超出上下班通勤合理时间范围。综合以上分析，刘某驾驶案涉车辆承接顺风车订单的行为不符合上述规定中的顺风车特征，超出了互助合乘范围，应认定为以顺风车为名从事营运活动，属于商业三者险保险条款中约定的改变车辆使用性质的情形。

关于刘某以顺风车为名从事营运活动的行为是否导致危险程度显著增加。本案中，判断车辆危险程度是否显著增加，应结合案涉车辆用途改变是否超出保险公司预期、是否影响保险公司继续承保或导致保费提高以及用途改变的持续时间等因素综合考虑。刘某以使用性质为“家庭自用”对案涉车辆进行投保，投保后持续将该车用于开展营运，超出某保险公司对车辆用途的预期，且影响保费标准。营运车辆相较于家庭自用车辆使用频率更高、运行里程更长，发生交通事故的概率随之上升，且案涉事故亦系在营运过程中发生。故，刘某的行为显著增加了保险标的的危险程度，但刘某并未将车辆用途变更的情况及时通知某保险公司，违反了《中华人民共和国保险法》第五十二条的规定。

关于某保险公司是否已就免责条款尽到提示和明确说明义务。案涉保险系通过电子方式投保，某保险公司提供的电子投保过程演示视频显示，某保险公司已经对免责条款尽到了提示和明确说明义务，刘某亦对该投保过程演示视频真实性予以认可，故对于某保险公司抗辩商业三者险范围内免赔的意见，本院依法予以采信。

江苏省南京市中级人民法院依照《中华人民共和国民事诉讼法》第四十一条第一款、第一百七十七条第一款第一项规定，判决如下：

驳回上诉，维持原判。

**【法官后语】**

近年来，绿色、共享交通理念逐渐深入人心，顺风车成为人们出行的新选择。顺风车不以营利为目的，乘客搭乘的前提一般需与驾驶人出行路线基本一致，在此情况下，被保险车辆的行驶范围、路线、里程及频率均具有较高稳定性，且在合理可控范围内。但在实践中，部分驾驶员以顺风车为名实际从事营运活动，逃避了道路旅客运输管理部门的监管，带来司乘纠纷、乘车安全等隐患。本案即系侵权人在“顺风车”跑单过程中发生的交通事故，受害人起诉要求侵权人及保险公司承担赔偿责任，争议主要是保险公司应否在商业三者险范围内承担责任，由此需审查：（1）刘某是否改变了案涉车辆的使用性质且导致危险程度显著增加；（2）某保险公司是否已就免责条款尽到提示和明确说明义务。

1.“假顺风，真营运”，已改变车辆使用性质。判断“顺风车”是否改变了车辆使用性质，不应仅以单一订单作为评价依据，而应综合一定时间段内的接单频次、搭载乘客的数量、是否处于上下班通勤时间以及路线是否在合理通勤行程范围内等因素予以综合分析判断。本案通过对刘某在交通事故发生时及前半年的顺风车订单接单情况进行综合分析评判，认定其接单频次已经超出其合理通勤行程范围，接单时间超出上下班通勤合理时间范围，应认定为以顺风车为名从事营运活动，属于商业三者险保险条款中约定的改变车辆使用性质的情形。与网约车相比，顺风车在驾龄、车辆情况、安全背景筛查等方面限制更少，此时，车主刘某可规避平台必要的资质监管，这意味着搭乘“假”顺风车的乘客承担着更大的安全风险。

2. 车辆性质改变导致案涉车辆危险程度显著增加。判断车辆危险程度是否显著增加，应结合案涉车辆用途改变是否超出保险公司预期、是否影响保险公司继续承保或导致保费提高以及用途改变的持续时间等因素综合考虑。本案刘某以“家庭自用”投保，却将案涉车辆用于营运，明显超出某保险公司对车辆用途的预期，且影响保费标准，刘某在续保前即将案涉车辆从事顺风车营运，改变车辆用途时间较长，且案涉事故亦在营运过程中发生，故刘某行为显著增加案涉车辆危险程度。

3. 某保险公司提供的电子投保过程演示视频显示，某保险公司已经对免责条款尽到了提示和明确说明义务，刘某亦对该投保过程演示视频真实性予以认可，故某保险公司已尽到提醒注意义务，无须在商业三者险范围内承担赔偿责任。

本案的裁判意义在于引导顺风车驾驶员严格遵守互助合乘规定，对于“假顺风，真营运”的行为具有积极的规制作用，同时为统一该类案件的裁判尺度进行了有益探索。

编写人：江苏省南京市中级人民法院 陈礼苋 赵琛

19

# 交通事故中叉车一方应否在交强险限额内承担赔偿责任

——韩某诉李某等机动车交通事故责任案

## 【案件基本信息】

1. 裁判书字号

江苏省徐州市中级人民法院（2023）苏 03 民终 4705 号民事判决书

2. 案由：机动车交通事故责任纠纷

3. 当事人

原告（上诉人）：韩某

被告（上诉人）：某保险公司

被告（被上诉人）：李某、某商贸公司、某运输公司、马某

## 【基本案情】

李某驾驶叉车于公共道路上卸货，所卸货物为马某所驾驶货车上的货物，该货车逆向停放在可正常通行的路段上，叉车的叉齿一部分停留在货车内部，另一部分在货车外部。韩某骑电动自行车未佩戴头盔，从上述叉车与货车之间通行，与叉车叉齿碰撞发生事故，致使其本人受伤，车辆损坏。

李某所驾驶叉车系其本人出资购买，登记在某商贸公司名下，李某陈述其与该公司法定代表人系朋友关系。该叉车合格证上载明，“场（厂）内专用机动车辆产品合格证，本场（厂）内专用机动车辆经质量检验，符合场（厂）内

专用机动车辆安全技术监察流程及相关产品标准的要求。注 1：本产品仅限在工厂厂区、旅游景区、旅游场所使用。2019 年 11 月 27 日”。该叉车具备特种设备使用登记证，使用单位为某商贸公司，使用地点为某物资市场某区某号，设备种类为场（厂）内专用机。马某所驾驶货车登记在某运输公司名下，双方签订有挂靠协议。该货车在某保险公司处投保交强险及商业险。

事故发生后，韩某起诉要求李某、某商贸公司、某运输公司、马某、某保险公司赔偿各项损失。

## 【案件焦点】

1. 李某所驾驶的登记在某商贸公司名下的叉车是否属于应投保交强险的“机动车”；2. 李某、某商贸公司是否应在交强险责任限额内承担赔偿责任。

## 【法院裁判要旨】

江苏省徐州市云龙区人民法院经审理认为：关于李某、某商贸公司责任承担问题。（1）叉车为特种设备车辆，其使用的范围仅限于厂区内部，李某将叉车驶离固定地点在道路上使用，且无相应特种设备作业人员证，具有过错；（2）某商贸公司作为叉车登记使用人，未尽到管理义务，应与李某连带承担侵权责任；（3）根据公安部《道路交通管理　机动车类型》（GA 802—2019）的规定，叉车上道路行驶发生道路交通事故，应认定为机动车，并承担相应机动车责任；（4）因案涉叉车被认定为机动车，存在登记的管理人、所有人是否应当承担交强险限额范围内的先行赔付责任的问题。但根据车辆性质，并参照实践中的情况来看，叉车在登记和保险手续的办理上无法按照普通机动车来对待，无法投保交强险系不能归责于叉车的登记所有人和实际使用人，其不应在未投保交强险限额内承担责任。另结合叉车及货车对道路通行的影响、韩某未佩戴头盔及对道路通行状况疏于观察等自身过错因素，本院认定交强险赔付后，剩余部分由李某、某商贸公司承担 50% 的责任，马某、某运输公司承担 30% 的责任（先由某保险公司支公司在商业三者险限额内赔偿，不足部分再由马某、某运输公司赔偿），韩某承担 20% 的责任。

江苏省徐州市云龙区人民法院依照《中华人民共和国侵权责任法》第六条、第十五条、第十六条、第二十二条、第二十六条，《最高人民法院关于审理人身损害赔偿案件适用法律若干问题的解释》第二条、第六条、第七条、第八条、第九条、第十条、第十一条、第十二条、第二十二条、第二十三条、第二十四条，《最高人民法院关于审理道路交通事故损害赔偿案件适用法律若干问题的解释》第三条、第十三条、第十五条，《中华人民共和国民事诉讼法》第一百四十七条之规定，判决如下：

一、本判决生效之日起十日内，被告某保险公司在交强险限额范围内向原告韩某赔偿医疗费、精神损害抚慰金、护理费、误工费、残疾赔偿金、交通费、财产损失共计106241.76元；在商业三者险限额范围内向原告韩某赔偿医疗费、住院伙食补助费、营养费，合计14289.6元；

二、本判决生效之日起十日内，被告李某、某商贸公司连带向原告韩某赔付5229元；

三、驳回原告韩某的其他诉讼请求。

韩某、某保险公司不服一审判决，提起上诉。江苏省徐州市中级人民法院经审理认为：本案中虽可认定叉车属性为机动车辆，但是从相关法律规定、国家制定标准、登记机构、公安机关有关问题答复、交强险投保规定等方面看，叉车的管理人、所有人不应在未投保交强险限额内承担责任，而应按其承担的责任比例向被侵权人予以赔偿。关于赔偿责任比例等问题，一审判决认定亦无不当。

江苏省徐州市中级人民法院依照《中华人民共和国民事诉讼法》第一百七十七条第一款第一项之规定，判决如下：

驳回上诉，维持原判。

【法官后语】

应投保交强险而未投保的机动车辆发生交通事故造成损害的，受害人可要求相关责任主体在交强险责任限额范围内承担无过错赔偿责任。实践中，应投保交强险的机动车范围有待进一步明确。随着社会经济的发展，在道路上行驶的车辆已经超出了传统意义上限定的轿车、货车、摩托车等，出现了各种新型车辆如电动汽车、电动三轮车、电动自行车以及各类异种车辆、改装车辆等，对于上述车辆发生交通事故，如何认定其是否属于应投保交强险的机动车，进而确定其责任承担，对此，最直接的方法似乎是从保险公司等处确定叉车是否可投保交强险，若明确无法投保，则自然不宜苛责当事人。但保险公司做法不一，实际上仅能以个别保险公司的问询答复作为方向性参考。因此，还是要从相关法律规定及特殊车辆本身性质上来进行认定：

一、司法实践中应投保交强险机动车的认定范围

《中华人民共和国道路交通安全法》规定，机动车是指以动力装置驱动或牵引，上道路行驶的供人员乘用或者用于运送物品以及进行工程专项作业的轮式车辆；机动车经公安机关交通管理部门登记后，方可上路行驶。《机动车交通事故责任强制保险条例》规定，在中华人民共和国境内道路上行驶的机动车的所有人或者管理人都应当投保交强险。《机动车运行安全技术条件》（GB 7258—2017）术语和定义中记载，“机动车由动力装置驱动或者牵引，上道路行驶的供人员乘用或用于运送物品以及进行工程专项作业的轮式车辆，包括汽车及汽车列车、摩托车、拖拉机运输机组、轮式专用机械车、挂车”“轮式专用机械车轮式自行机械车有特殊结构和专门功能，装有橡胶车轮可以自行行驶，最大设计车速大于20km/h的轮式工程机械，如装载机、平地机、挖掘机、推土机等，但不包括叉车”。因此，应投保交强险的机动车应为适于“上道路行驶”且需经交管部门登记的机动车辆。包括拖拉机、农业机械，以及进行工程专项作业的轮式车辆，具体包括：家庭自用车、非营业客车、营业客车、非营业货车、营业货车、特种车、摩托车和拖拉机八大类车辆。

二、特殊机动车辆认定——以叉车为例

对于应投保交强险的机动车范围外的特殊车辆，主要可从其是否设计为道路车辆及是否可在公安机关交管部门登记来认定。以叉车为例：（1）据《机动车运行安全技术条件》（GB 7258—2017）引言中记载“叉车不属于道路机动车辆，鉴于其外型和结构的特殊性，不适于在道路上行驶和使用”。（2）《道路交

通管理 机动车类型》（GA 802—2019）第7.2.4条注中记载“以动力驱动的非道路车辆，是指并非为道路上行驶和使用而设计和制造、主要用于封闭道路和场所作业施工或者娱乐休闲，按照规定不能办理注册登记、由动力驱动（牵引）的车辆，如：叉车”。（3）特种设备的相关规定中对叉车有更明晰的定位，据原国家质量监督检验检疫总局于2014年公布的《特种设备目录》记载，叉车属于“场（厂）内专用机动车辆”种类下的机动工业车辆类别；《特种设备安全监察条例》第九十九条第一款第八项规定，“场（厂）内专用机动车辆，是指除道路交通、农用车辆以外仅在工厂厂区、旅游景区、游乐场所等特定区域使用的专用机动车辆”；案涉叉车合格证及特种设备使用登记证中亦有相应记载，即“场（厂）内专用机动车辆”，“本产品仅限在工厂厂区、旅游景区、旅游场所使用”“使用地点为某物资市场某区某号”。由上述规定可见，叉车属于“场（厂）内专用机动车辆”，而该类车辆“仅在”特定区域使用，不适于道路交通，且不能在公安机关交管部门办理登记，故不属于道路交通安全领域应投保交强险的机动车辆，叉车所有人、驾驶人等有关主体不在交强险责任限额内承担赔偿责任。

对于叉车等交强险承保范围外的特殊车辆，应加强规范管理及完善保险保障。一方面，叉车等特殊车辆不适于上道路行驶，因此相关行政部门应加强对车辆所有人、管理人的监督管理，严格规范该类车辆的使用，从源头上降低该类车辆违规上路导致的交通事故风险。另一方面，依据《特种设备安全监察条例》第八条及《中华人民共和国特种设备安全法》第十七条规定，国家鼓励投保特种设备安全责任保险，提高事故赔付能力。叉车上路行驶存在一定的风险，叉车虽不能投保交强险，但可以通过购买特种设备安全责任保险的方式，提高事故后的赔付能力，保障受害人权益。

编写人：江苏省徐州市云龙区人民法院 吕婷 李泰龙

20

# 车辆合法驾驶员不能因自己的违法行为得利

## ——严某 2 等诉某物流公司、某保险公司机动车交通事故责任案

### 【案件基本信息】

1. 裁判书字号

江苏省苏州市中级人民法院（2023）苏 05 民终 4460 号民事裁定书

2. 案由：机动车交通事故责任纠纷

3. 当事人

原告（上诉人）：严某 2、李某某、许某某、严某 3

被告（被上诉人）：某物流公司、某保险公司

### 【基本案情】

2021 年 3 月 18 日，严某 1 驾驶轻型封闭式货车沿某小区内部道路由西向东行驶至某处停车，其在车外整理驾驶室内滑落的货物时因操作不当，导致车辆运动，车辆撞击严某 1 和路边的民房，后又与前方周某停放在停车位的小型轿车发生碰撞，造成严某 1 倒地受伤及两车受损的交通事故。严某 1 后经医院抢救无效于当日死亡。2022 年 4 月 25 日，交通警察大队出具《道路交通事故认定书》，认定严某 1 负此次事故的全部责任、周某无责任。

另查明，严某 1 驾驶的车辆登记在某物流公司名下，该车在某保险公司投保了交强险和商业三者险及相应的不计免赔。事故发生在保险期间内。

再查明，严某 1 与许某某系夫妻关系，育有一女严某 2。严某 3、李某某系严某 1 的父母。

**【案件焦点】**

严某1是否属于涉案车辆交强险及商业三者险中的“第三者”。

**【法院裁判要旨】**

江苏省苏州市吴江区人民法院经审理认为：本案的争议焦点是严某1是否属于涉案车辆交强险及商业三者险中的“第三者”。《机动车交通事故责任强制保险条例》第三条规定，本条例所称机动车交通事故责任强制保险，是指由保险公司对被保险机动车发生道路交通事故造成本车人员、被保险人以外的受害人的人身伤亡、财产损失，在责任限额内予以赔偿的强制性责任保险。第二十一条规定，被保险机动车发生道路交通事故造成本车人员、被保险人以外的受害人人身伤亡、财产损失的，由保险公司依法在机动车交通事故责任强制保险责任限额范围内予以赔偿。本案中，严某1下车站在车外整理驾驶室内滑落的货物时因操作不当，导致车辆运动，车辆撞击严某1致其死亡。严某1作为发生事故车辆驾驶员，应承担支配和控制车辆的责任和义务，虽然其在事故中已经下车，但并不因此转化为涉案车辆交强险及商业三者险中的“第三者”，故对于原告主张某保险公司在交强险及商业三者险中承担赔偿责任的诉讼请求，本院不予支持。被告某物流公司系案涉轻型封闭式货车的所有人，原告未举证证明某物流公司存在过错，故其主张某物流公司承担责任没有事实依据。由于本案并不存在赔偿基础，故本院不再对原告因此次事故造成的损失进行认定。

江苏省苏州市吴江区人民法院依照《中华人民共和国民事诉讼法》第六十七条第一款、第一百四十七条之规定，判决如下：

驳回原告严某2等的全部诉讼请求。

判决后，严某2等不服，遂向江苏省苏州市中级人民法院提起上诉。在案件审理过程中，严某2等在上诉期内未缴纳上诉案件受理费，经法院催缴仍未能在法定期限内缴纳，被江苏省苏州市中级人民法院按照自动撤回上诉处理，一审判决现已经发生法律效力。

【法官后语】

本案中，各方对案件的证据和相关事实均没有明显争议，争议焦点在于保险公司是否需要在涉案车辆交强险及商业三者险中承担赔偿责任，也就是案涉受害人是否属于涉案车辆交强险及商业三者险中的“第三者”。一种观点认为，案涉受害人虽是涉案保险车辆的驾驶人，但事发时其已经离开驾驶室并停止操作车辆，将自己置于车体之外，所处空间发生了变化，应属于受害第三者。同时，严某1停车整理物品，该行为亦属于对机动车的使用过程，严某1在使用机动车的过程中，被车辆撞击死亡符合商业三者险的保护范围，保险公司应在第三者责任险的赔偿范围内承担赔偿责任。另一种观点认为，严某1不应当被认定为“第三者”。笔者同意第二种观点，理由是严某1下车站在车外整理驾驶室内滑落货物时，因操作不当，导致车辆运动，车辆撞击严某1致其死亡。严某1作为发生事故车辆驾驶员，应承担支配和控制车辆的责任和义务，故其虽在事故中已经下车，但并不因此转化为涉案车辆交强险及商业三者险中的“第三者”。具体理由如下：

一、认为严某1不属于涉案车辆交强险及商业三者险中的“第三者”符合保险法的立法精神

根据《中华人民共和国保险法》第六十五条第四款“责任保险是指以被保险人对第三者的赔偿责任为保险标的的保险”之规定，在责任保险中，被保险人是责任主体，第三者是权利主体，二者相互对立，同一主体在同一责任保险中不能既是被保险人又是第三者。案涉机动车第三者责任险中，被保险人是指投保人及其允许的合法驾驶人；保险责任为：保险机动车在被保险人或其允许的合法驾驶人使用过程中发生意外事故，致使第三者遭受人身伤亡或财产的直接损失，对被保险人应依法支付的赔偿金额，保险人依照本保险合同的约定，对于超过机动车交通事故责任强制保险各分项赔偿限额的部分给予赔偿。因此投保人允许的合法驾驶人无论是否应对第三者负赔偿责任，其致害方的角色不变，都应与被保险人一并处于第三者的对立面。严某1系投保人允许的合法驾驶人，其地位相当于被保险人，原则上不是第三者。

二、认为严某1不属于涉案车辆交强险及商业三者险中的“第三者”符合侵权责任基本原理

任何危险作业的直接操作者都不能构成此类侵权案件的受害人。驾驶人作为车辆的操作者，因过错发生交通事故产生损害，其操作行为本身就是损害产生的原因，这种因果关系不因驾驶人物理位置的变化而变化，即不论驾驶人于事故发生时是在车上还是在车下，都无法改变其自身的行为是事故发生原因的事实。机动车驾驶人因本人的过错行为造成自身损害，其不能成为自身过错行为的受害者并以此要求赔偿。即同一法律主体不能既是侵权人又是受害人，驾驶人不得基于自身侵权行为造成自身利益损害而要求自己的保险人赔偿。

三、认为严某1属于涉案车辆交强险及商业三者险中的“第三者”违反不能因自己的违法行为而得利的基本法理

“任何人均不得因其不法行为而获益”，包含着任何人不能通过违法行为谋取利益的基础法理，这一法理隐含在车辆交强险和商业险制度中。2024年9月27日施行的《最高人民法院关于适用〈中华人民共和国民法典〉侵权责任编的解释（一）》第二十二条明确规定，“机动车驾驶人离开本车后，因未采取制动措施等自身过错受到本车碰撞、碾压造成损害，机动车驾驶人请求承保本车机动车强制保险的保险人在强制保险责任范围内，以及承保本车机动车商业第三者责任保险的保险人按照保险合同的约定赔偿的，人民法院不予支持”。该条对此类问题作出了明确规定，有效解决了上述问题。

编写人：江苏省苏州市吴江区人民法院　秦绪栋

21

# 车辆在道路上处于停车作业状态时发生的事故应认定为交通事故，由保险人承担赔偿责任

## ——李某诉某保险公司等机动车交通事故责任案

**【案件基本信息】**

1. 裁判书字号

广东省深圳市中级人民法院（2023）粤 03 民终 30042 号民事判决书

2. 案由：机动车交通事故责任纠纷

3. 当事人

原告（被上诉人）：李某

被告（上诉人）：某安装工程公司

被告（被上诉人）：潘某、某建设公司、某保险公司

**【基本案情】**

2021 年 7 月 22 日 9 时许，潘某将重型货车停在某路西 61 米处，在施工将钢板吊往行人非机动车道的过程中，李某驾驶二轮电动自行车经过，因躲闪不及，造成李某受伤及电动自行车损坏的事故。李某受伤后至医院治疗，共计产生医疗费等损失 13785.3 元。交警部门认定，潘某在施工时未做好安全措施，负事故全部责任，李某无责任。经查，潘某作为某安装工程公司的员工，事故发生时在履行职务行为。案涉重型货车在某保险公司投保了交强险及商业第三者责任险，事故发生在保险期限内。李某起诉要求潘某、某安装工程公司（肇事车辆所有人）、某建设公司（施工场地管理人）、某保险公司（肇事车辆保险人）赔偿损失 51673.66 元。对此，某保险公司认为，案涉重型货车是在停车吊

钢板时发生的事故，不属于交通事故，其不应承担赔偿责任。某安装工程公司、潘某则认为，本案的赔偿责任应由某保险公司承担。

【案件焦点】

1. 案涉车辆在道路上处于停车作业状态时造成的事故是否属于交通事故；2. 某保险公司应否承担赔偿责任。

【法院裁判要旨】

广东省深圳市宝安区人民法院经审理认为：本案事故发生时，潘某将案涉车辆停车施工吊钢板，机动车并非处于“交通”目的的“通行”状态，而是处于“停车作业”状态，不属于在道路上发生的交通事故，某保险公司无须承担赔偿责任。潘某作为某安装工程公司的员工，事故发生时在履行职务行为，应由某安装工程公司向李某承担赔偿责任。

广东省深圳市宝安区人民法院依照《中华人民共和国民法典》第一千一百六十五条、第一千一百七十九条、第一千一百九十一条，《最高人民法院关于审理人身损害赔偿案件适用法律若干问题的解释》第六条第一款、第七条第三款，《中华人民共和国民事诉讼法》第六十七条第一款、第一百四十七条之规定，判决如下：

一、某安装工程公司于判决生效之日起十日内赔偿李某 13785.3 元；

二、驳回李某的其他诉讼请求。

某安装工程公司不服一审判决，提起上诉。广东省深圳市中级人民法院经审理认为：根据《中华人民共和国道路交通安全法》第一百一十九条关于交通事故的定义，交通事故是指车辆在道路上因过错或者意外造成的人身伤亡或者财产损失的事件。可见，道路交通事故构成要件中，道路为必备要素，通行要素则并未明确。因此，机动车只要是在道路上，无论车辆是否处于通行状态，因过错或意外造成人身伤亡或者财产损失的，均属于道路交通事故。本案事故发生时潘某驾驶的案涉车辆为重型货车，属于机动车，事故发生地点为某路西 61 米处，属于道路范围，故案涉事故应认定为交通事故。一审法院以车辆未处于通行状态认定不属于交通事故，认定事实错误，应予以纠正。案涉车辆在某保险公司投保了交强险和第三者责任险，属于保险公司赔偿责任的范围，依法应由某保险公司在交强险和第三责任险范围内承担赔偿责任。关于具体的赔偿金额，对于一审法院认定的李某因事故造成的损失 13785. 30 元，各方当事人均未提出异议，二审法院予以确认。因交强险限额已足以赔偿李某的损失，故该损失应由某保险公司在交强险范围内向李某进行赔付。综上所述，某安装工程公司的上诉请求具有事实与法律依据，应予以支持。一审判决认定事实基本清楚，但适用法律不当，二审法院依法予以纠正。

广东省深圳市中级人民法院依照《中华人民共和国民法典》第一千二百一十三条、《中华人民共和国道路交通安全法》第一百一十九条、《中华人民共和国民事诉讼法》第一百七十七条第一款第二项之规定，判决如下：

一、撤销广东省深圳市宝安区人民法院（2022）粤 0306 民初 36035 号民事判决；

二、某保险公司应于本判决生效之日起十日内赔偿李某 13785. 30 元；

三、驳回李某的其他诉讼请求。

## 【法官后语】

因机动车在停车状态时发生事故而引起的纠纷时有发生。车辆在道路上处于停车作业状态时造成的事故是否属于交通事故，应否由保险公司承担赔偿责任，是值得进一步思考和探讨的问题。

之所以建立机动车保险制度，就是要在因机动车引发事故时，强化对人身伤害和财产损害的救济保障。特别是机动车交通事故责任强制保险，具有公益性、强制性和广泛性的特点，可以确保在因机动车引发事故时，受害者能够得到基本的保障，同时降低投保人一方的财务风险，促进更公平的责任分配。

从法律规定来看，《中华人民共和国道路交通安全法》第一百一十九条关于交通事故的定义中，交通事故的构成主要包括车辆、道路、人身伤亡或者财产损失等几个要件。该法对交通事故的定义中未明确车辆的状态，实践中主要有两种观点：一种观点认为，凡是在道路上发生的与车辆有关的事故均是交通事故，车辆的运行状态与事故认定无关；另一种观点认为，交通事故认定的前提是车辆在通行中，静止状态下发生的事故不属于交通事故。笔者比较赞同第一种观点，因为《中华人民共和国道路交通安全法》并未明确将车辆处于通行状态作为交通事故认定的必备要件。在审查是否属于交通事故、是否属于保险公司赔偿责任范围时，应严格按照法律规定的要件进行审查，避免不当扩大或限缩适用范围，这也是法律适用的应有之义。

在司法实践中，关于是否属于交通事故以及能否参照交通事故处理，主要存在以下两种情形：一种情形是道路交通事故。即只要在道路上发生的事故，无论机动车是否处于通行状态，均属于道路交通事故，承保机动车保险的保险公司均应承担赔偿责任。另一种情形是在道路以外的地方发生的事故。《机动车交通事故责任强制保险条例》第四十三条规定，机动车在道路以外的地方通行时发生事故，造成人身伤亡、财产损失的赔偿，比照适用本条例。《最高人民法院关于审理道路交通事故损害赔偿案件适用法律若干问题的解释》第二十五条规定，机动车在道路以外的地方通行时引发的损害赔偿案件，可以参照适用本解释的规定。以上两个规定均强调了机动车的通行状态，即在道路以外的地方发生的事故，只有机动车处于通行状态，才可参照交通事故案件处理，由保险公司承担赔偿责任；反之，则保险公司无须承担赔偿责任。

具体到本案中，案涉车辆为重型货车，属于机动车，事故发生地点为某路西 61 米处，属于道路范围，在道路上发生的事故无须审查车辆是否处于通行状态，故案涉事故应认定为道路交通事故。某安装工程公司为案涉车辆在某保险公司投保了交强险和第三者责任险，事故发生在保险期间内，依法应由某保险公司承担赔偿责任。

保障交通安全的首要内容，就是要保护人民群众人身和财产安全。机动车驾驶活动具有高危险性，即使车辆处于停止状态，也容易造成人身和财产方面的损失。《中华人民共和国道路交通安全法》未将车辆处于通行状态作为认定构成交通事故的要件，一方面可以将保险责任范围覆盖车辆在道路上行驶、停车等全过程，更好地保障广大人民群众的生命财产安全。另一方面有助于促使机动车驾驶人或管理者履行应尽义务，不论车辆是否处于行驶状态，机动车驾驶人或管理者均应尽到高度谨慎的注意义务，确保机动车这种危险的高速运输工具得到有效控制，从而预防和减少交通事故的发生，避免对相对弱势的非机动车、行人造成严重的损害后果，这也符合优者危险负担原则。

编写人：广东省深圳市中级人民法院　罗云

# 二、交通事故损害赔偿

22

## 机动车交通事故中保险公司赔付医疗费范围应包括非医保用药部分和个人自费部分

——蓝某诉徐某、某保险公司机动车交通事故责任案

**【案件基本信息】**

1. 裁判书字号

广西壮族自治区马山县人民法院（2023）桂 0124 民初 1496 号民事判决书

2. 案由：机动车交通事故责任纠纷

3. 当事人

原告：蓝某

被告：徐某、某保险公司

**【基本案情】**

2022 年 10 月 22 日 19 时 15 分，徐某驾驶某小型普通客车沿国道行驶，行至某处时，适遇蓝某沿国道人行横道自东往西横过公路，小型普通客车前部右侧碰撞蓝某，造成蓝某受伤及车辆损坏的道路交通事故。2022 年 12 月 29 日，某县公安局交通管理大队作出《道路交通事故认定书》，认定徐某负事故的全部责任，蓝某无责任。事故发生当天，蓝某被送到县中心卫生院治疗，当天转

至县人民医院住院治疗。事故发生后，蓝某共住院治疗154天，共支付医疗费110825.29元，医保抵扣13085.95元，余97739.34元为医疗费损失。事故发生后，徐某已赔偿原告蓝某医疗费30473.67元，某保险公司已在交强险医疗项下赔偿医疗费18000元，在商业三者险限额内赔偿医疗费35900元。经鉴定，蓝某因本次事故造成十级伤残。另外，2022年6月13日，徐某为小型普通客车在某保险公司处投保了保险额度为20万元的交强险和保险额度为200万元的商业三者险，本案事故发生在保险期限内。事后，各方当事人因各项损失赔偿问题未达成一致，蓝某诉至法院，要求徐某与某保险公司赔偿包括医疗费13140.22元在内等各项损失125398.25元。某保险公司主张保险公司的医疗费赔付范围应当不包括蓝某的个人自费部分和非医保用药部分。

**【案件焦点】**

保险公司赔付医疗费范围是否包括非医保部分和个人自费部分。

**【法院裁判要旨】**

广西壮族自治区马山县人民法院经审理认为：根据《最高人民法院关于审理人身损害赔偿案件适用法律若干问题的解释》第六条第一款规定，结合相关病历、入院记录、出院记录、费用清单、医疗费发票等，庭审中双方当事人均认为医疗费应以蓝某提供的票据为准，为此，对蓝某主张因本次交通事故支出医疗费损失为97739.34元（蓝某未主张医保抵扣13085.95元），本院予以确认。（1）关于某保险公司提出非医保用药14010.31元应该予以扣除的问题。《最高人民法院关于适用〈中华人民共和国保险法〉若干问题的解释（三）》第十九条规定，保险合同约定按照基本医疗保险的标准核定医疗费用，保险人以被保险人的医疗支出超出基本医疗保险范围为由拒绝给付保险金的，人民法院不予支持，该条明确了保险公司不得以超出医保范围为由，拒绝给付受害人保险金，在商业保险合同中，保险人已根据保险限额的约定确定了承担赔偿范围的上限，其欲再通过限定伤者用药范围来减轻其责任显然有失公平。如果医疗机构因此在伤者的治疗中确需要用超出医保范围内的药品而不用，明显不利于伤者的治疗，违反以人为本、救死扶伤的理念，不利于伤者的健康权益，亦不利于交通事故纠纷的及时化解，故某保险公司辩解扣除本案医疗费中的非医保用药，没有法律依据，本院不予采纳。（2）关于某保险公司提出扣除蓝某个人自付 8088.99 元和个人自费 1745.8 元的问题。根据《最高人民法院关于审理人身损害赔偿案件适用法律若干问题的解释》第六条第一款“医疗费根据医疗机构出具的医药费、住院费等收款凭证，结合病历和诊断证明等相关证据确定。赔偿义务人对治疗的必要性和合理性有异议的，应当承担相应的举证责任”的规定，蓝某提供的医疗机构出具的医疗费发票、病历和诊断证明等相关证据足以证实其已实际支出的医疗费，医院根据原告的病情进行诊疗用药，具有合理性和必要性，患者对此没有选择权，由此给蓝某造成的医疗费损失，依法应予支持。蓝某认可其已经获赔了医疗费 84599.12 元，现蓝某要求支付余下医疗费为 13140.22 元，本院予以支持。

广西壮族自治区马山县人民法院根据《中华人民共和国民法典》第一千一百七十九条、第一千一百八十三条、第一千二百零八条、第一千二百一十三条，《最高人民法院关于审理人身损害赔偿案件适用法律若干问题的解释》第六条、第七条、第八条、第九条、第十条、第十一条、第十二条，《中华人民共和国道路交通安全法》第七十六条，《中华人民共和国民事诉讼法》第六十七条和《最高人民法院关于适用〈中华人民共和国民事诉讼法〉的解释》第九十条之规定，判决如下：

一、被告某保险公司于本判决生效之日起十五日内在交强险赔偿限额内赔偿原告蓝某护理费 22084 元、交通费 4680 元、伤残赔偿金 42383 元、精神损害抚慰金 6000 元，共计 75147 元；

二、被告某保险公司于本判决生效之日起十五日内在商业第三者责任险赔偿限额内赔偿原告蓝某医疗费 13140.22 元、住院伙食补助费 15400 元、营养费 500 元，共计 29040.22 元；

三、被告徐某于本判决生效之日起十五日内赔偿原告蓝某鉴定费 2300 元；

四、驳回原告蓝某的其他诉讼请求。

判决后，双方当事人均未上诉，本判决现已生效。

**【法官后语】**

机动车交通事故责任纠纷中存在两个法律关系：一是投保人与承保人之间的保险合同法律关系；二是投保人与受害人之间的侵权法律关系。受害人与保险公司既无合同关系，保险公司亦非实际侵权人，按一般法理逻辑，受害人不能直接起诉保险公司，但为了最大限度、更及时地救济受害人，侵权法律制度赋予受害人对保险公司直接赔偿请求权。在诉讼中，保险公司和投保人作为共同被告，属于必要共同被告诉讼，相对于受害人而言，保险公司和投保人是一个责任承担整体，应共同对伤者的全部实际损失承担完全赔偿责任。

一、机动车交通事故责任纠纷应按照侵权责任法律关系的原则和审理思路进行审理

从民事诉讼程序上看，在民事案由的体系设置上，机动车交通事故责任纠纷是侵权责任纠纷的二级案由，因此该类纠纷应以侵权法律关系为逻辑起点进行审理，其裁判思路应以侵权责任纠纷为基础，以完全填补受害人的实际损失为原则，对赔偿项目、赔偿数额以及责任比例均适用侵权法律关系的一般规定和关于机动车侵权的特殊规定。

二、"非医保用药"不赔条款是对伤者实际产生的医疗费的获赔范围的二次限制，对伤者有失公平

《最高人民法院关于适用〈中华人民共和国保险法〉若干问题的解释（三）》第十九条的前半部分规定"保险合同约定按照基本医疗保险的标准核定医疗费用，保险人以被保险人的医疗支出超出基本医疗保险范围为由拒绝给付保险金的，人民法院不予支持"。在商业三者险保险合同中，保险公司已根据保险限额的约定确定了承担赔偿范围的上限，再约定按照医保范围标准核定医疗费的赔偿金额限定伤者用药范围，其实质上是保险公司利用合同条款对医疗费用进行了两次限制，结果两次限缩受害人直接从保险公司获赔的范围。这使受害人实际损失未获得完全赔偿，未能实现侵权法律制度的损害填补功能，保险合同的"非医保用药"不赔条款对受害人而言显然有失公平。

三、如保险公司仅赔偿对医保用药的医疗费，不利于对伤者的救助治疗

一是伤者受伤重中之重便是治疗，如要求亟待治疗的伤者区分“医保用药”和“非医保用药”，超出了常人的能力范围，且可能会延误治疗。二是如保险人仅对医保范围内用药承担赔偿责任，则可能导致医疗机构在伤者的治疗中出现确需要用超出医保范围内的药品而不用的情形，明显不利于伤者的治疗，违反以人为本、救死扶伤的理念，不利于维护伤者的健康权益，亦不利于及时化解交通事故纠纷。

四、伤者和投保人对医疗机构的用药范围均无选择权，保险公司将不可归咎于伤者和投保人的事项作为拒赔理由有失公允

医院根据伤者的病情进行诊疗用药，无论是选择医保范围内的用药或是个人自费、自付项下的用药，均具有合理性和必要性，伤者对此没有选择权，投保人亦没有选择权，保险公司以不可归咎于投保人和受害人的事项作为拒赔的理由显然有失公允。因此，伤者的医疗费应以医疗机构出具的全部医疗费发票等缴费凭证为准，不应将个人自费部分予以扣除。

综上，法院在审理机动车交通事故责任纠纷时，应当以侵权责任纠纷的审理裁判思路为逻辑起点展开，适用侵权责任编的一般规定和机动车交通事故的特殊侵权规定。对于保险公司的医疗费的赔付范围和数额应当按照《最高人民法院关于审理人身损害赔偿案件适用法律若干问题的解释》第六条第一款规定，医疗费根据医疗机构出具的医药费、住院费等收款凭证，结合病历和诊断证明等相关证据确定，无须区别医保用药与非医保用药及个人自费部分用药。如赔偿义务人对治疗的必要性和合理性有异议，则应当承担相应的举证责任。

**编写人：广西壮族自治区马山县人民法院　蓝玉喜**

23

# 参加交通安全统筹的机动车发生交通事故后，维修费用应按损失发生时的市场价或者其他合理方式计算

## ——金某诉甲汽车公司等机动车交通事故责任案

### 【案件基本信息】

1. 裁判书字号

浙江省绍兴市中级人民法院（2023）浙 06 民终 1320 号民事裁定书

2. 案由：机动车交通事故责任纠纷

3. 当事人

原告（被上诉人）：金某

被告（上诉人）：甲汽车公司

被告：赵某、某保险公司、某运输公司

### 【基本案情】

2022 年 10 月 23 日 13 时，金某驾驶自己所有的轿车，与赵某驾驶的某运输公司所有的重型自卸货车相撞，造成金某所有的车辆损坏和金某及车上两名乘客受伤的交通事故。经过交警部门认定赵某负事故全部责任，金某无责任。事故发生后，金某的车辆经乙汽车公司定损，确定损失共计 83420 元。

另查明，赵某系某运输公司雇用的驾驶员，案涉重型自卸货车在某保险公司投保交强险，并在甲汽车公司参加了机动车第三者责任统筹。因金某与被告甲汽车公司就维修费用未能达成一致，该车尚未进行维修，一直停置于乙汽车公司。

【案件焦点】

机动车第三者责任统筹公司是否需要承担赔偿责任。

【法院裁判要旨】

浙江省嵊州市人民法院经审理认为：原告金某和被告甲汽车公司分别出具的定损单关键差异在于维修项目的报价。被告甲汽车公司提供的维修结算价，约为原告方定损价的70%，因维修尚未发生，其亦未能提供证据证明结算价的计算依据，根据举证规则，法院对该价格不予采纳，案涉车辆损失以原告提供的定损价为准。根据《最高人民法院关于审理道路交通事故损害赔偿案件适用法律若干问题的解释》第十二条规定，财产损失赔偿范围并没有包含车辆贬值损失，故对于车辆损失，应当局限于事故发生后因车辆受损所产生的直接损失，而不应包括贬值损失在内的间接的或者可能发生的损失项目。案涉小型轿车已购买近一年，且在全面维修后，能恢复车辆的使用性能，不影响车辆的使用价值，故本院不予支持原告关于车辆贬值损失费的主张。机动车第三者责任统筹，虽不属商业险范畴，但机动车参加第三者责任统筹，是交通运输中的一种安全保障机制，目的是分担责任风险。结合本案，统筹公司参加诉讼能明显减少当事人诉累，其应按照约定全面履行自己的义务，故甲汽车公司应在统筹范围内对受害人的损失承担赔偿责任。

浙江省嵊州市人民法院依照《中华人民共和国民法典》第四百九十六条第二款、第五百零九条、第一千一百六十五条、第一千一百八十四条、第一千一百九十一条、第一千二百零八条、第一千二百一十三条，《最高人民法院关于审理道路交通事故损害赔偿案件适用法律若干问题的解释》（2020年12月23日最高人民法院审判委员会通过）第十二条，《中华人民共和国民事诉讼法》第一百四十七条，《最高人民法院关于适用〈中华人民共和国民事诉讼法〉的解释》第九十条之规定，判决如下：

一、某运输公司赔付金某车辆修理费81420元，甲汽车公司在机动车第三者责任统筹限额内对上述款项承担赔偿责任，款项限于本判决发生法律效力后十日内付清；

二、驳回金某的其他诉讼请求。

甲汽车公司不服一审判决，提出上诉。后因未在指定的期限内交纳上诉费，依法按自动撤回上诉处理。

浙江省绍兴市中级人民法院裁定如下：

本案按上诉人甲汽车公司自动撤回上诉处理。

**【法官后语】**

以下主要对交通安全统筹合同的效力及赔偿责任的认定展开分析。

一、交通安全统筹的应用场景

机动车第三者责任统筹（又称交通安全统筹）是大型运输公司内部“互助”的一种形式。近年来，交通安全统筹渐渐成为部分营运车辆、运输车辆“参保”的首选，目的是减少营运成本。实践中，部分安全统筹服务公司（以下简称统筹公司）为了适应市场需求，获取更多客户，踩着法律红线，违规超越经营范围开展保险业务。

二、交通安全统筹的观点异同

关于这类交通安全统筹合同效力及赔偿责任的认定一般有三种意见，第一种意见认为，交通安全统筹合同内容系变相经营保险业务，违反法律的强制性规定，合同应当无效。参加安全统筹的自然人或法人可另案起诉追究统筹公司的缔约过失责任。第二种意见认为，交通安全统筹合同体现了双方的意思自治，属于一般的射幸合同、无名合同，自成立时生效。统筹公司应当依据合同履行赔偿责任。第三种意见系折中说，认为该合同效力应当根据具体案件分析，若交通安全统筹合同确能真实体现行业互助、提高抗风险能力，则可认定为有效，统筹公司需承担赔偿责任；倘若统筹公司仅仅以统筹之名行保险之实吸收大量金额，则属于以合法形式掩盖非法目的，应当认定为无效，统筹公司虽无须承担赔偿责任，但需另行承担由合同无效产生的缔约过失责任。

三、交通安全统筹的认定优解

实践中，对交通安全统筹的认定更趋向于第三种意见，在保护实体权益、保障程序权利的前提下，应尽可能为当事人提供一次性解决纠纷的途径。结合本案，从机动车统筹单条款中可以看出，该交通安全统筹合同特别针对渣土运输车辆、工程车辆，与本案车辆从事的运输工作有高度相关性，系真实体现行业内互助之意，并未以统筹之名开展广泛的保险业务，合同应认定有效。在明确统筹合同有效、保障各方诉讼权利的前提下，将交通事故责任纠纷与交通安全统筹合同纠纷在同案中一并处理，不仅有利于事实认定的同一性，也能有效保护被侵权人权益。但需要注意的是，交通安全统筹合同不属于保险合同，故不能适用《中华人民共和国保险法》或《最高人民法院关于审理道路交通事故损害赔偿案件适用法律若干问题的解释》第二十二条第二款的规定，由统筹公司直接向被侵权人承担赔偿责任。在审理时，需要谨慎审查合同条款，若条款约定第三人有权直接向统筹人请求赔偿，则可径直判决统筹公司向被侵权人承担赔偿责任，否则，应当由侵权人承担赔付责任，由统筹公司在统筹限额内对前述款项承担赔偿责任。

编写人：浙江省嵊州市人民法院　尉超奇　俞露婷

24

# 机动车交通事故中虚拟解剖费的责任承担

## ——吴某等诉李某等机动车交通事故责任案

【案件基本信息】

1. 裁判书字号

山东省聊城市中级人民法院（2023）鲁15民终3365号民事判决书

2. 案由：机动车交通事故责任纠纷

3. 当事人

原告（被上诉人）：吴某、张某、张某1、张某2

被告：李某、孙某

被告（上诉人）：某财产保险公司

**【基本案情】**

2022年11月21日17时24分许，原告亲属张某3驾驶电动二轮车斜穿过公路时与对行被告李某驾驶的小型轿车相撞，造成原告亲属张某3死亡及车辆损坏的道路交通事故，交警大队作出《道路交通事故认定书》，认定被告李某负事故同等责任，该车在某财产保险公司投保交强险及商业三者险100万元，事故发生在保险期间内。张某3的继承人认为本次交通事故应由李某、孙某、某财产保险公司承担赔偿责任。

另查明，张某3于1958年4月2日出生，至交通事故发生时年满64周岁。肇事车辆的车主为孙某，系李某妻子，李某具有驾驶资格。

**【案件焦点】**

1. 虚拟解剖费是否包含在丧葬费中；2. 虚拟解剖费是否由保险公司承担。

**【法院裁判要旨】**

山东省聊城市茌平区人民法院经审理认为：关于虚拟解剖收费，本院认为该费用系为查明张某3死亡原因及事故成因实际支付的费用，具有合理性，本院予以确认；关于尸体存放费及整形费，丧葬费用所包含的遗体运送费是指丧葬所必需的遗体运送，而原告方主张的运送费系为查明受害人张某3死因，确定保险事故的性质、原因和保险标的的损失程度所支付的必要的、合理的费用，应予支持。由某财产保险公司在交强险医疗责任限额下赔偿医疗费948.19元。由某财产保险公司在交强险死亡伤残责任限额项下赔偿精神抚慰金10000元，死亡赔偿金、丧葬费、交通费、虚拟解剖费用、尸体存放费用170000元。对于超出交强险死亡伤残责任限额的部分，由某财产保险公司在商业三者险范围内按照65%的比例承担死亡赔偿金、丧葬费、交通费、虚拟解剖费用、尸体存放费用，即（854162元-170000元）×65%＝444705.3元。

山东省聊城市茌平区人民法院依照《中华人民共和国民法典》第一千一百

七十九条、第一千一百八十三条、第一千二百零八条,《中华人民共和国民事诉讼法》第六十七条、第一百三十七条、第一百四十七条之规定,判决如下:

一、某财产保险公司在交强险责任限额内赔偿吴某、张某、张某1、张某2各项损失180948.19元;

二、某财产保险公司在商业三者险范围内赔偿吴某、张某、张某1、张某2各项损失444705.3元;

三、驳回吴某、张某、张某1、张某2的其他诉讼请求。

某财产保险公司不服一审判决,提起上诉。山东省聊城市中级人民法院经审理认为:一审中被上诉人提交了某殡仪服务部出具的收据,能够证实被上诉人支出停尸、运尸、整形、虚拟解剖等相关费用的事实。上述费用是被上诉人为查清因本案交通事故所造成的损失而支出的必要的费用,一审判令由上诉人某财产保险公司赔偿,并无不当。上诉人主张停尸、运尸、整形、虚拟解剖费等费用包含在丧葬费之内,没有法律依据,本院不予支持。上诉人主张虚拟解剖费为间接损失不在保险赔偿范围,但未提交证据证明,本院不予支持。交警部门对本案事故出具的《道路交通事故认定书》明确载明张某3所驾驶车辆系非机动车,本案交通事故发生在机动车与非机动车之间,被上诉人李某驾驶机动车承担事故的同等责任,一审法院酌定李某一方承担65%的赔偿责任,符合法律规定。上诉人主张其应承担50%的赔偿责任,与法律规定不符,本院不予支持。

山东省聊城市中级人民法院依照《中华人民共和国民事诉讼法》第一百七十七条第一款第一项规定,判决如下:

驳回上诉,维持原判。

**【法官后语】**

本案主要涉及交通事故案件中机动车致人死亡而产生的虚拟解剖费能否予以支持和责任承担主体问题。

在交通肇事致人伤亡的案件中,交通管理部门对事故双方责任划分以及伤亡后果严重程度的判定上需要对死亡原因进行分析。伴随着我国对虚拟解剖技术的引进、应用与发展，虚拟解剖逐渐成为很多受害人家属为了查明受害人死亡原因的首选，虚拟解剖结合了现代医学科学新技术与传统方法，已成为目前尸体解剖的重要辅助手段。传统尸体解剖是一种破坏性的检查手段，全面尸体解剖后会保留器官标本，然后火化尸体。随着尸体的灭失，某些重要证据可能就此消失，永远无法查明真相。而虚拟解剖可以对所有部位进行全面扫描，永久保留证据，还可对某一部位进行分离、重建，全面分析，从而极大地减小了法医尸体解剖的误诊率，而且虚拟解剖可以避免解剖过程中对重要证据的破坏。随着交通事故纠纷中受害人一方主张虚拟解剖费案件的逐渐增多，实践中承办法官对该费用的认定存在分歧，笔者从虚拟解剖费的本质、社会认知层面、责任归属等方面对虚拟解剖费进行如下分析：

1. 原告主张的虚拟解剖费是否应予支持。虚拟解剖是指借助医学影像技术，结合解剖学原理及技术要求，在不破坏或少破坏尸体完整性的前提下，获取体内外信息以明确死亡原因的一种无创或微创的检验手段。交通事故形成的人体损伤具有多发性、复合性等特征，损伤严重程度与交通工具接触作用的强弱有关。本案系张某3因交通事故死亡且通过尸表检查无法确定死因及死亡方式的案件，需行尸体解剖以明确死因及死亡方式。然而，家属因不愿破坏尸体完整性而不同意行尸体解剖。虽然虚拟解剖费用昂贵，但不愿破坏尸体完整性这一考虑符合社会一般常理认知，亦不属于扩大损失的情形，因此对于原告主张的虚拟解剖费应予以支持。

2. 虚拟解剖费是否包含在丧葬费中。丧葬费，是指交通事故致人死亡的，死者的法定继承人或者承担丧葬义务的人为办理丧葬事宜支出的费用。丧葬费的范围主要为安葬死者支出的必要费用，包括运尸费、火化费、购买普通骨灰盒费、一期骨灰存放费、雇请抬丧人员所支付的劳务费、必要的交通费等。因此，虚拟解剖费究其本质来看，尸检费不应包含在丧葬费中。

3. 虚拟解剖费应否由保险公司承担。根据《中华人民共和国保险法》第六十四条“保险人、被保险人为查明和确定保险事故的性质、原因和保险标的的损失程度所支付的必要的、合理的费用，由保险人承担”的规定，查明保险事故的性质、原因和保险标的的损失程度，是明确保险人承担责任的范围、划清除外责任、最终确定应该支付的保险费所必须履行的程序，是保险人理赔工作的一部分。被保险人对保险事故的性质、原因和保险标的的损失程度进行调查的必要支出应由保险人承担。具体到本案中，为确定事故受害人张某3的死亡原因所做的鉴定是必要、合理的，依据上述法律规定，该费用应由某保险公司承担。

虚拟解剖费本质仍是尸体检验的一种方式，虽然原告有义务采取积极措施将被告侵权所致损失降至最低范围，而其措施是否适当，宜以一个理性人、经济人的认识进行判断，受害人家属为了避免尸体被破坏选择采取虚拟解剖的方式符合社会常理和一般认知，因此该费用应当予以支持。被保险人为查明和确定保险事故的性质、原因和保险标的的损失程度所支出的必要的、合理的费用，应由保险人承担。

综上，在审判实践中，裁判虚拟解剖费由保险公司承担能够增强民众对司法的信任度，但笔者认为虚拟解剖费用往往价格昂贵，在承担比例上应结合交通事故性质、成因、过错程度等因素综合认定。

编写人：山东省聊城市茌平区人民法院　张鸿根

25

# 交通事故受害人在评定伤残等级后因其他原因去世，继承人按照法定年限主张残疾赔偿金应获支持

——王某1、何某1诉陈某1等机动车交通事故责任案

## 【案件基本信息】

1. 裁判书字号

北京市第三中级人民法院（2023）京03民终19930号民事判决书

2. 案由：机动车交通事故责任纠纷

3. 当事人

原告（被上诉人）：王某1、何某1

被告（被上诉人）：陈某1、王某2

被告（上诉人）：陈某2

【基本案情】

2021年7月21日，在某村路口，何某骑电动自行车由西向北行驶，陈某1驾驶小型轿车由东向西行驶，后两车接触发生交通事故，何某受伤。经交通部门认定，何某负事故主要责任，陈某1负次要责任。事发后何某之伤情经诊断为急性颈脊髓损伤等，住院治疗12天。2022年3月，何某因脊髓损伤、脊椎术后、神经病理性疼痛、神经源性肠炎、神经源性膀胱再次住院治疗。2022年7月，何某申请对其伤残程度进行鉴定，陈某1申请对何某急性颈脊髓损伤、神经源性肠炎、神经源性膀胱与交通事故之间的因果关系进行鉴定。某鉴定所对上述鉴定项目进行鉴定。2022年9月，某鉴定所出具鉴定意见为：何某重度排便功能障碍的伤残程度属于七级（致残率40%）、颈脊髓损伤行相关手术治疗的伤残程度属十级（致残率10%）；何某急性颈脊髓损伤与交通事故之间存在主要因果关系，参与度为56%~95%，神经源性肠炎与交通事故之间存在次要因果关系，参与度为16%~44%，何某神经性膀胱与交通事故之间存在次要因果关系，参与度为16%~44%。2022年11月15日，何某因胰腺癌去世。王某1系其妻子，何某1系二人之女。另查，肇事车辆登记在韩某名下，事故发生时该肇事车辆未投保机动车交通事故责任强制保险及机动车第三者责任保险。陈某1、王某2、陈某2系同村发小关系，事发当天，陈某2在外地出差，陈某1、王某2与其他伙伴一起吃饭，后因其他人均喝了酒，王某2将车钥匙交由陈某1，在陈某1驾驶期间发生交通事故。陈某2另表示，2017年其通过微信推送认识了韩某，从韩某处购买了肇事车辆，但未签订协议、未办理过户登记手续，且韩某已失联。该车辆平时停放在公共停车场，谁需要用车，告知陈某2一声即可，事发后陈某2联系修车厂将肇事车辆拉走报废，报废钱由其掌管。

【案件焦点】

1. 何某在伤残评定作出后 2 个月因癌症去世，残疾赔偿金应按照实际生存年限即 2 个月计算，还是按照法定年限即 20 年计算；2. 残疾赔偿金是否具有人身专属性，何某的法定继承人能否继承残疾赔偿金请求权。

【法院裁判要旨】

北京市密云区人民法院经审理认为：何某已去世，王某 1、何某 1 作为何某的近亲属有权请求侵权人承担侵权责任。确定机动车交通事故的损害赔偿责任主体，应以其与机动车之间是否具有运行支配关系和运行利益关系加以判定。本案中，虽然涉案车辆登记在他人名下，但依据陈某 2 自述，可以推知陈某 2 事实上对涉案车辆具有支配、管理及使用的权利。投保交强险是机动车所有人的法定义务，目的在于完成对受害人损失的基础性填补，从而在一定程度上实现保障交通安全、提高社会整体效益，本案中，涉案车辆在事发时未投保交强险，王某 1、何某 1 要求投保义务人及侵权人即陈某 2、陈某 1 在交强险限额内承担赔偿责任之诉讼请求，于法有据，予以支持。庭审中王某 2 自述其让陈某 1 开车，其有责任，其应当承担陈某 1 次要责任中的一半责任，对此一审法院不持异议，故对于超出交强险限额的部分，应由陈某 1、王某 2 按照 30% 的责任比例承担赔偿责任，陈某 1、王某 2 二人各自应承担的份额由一审法院予以核定。残疾赔偿金的性质为财产损害赔偿，从受害人定残之日即已经客观存在，不因受害人死亡而消灭，对于残疾赔偿金的计算应当采用定型化的计算方法，不因受害人劳动能力变化或者存活年限的变更而改变。残疾赔偿金请求权可以作为受害人的遗产由其近亲属继受。

北京市密云区人民法院依照《中华人民共和国民法典》第一千一百六十五条、第一千一百七十九条、第一千一百八十一条、第一千一百八十三条、第一千二百零八条、第一千二百零九条、第一千二百一十条、第一千二百一十三条，《中华人民共和国道路交通安全法》第七十六条，《最高人民法院关于审理道路交通事故损害赔偿案件适用法律若干问题的解释》第十六条之规定，判决如下：

一、陈某1、陈某2于判决生效之日起七日内，在机动车交通事故责任强制保险限额范围内赔偿王某1、何某1医疗费、精神损害抚慰金、残疾赔偿金、财产损失等共计199000元；

二、陈某1除已垫付医疗费15133.78元并支付现金9510元外，于判决生效之日起七日内赔偿王某1、何某1医疗费、住院伙食补助费、营养费、护理费、误工费、交通费、残疾赔偿金、鉴定费等损失共计2309.8元；

三、王某2于判决生效之日起七日内赔偿王某1、何某1医疗费、住院伙食补助费、营养费、护理费、误工费、交通费、残疾赔偿金、鉴定费等损失共计26953.58元；

四、驳回王某1、何某1的其他诉讼请求。

陈某2不服一审判决，提起上诉。北京市第三中级人民法院依照《中华人民共和国民事诉讼法》第一百七十七条第一款第一项规定，判决如下：

驳回上诉，维持原判。

【法官后语】

在本案的审理过程中，关于残疾赔偿金应按照何种年限计算存在以下三种观点：第一种观点认为，残疾赔偿金是对受害人劳动能力丧失而未取得的未来收入的赔偿，在受害人因自身原因死亡后，本来就不存在未来收入，残疾赔偿金的赔偿期限应与受害人生存期限相一致，故本案应当按照何某自伤残评定之日起至其死亡之日止的实际生存年限即2个月计算残疾赔偿金；第二种观点认为，何某在定残后死亡，因伤残造成的损失已经客观固定，我国法律法规对于残疾赔偿金采用的是定型化的计算标准，故应当根据法定的赔偿年限即20年计算残疾赔偿金；第三种观点认为，上述第一种、第二种计算方法均容易造成权利失衡，应当酌情按照5年至10年计算。对此，笔者同意第二种观点。

关于残疾赔偿金能否由受害人的继承人代为主张，亦存在两种观点：一种观点认为，何某定残后死亡，因伤残造成的损失已经客观存在，但是残疾赔偿金具有人身专属性，不能作为遗产由何某的继承人继承；另一种观点认为，残疾赔偿金属于财产损害赔偿，在受害人非因交通事故死亡后，可以作为遗产由其继承人继承。对此，笔者同意第二种观点，分析如下：

1. 残疾赔偿金的性质。残疾赔偿金是对受害人因伤残导致的收入减少或者生活来源丧失而给予的财产损害性质的赔偿，还是对受害人因伤残遭受精神损害而给予的精神抚慰性质的赔偿？一直以来在理论界或者审判实践中并无明确的定论。如果认定残疾赔偿金是精神损害赔偿，则具有人身专属性质，不得让与或者继承；如果认定为财产损害赔偿，则在受害人死亡后，其继承人可以依据继承原理向赔偿义务人主张残疾赔偿金请求权。《最高人民法院关于审理人身损害赔偿案件适用法律若干问题的解释》第十二条规定："残疾赔偿金根据受害人丧失劳动能力程度或者伤残等级，按照受诉法院所在地上一年度城镇居民人均可支配收入标准，自定残之日起按二十年计算。但六十周岁以上的，年龄每增加一岁减少一年；七十五周岁以上的，按五年计算。受害人因伤致残但实际收入没有减少，或者伤残等级较轻但造成职业妨害严重影响其劳动就业的，可以对残疾赔偿金作相应调整。"由此确定残疾赔偿金的性质是对赔偿权利人收入损失的赔偿。

2. 残疾赔偿金请求权的继承。残疾赔偿金的请求权，系指受害人基于人身受伤致残的事实，向赔偿义务人提出支付残疾赔偿金的请求权。残疾赔偿金请求权专属于受害人本人，其近亲属本不享有该请求权，但残疾赔偿金请求权是一种兼具人身属性和财产属性的特殊权利，其人身属性是指在受害人本人存在的前提下只能由其本人行使，即使受害人本人不存在，其财产属性也不能被抹杀，作为财产性的权利依然存在。同时将残疾赔偿金请求权纳入遗产范围，凡是依法可以转移的财产或者财产权利均可以成为继承权的客体，可列入遗产范围，由继承人继承。另外，当受害人具有法定的扶养义务时，残疾赔偿金还具有保障受害人和被扶养人的基本生活、恢复与维持一定物质消费水平的双重功能，有着特别意义。目前，被扶养人生活费名目被残疾赔偿金吸收，如果受害人评残后死亡、残疾赔偿金尚未支付、残疾赔偿金请求权又不能继承时，被扶养人的救济途径将无从解决。

3. 残疾赔偿金的计算方法。关于人身损害赔偿的计算方式存在差额计算和定型化计算两种方法。根据差额计算法，人身损害额等于侵权事故发生前后受害人的财产差额。残疾赔偿金的定型化赔偿，是受害人因损害致残、劳动能力和未来收入受到影响，根据法定的赔偿年限和标准，由义务人一次性给予赔偿的方式。我国立法对逸失利益的损害赔偿，历来采取定型化赔偿的方法，将残疾赔偿金视同劳动能力的减少，也就是说受害人劳动能力的丧失即为损害，不管受害人受害前是否有收入，只要有劳动能力，不管受害人实际生存年限是多少，侵权人均应当赔偿。

残疾赔偿金是法律给予受害人一种预期利益的保护，是一个拟制的数额，残疾赔偿金的具体数额在伤残等级评定之日即已被固定下来，如果以诉讼中受害人实际生存年限作为伤残赔偿金的计算标准，那么有些侵权人可能会想尽一切办法拖延诉讼，恶意阻碍诉讼程序的推进，对于受害人权益的保护非常不利。

综上，对于伤残评定作出后，受害人因其他原因死亡的，其继承人依照法定年限主张残疾赔偿金的，应获得支持。

编写人：北京市密云区人民法院　栗茜

26

# 一审法庭辩论结束后受害人死亡不应成为减少赔偿金的理由[①]

## ——田某等诉朱某、某保险公司机动车交通事故责任案

**【案件基本信息】**

1. 裁判书字号

湖北省宜昌市中级人民法院（2023）鄂 05 民再 12 号民事判决书

① 入库案例，参见人民法院案例库 2023-16-2-374-007。

2. 案由：机动车交通事故责任纠纷

3. 当事人

原告（被申请人）：田某、蔡某1、蔡某2、蔡某3

被告（再审申请人）：朱某、某保险公司

【基本案情】

2021年7月22日7时37分许，朱某驾驶小型轿车与行驶方向右侧路边站立的蔡某某相撞，造成蔡某某受伤的交通事故，经交通警察大队现场勘查，认定朱某承担全部责任，蔡某某无责任。经某司法鉴定所鉴定，蔡某某外伤造成特重型颅脑损伤，术后遗留持续性植物生存状态，残疾等级为一级。蔡某某家属诉至湖北省宜昌市夷陵区人民法院，请求判令朱某及某保险公司赔偿经济损失140万余元。2022年4月22日，该院判决朱某、某保险公司向蔡某某赔偿110万余元，其中，后续治疗费，根据鉴定意见支持伤后2年；生存期护理费，鉴于蔡某某处于特重型颅脑损伤后持续性植物生存状态，对鉴定后生存期护理费暂支持5年。朱某及某保险公司在履行完原生效判决后发现，蔡某某已于原审判决作出前一日死亡，遂以出现"新的证据"为由，向湖北省宜昌市中级人民法院申请再审，请求返还后续治疗费、生存期护理费共计22万余元。

【案件焦点】

一审法庭辩论结束后受害人死亡，受害人家属应否返还原审判决支持的后续治疗费与生存期护理费。

【法院裁判要旨】

湖北省宜昌市中级人民法院经审理认为：受害人蔡某某此时死亡，其家属无须向朱某、某保险公司退还后续治疗费、生存期护理费22万余元。

首先，从后续治疗费、生存期护理费的价值功能和法律标准来看，其具有补偿性和预判性。后续治疗费，是指对损伤经治疗后体征固定而遗留功能障碍并且需要再次治疗或者是伤情还没有恢复需要进行二次治疗所需的医疗费用，需要结合损伤程度、治疗情况、医学水平等因素进行综合考量、评估、预判，是一个动态、反复给付的过程。生存期护理费，是一种潜在的、尚未发生的损害，须依受害人生存年限确定，具有不确定性与难预测性的特点。原审法院支持受害人蔡某某伤后后续 2 年内治疗费、5 年生存期护理费，具有补偿性、预判性。

其次，从民事诉讼程序的构造来看，“法庭辩论结束前”应为事实认定的节点。民事诉讼程序的构造、安排有其自身的逻辑性、科学性和合理性，无论是诉讼当事人还是审判组织都必须遵守民事诉讼的原理和规则。民事诉讼中关于法律事实的审查和认定也有其时间范围，即以法庭辩论终结前为基准，当事人的权利、义务随之被确定，一般不得再就此进行争执，否则，诉讼活动将无法正常、有序、公平开展。对此，《中华人民共和国民事诉讼法》也有相关规定，从维护裁判的稳定性、权威性、公正性出发，受害人蔡某某在原审法庭辩论结束后、原审裁判文书作出前一日死亡，不应成为衡量原审判决对错的标准。

最后，从法、理、情的有机统一角度来看，应尊重人民群众朴素的公平正义观。按照一般公众认知，死亡系比受伤更为严重的结果，若因受害人蔡某某死亡，再审法院支持朱某、某保险公司的再审请求，判决受害人蔡某某的继承人田某等返还 22 万余元，则违法行为人因受害人死亡反而减轻了赔偿责任，这有违民法的公平、诚信、公序良俗原则，有违社会主义核心价值观中“诚信友善”的公民价值准则，不符合法、理、情的有机统一。

综上所述，朱某、某保险公司的再审请求不能成立。原审判决认定事实清楚，适用法律正确，应予维持。

湖北省宜昌市中级人民法院依照《中华人民共和国民事诉讼法》（2021 年修正）第二百一十四条第一款、第一百七十七条第一款第一项规定，判决如下：

维持湖北省宜昌市夷陵区人民法院（2022）鄂 0506 民初 595 号民事判决。

【法官后语】

司法裁判过程已不再是与法条做简单比对的过程，而是蕴含着科学理性裁判思维和多元复杂裁判方法的过程，新型、复杂、疑难案件尤其如此。如果再审法院机械适用法条，因受害人在原审裁判文书作出前一日死亡而认定原审诉讼中原告主体资格存在问题，进而裁定程序违法并发回重审，将导致原审诉讼请求变更、赔偿项目调整，最终造成赔偿金严重“缩水”。

《最高人民法院关于适用〈中华人民共和国民事诉讼法〉的解释》第二百三十二条规定：“在案件受理后，法庭辩论结束前，原告增加诉讼请求，被告提出反诉，第三人提出与本案有关的诉讼请求，可以合并审理的，人民法院应当合并审理。”该立法精神也在诸多司法解释中有所体现，《最高人民法院关于审理侵犯商业秘密民事案件适用法律若干问题的规定》第二十七条第一款规定：“权利人应当在一审法庭辩论结束前明确所主张的商业秘密具体内容。仅能明确部分的，人民法院对该明确的部分进行审理。”《最高人民法院关于适用〈中华人民共和国民法典〉有关担保制度的解释》第四十九条第一款规定：“以违法的建筑物抵押的，抵押合同无效，但是一审法庭辩论终结前已经办理合法手续的除外。”《最高人民法院关于适用〈中华人民共和国公司法〉若干问题的规定（四）》第三条第二款规定：“一审法庭辩论终结前，其他有原告资格的人以相同的诉讼请求申请参加前款规定诉讼的，可以列为共同原告。”可见，“法庭辩论结束前”是一个事实认定的判断节点，这一立法精神散见于诸多法律法规之中。

本案中，损失是一个连续、不间断发生的过程，从维护受害人权益的角度出发，很难做到等待损失不再发生、赔偿范围确定后再行提起诉讼。以“法庭辩论结束前”作为节点，将此节点前出现的证据作为认定事实的基础，将此节点前提出的诉求作为审理案件的范围，结束证据不断变化、事实难以认定，导致无法形成裁判基础的局面。通过综合考量法庭辩论结束前受害人伤情状况、恢复能力、年龄、医疗水平等各种因素，进而对受害人的后续治疗费和生存期护理费进行科学预判、理性分析，以形成相应数额的定型化赔偿，既符合当事人利益，也体现了法、理、情的统一。故，不能以“法庭辩论结束后”既定事实的变化来衡量定型化赔偿数额的准确性和客观性，否则，此种赔偿将无标准，亦无确定性、稳定性。

**编写人：湖北省宜昌市中级人民法院　车志平　皮慧**

27

# 侵权人在交通肇事罪中承担刑事责任后是否还承担精神损害抚慰金

## ——刘甲等诉刘乙、某保险公司机动车交通事故责任案

### 【案件基本信息】

1. 裁判书字号

重庆市第一中级人民法院（2023）渝 01 民终 6124 号民事判决书

2. 案由：机动车交通事故责任纠纷

3. 当事人

原告（被上诉人）：刘甲、文甲、文乙、文丙、黄某某

被告（被上诉人）：刘乙

被告（上诉人）：某保险公司

### 【基本案情】

2022 年 4 月 13 日，刘乙驾驶小型普通客车在道路上超速行驶，遇经在人行横道线横过道路的行人文丁时未停车让行，致使小型普通客车车头与文丁相撞，后驶上道路中心隔离带，造成文丁受伤送医院经救治无效后死亡，车辆及中心隔离绿植受损的道路交通事故。经《道路交通事故认定书》认定，此次交通事故是刘乙一方的过错造成，其应承担事故的全部责任，行人文丁没有过错，不承担责任。

事故发生后，刘乙总计垫付 97213.57 元，包括医疗费、丧葬费等。某保险公司支付了医疗费 18000 元，并支付 180000 元给刘甲。

刘甲等人起诉要求刘乙及某保险公司共同赔偿死亡赔偿金、医疗费、精神

损害抚慰金、丧葬费等共计 1548084.59 元。一审法院判决，某保险公司支付刘甲等人 1209806 元，包括法院酌情确定的精神损害抚慰金 50000 元。

二审期间，某保险公司新提交了刑事判决书复印件、银行转账电子回单打印件等证据，旨在证明刘乙已在刑事诉讼中自愿赔付被害人文丁家属精神损害抚慰金 50000 元，因此一审法院不应就同一事实和赔偿项目重复判决。

据此，二审法院补充查明以下事实：关于检察院指控刘乙犯交通肇事罪一案，一审法院已于 2022 年 12 月 30 日作出（2022）渝 0109 刑初××号刑事判决书，判决：被告人刘乙犯交通肇事罪，判处有期徒刑一年，缓刑一年。该刑事判决书在“经审理查明”部分所描述的交通事故与本案所涉交通事故是同一事故。该刑事判决书在“经审理查明”部分还载明：刘乙驾驶的小型普通客车投保了机动车交强险及 200 万元商业三者险，赔偿尚在通过民事诉讼解决，刘乙自愿在民事赔偿范围之外另行支付给被害人亲属抚慰金 50000 元，此款项已缴纳至一审法院账户，一审法院已经通知被害人亲属领取。另查明，刘乙于 2022 年 12 月 14 日向一审法院转账 50000 元。转账附言载明：自愿赔付被害人文丁家属抚慰金。刘乙亦认可前述 50000 元是其自愿在民事赔偿范围之外另行支付给被害人亲属的款项。同时，各方当事人均认可，刘乙在刑事诉讼中向被害人亲属支付的 50000 元，并不包含在本案一审查明的刘乙在案涉交通事故中已垫付的 97213.57 元款项之内。

**【案件焦点】**

刘乙已在交通肇事罪刑事诉讼中自愿赔付被害人家属精神损害抚慰金 50000 元，那么，某保险公司在本案民事诉讼中还应否赔偿刘甲等人精神损害抚慰金。

**【法院裁判要旨】**

重庆市北碚区人民法院经审理认为：本案中，机动车发生交通事故造成损害，先由某保险公司在强制保险责任限额范围内予以赔偿，不足部分则按照商业保险合同的约定予以赔偿，仍有不足则由刘乙赔偿。对于精神损害抚慰金，酌情确定为50000元。

重庆市北碚区人民法院依据《中华人民共和国民法典》第一千一百七十九条、第一千二百零八条、第一千二百一十三条，《最高人民法院关于审理道路交通事故损害赔偿案件适用法律若干问题的解释》第十三条，《中华人民共和国民事诉讼法》第六十七条、第一百四十五条之规定，判决如下：

一、由某保险公司于本判决生效之日起十日内支付刘甲、文甲、文乙、文丙、黄某某赔偿款1209806元；

二、驳回刘甲、文甲、文乙、文丙、黄某某的其他诉讼请求。

某保险公司不服一审判决，提起上诉。重庆市第一中级人民法院经审理认为：刘乙在交通肇事罪刑事案件审理期间，向被害人亲属支付的抚慰金50000元，系其自愿在民事赔偿范围之外另行支付的款项，不影响刘甲等人在本案机动车交通事故责任民事纠纷中提起要求赔偿精神损害抚慰金的主张。刘乙因犯交通肇事罪，已被追究了刑事责任。综合分析《最高人民法院关于适用〈中华人民共和国刑事诉讼法〉的解释》第一百七十五条第二款及第一百九十二条第三款规定可知，虽然因受到犯罪侵犯提起附带民事诉讼或者单独提起民事诉讼要求赔偿精神损失的，人民法院一般不予受理，但对驾驶机动车致人伤亡或者造成公私财产重大损失，构成犯罪的情形作出了特别规定，即依照《中华人民共和国道路交通安全法》第七十六条的规定确定赔偿责任。该条明确，机动车发生交通事故造成人身伤亡、财产损失的，由保险公司在机动车第三者责任强制保险责任限额范围内予以赔偿。其赔偿损失范围既包括物质损失，也包括精神损失。此外，保险公司承担责任是基于保险合同关系以及法律上的强制性规定，其赔偿目的主要是损失填补。因此，无论被保险人是否构成交通肇事罪，均不影响保险公司在交强险死亡伤残赔偿责任限额内对受害人进行精神损害赔偿。

重庆市第一中级人民法院依照《中华人民共和国民事诉讼法》第一百七十七条第一款第一项规定，判决如下：

驳回上诉，维持原判。

**【法官后语】**

实践中对于侵权人在交通肇事罪中承担刑事责任后是否还在机动车交通事故责任纠纷民事诉讼中承担精神损害抚慰金存在争议。

首先，关于受害人亲属在民事诉讼中是否有权提出精神损害抚慰金诉请的问题，主要有两种观点。

一种观点认为，受害人亲属无权提出精神损害抚慰金诉请。《中华人民共和国刑事诉讼法》第一百零一条第一款规定："被害人由于被告人的犯罪行为而遭受物质损失的，在刑事诉讼过程中，有权提起附带民事诉讼。被害人死亡或者丧失行为能力的，被害人的法定代理人、近亲属有权提起附带民事诉讼。"而2021年施行的《最高人民法院关于适用〈中华人民共和国刑事诉讼法〉的解释》第一百七十五条明确规定："被害人因人身权利受到犯罪侵犯或者财物被犯罪分子毁坏而遭受物质损失的，有权在刑事诉讼过程中提起附带民事诉讼；被害人死亡或者丧失行为能力的，其法定代理人、近亲属有权提起附带民事诉讼。因受到犯罪侵犯，提起附带民事诉讼或者单独提起民事诉讼要求赔偿精神损失的，人民法院一般不予受理。"由上述法律及司法解释规定可知，被害人或其近亲属提起刑事附带民事诉讼主张的损失范围仅限于物质损失，为保持在民事诉讼中损失赔偿范围的一致性，被害人或其近亲属在民事诉讼中主张的损失范围亦应限定于物质损失，而不包括精神损失。且《最高人民法院关于适用〈中华人民共和国刑事诉讼法〉的解释》第一百七十五条第二款已明确，对于因受到犯罪侵犯，单独提起民事诉讼要求赔偿精神损失的，人民法院一般不予受理，可将该"单独提起"理解为"另行提起"，即受害人亲属提出的精神损害抚慰金诉请，并非人民法院审理范围。

另一种观点认为，受害人亲属有权提出精神损害抚慰金诉请。《中华人民共和国民法典》第一百八十七条规定："民事主体因同一行为应当承担民事责任、行政责任和刑事责任的，承担行政责任或者刑事责任不影响承担民事责任；民事主体的财产不足以支付的，优先用于承担民事责任。"上述规定明确刑事责任与民事责任各自独立，不能以刑事责任的承担来替代民事责任。同时，

《最高人民法院关于适用〈中华人民共和国刑事诉讼法〉的解释》第一百七十五条第二款从语义分析可作不同于第一种观点的理解，即只要被害人亲属并非提起刑事附带民事诉讼，亦非仅就精神损失单独提起民事诉讼，也即被害人亲属在另行提起的民事诉讼中除要求赔偿精神损失外，还要求赔偿其他因犯罪行为造成的损失的，就不属于上述司法解释规定的情形。即便侵权人在交通肇事罪中已承担刑事责任，受害人亲属在另行提起民事诉讼中仍可混合其他损失赔偿诉请，提出精神损害抚慰金诉请。

笔者倾向于第二种观点。2021年施行的《最高人民法院关于适用〈中华人民共和国刑事诉讼法〉的解释》第一百七十五条第二款在2012年版的基础上，将“人民法院不予受理”调整为“人民法院一般不予受理”，以更好地适应司法实践的复杂情况。为更好地保障受害人亲属的合法权益，对于该条款的理解应作宽泛解释，结合《中华人民共和国民法典》第一百八十七条的规定，对于侵权人民事责任的承担应与刑事责任相互独立，且民事责任优先，故应允许受害人亲属在另行提起的民事诉讼中提出精神损害抚慰金诉请。至于刑事附带民事诉讼中受害人亲属仅能提起物质损失赔偿诉请的问题，可视为为提高诉讼效率而作出的一种利益妥协和放弃。

其次，关于侵权人在交通肇事罪中承担刑事责任后，是否还能在机动车交通事故责任纠纷民事诉讼中支持受害人亲属的精神损害抚慰金诉请的问题。对此，存在两种观点。

一种观点认为，不予支持。其主要理由为：侵权人在交通肇事罪中已承担刑事责任，此系最重的责任承担方式，对侵权人的惩戒程度最为严厉，侵权人很可能因此丧失人身自由，在承担刑事责任的过程中，侵权人已受到充分的否定评价和谴责，并由国家强制机关予以制裁，侵权人已为其行为付出相应代价，对受害人亲属而言，其因亲人遭受犯罪侵犯而产生的精神痛苦，已可通过该种方式得到慰藉，故在民事诉讼中可不支持受害人亲属的精神损害抚慰金诉请。

另一种观点认为，应予支持。其主要理由为：虽然《最高人民法院关于适用〈中华人民共和国刑事诉讼法〉的解释》第一百七十五条第二款规定，“因受到犯罪侵犯，提起附带民事诉讼或者单独提起民事诉讼要求赔偿精神损失的，人民法院一般不予受理”，但该法第一百九十二条第三款对驾驶机动车致人伤亡或者造成公私财产重大损失，构成犯罪的情形，作了特别规定：“驾驶机动车致人伤亡或者造成公私财产重大损失，构成犯罪的，依照《中华人民共和国道路交通安全法》第七十六条的规定确定赔偿责任。”《中华人民共和国道路交通安全法》第七十六条则规定：“机动车发生交通事故造成人身伤亡、财产损失的，由保险公司在机动车第三者责任强制保险责任限额范围内予以赔偿；不足的部分，按照下列规定承担赔偿责任：（一）机动车之间发生交通事故的，由有过错的一方承担赔偿责任；双方都有过错的，按照各自过错的比例分担责任……”同时，《最高人民法院关于审理道路交通事故损害赔偿案件适用法律若干问题的解释》第十一条规定：“道路交通安全法第七十六条规定的‘人身伤亡’，是指机动车发生交通事故侵害被侵权人的生命权、身体权、健康权等人身权益所造成的损害，包括民法典第一千一百七十九条和第一千一百八十三条规定的各项损害。道路交通安全法第七十六条规定的‘财产损失’，是指因机动车发生交通事故侵害被侵权人的财产权益所造成的损失。”《中华人民共和国民法典》第一千一百八十三条第一款规定：“侵害自然人人身权益造成严重精神损害的，被侵权人有权请求精神损害赔偿。”因此，保险公司在交强险责任限额内，对机动车交通事故造成的人身伤亡、财产损失进行赔偿是法定责任，而这里的损失既包括物质损失，也包括精神损失。对于赔偿不足的部分，可按照《中华人民共和国道路交通安全法》第七十六条的规定由侵权人进行相应赔偿。综上，对于受害人亲属的精神损害抚慰金诉请，在依一般民事诉讼符合支持条件的情况下，应予支持，而不能因侵权人在交通肇事罪中已承担刑事责任而有所区别。

笔者倾向于第二种观点，本案裁判即采取该认定思路。从另一种角度考量，若侵权人未构成交通肇事罪，则依照一般机动车交通事故责任纠纷的审理程序，受害人亲属有权提出精神损害抚慰金诉请并可能获得支持，而在侵权人构成交通肇事罪须承担刑事责任的情况下，即侵权人行为已造成了严重的危害后果，对受害人亲属可能造成了更严重的心理创伤，此时若不对精神损害抚慰金诉请予以适度支持，则从情感和常理上都难以让人接受。

最后，虽然交强险的赔付基础需要有机动车交通事故的侵权事实，但保险公司与投保人或者受益人之间的法律关系并不是侵权关系，保险公司并不是侵权人或加害人，保险公司承担责任是基于保险合同关系以及法律上的强制性规定，其赔付责任独立于投保人的法定责任。此外，设立交强险制度的首要目的是让受害人得到及时赔偿，保险公司的赔偿义务并不以被保险人的侵权责任为前提，而是更为重视对受害人的损失进行填补，并不在于为被保险人分散责任风险。因此无论被保险人是否构成交通肇事罪，均不影响保险公司在交强险死亡伤残赔偿责任限额内对受害人进行精神损害赔偿。

编写人：重庆市第一中级人民法院　向川　李俊冰
重庆自由贸易试验区人民法院　李云梦

28

# 人身损害案件中经营利益损失赔偿认定

## ——滕某诉高某、某财产保险公司机动车交通事故责任案

**【案件基本信息】**

1. 裁判书字号

北京市第二中级人民法院（2023）京 02 民终 2040 号民事判决书

2. 案由：机动车交通事故责任纠纷

3. 当事人

原告（上诉人）：滕某

被告（被上诉人）：高某、某财产保险公司

【基本案情】

2021年11月17日，滕某驾驶电动车行驶时，与高某驾驶的小客车发生碰撞，导致滕某受伤。经交管部门认定，高某承担事故的全部责任，滕某无责任。一审中，滕某提交了医疗费、护理费等相关证据。一审法院经过审理，对有相关凭据的医疗费和护理费进行了认定，同时综合滕某的伤情、就医以及恢复状况，对交通费、营养费、精神损害抚慰金进行酌定。就误工费一节，滕某主张其受伤导致服装积压，所有服装无法按季节卖出，存在经营利益损失，要求赔偿。同时滕某主张按照其每月平均利润35000元的标准计算误工费，按照5个月计算，共计175000元。就其上述主张，滕某提交了租赁协议、进货单据、账单作为证据，主张货物积压损失33537.5元。高某及某财产保险公司对上述证据的关联性不予认可。

一审法院认为滕某主张的货物积压损失，因未提交充分证据证明其损失及关联性，故不予支持。对于误工费，酌定按照每月5000元，5个月误工期计算，共计误工费25000元。

滕某不服一审法院对误工费的认定数额，在二审期间提交其所在某商贸公司出具的《证明》，内容为滕某所经营的服装摊位日均营业额约2500元。法院根据滕某提交的调查申请，对其所在的市场进行调查，确认滕某二审提交的《证明》确系其所在的某商贸公司出具。

【案件焦点】

1. 人身损害案件中，经营利益损失是否在赔偿范围之内；2. 经营利益损失的证明责任应当如何分配以及证明标准应当如何认定；3. 经营利益损失如何计算。

【法院裁判要旨】

北京市东城区人民法院经审理认为：滕某主张的货物积压损失，因未提交充分证据证明其损失及关联性，故不予支持。对于误工费，酌定按照每月5000元，5个月误工期计算，共计误工费25000元。

北京市东城区人民法院依照《中华人民共和国民法典》第一百二十条、《中华人民共和国道路交通安全法》第七十六条之规定，判决如下：

一、某财产保险公司于判决生效之日起十日内赔偿滕某医疗费 6615.37 元、护理费 10990 元、误工费 25000 元、交通费 500 元、营养费 2000 元、精神抚慰金 2000 元；

二、驳回滕某的其他诉讼请求。

滕某不服一审法院对误工费的认定数额，在二审期间提交其所在某商贸公司出具的《证明》，内容为滕某所经营的服装摊位日均营业额约 2500 元。二审法院根据滕某提交的调查申请，对其所在的市场进行调查，确认滕某二审提交的《证明》确系其所在的某商贸公司出具，事故发生之后，滕某已经在该市场另租摊位经营。北京市第二中级人民法院经审理认为：第一，滕某从事服装贸易行业，根据日常生活经验，该行业存在极强的时令性，季节服装一旦错过售卖时令，就只能降价出售，势必会造成经营利润的损失。滕某一审已经提交了进货单等证据，该证据能够充分证明滕某存在大量积压货物。滕某提交的医疗诊断证明书等证据也能证明其因伤情，有 5 个月左右不能从事服装贸易。上述证明能够充分证明滕某的经营损失和涉案交通事故之间存在因果关系，属于交通事故责任的赔偿范围。一审法院认定滕某就货物积压损失未提交充分证据证明其损失和关联性，该证明标准设置过高，对此予以纠正。第二，由于积压的服装货物并没有灭失，通过打折等方式仍然能够出售，滕某依旧能够挽回一定损失。因滕某并未就其打折销售积压货物等情况提交相应证据，故具体的经营利益损失由法院酌定。二审法院综合考虑滕某的治疗期、护理期、恢复期以及摊位租金等情况，酌定滕某经营利益损失为 80000 元。第三，因滕某的经营利益损失属于间接损失的范畴，高某和某财产保险公司的保险合同中明确约定间接损失不属于某财产保险公司保险责任赔偿范围，在某财产保险公司对该条款已尽到充分说明义务的情况下，滕某的经营利益损失由高某承担。

北京市第二中级人民法院依照《中华人民共和国民法典》第一百二十条、《中华人民共和国道路交通安全法》第七十六条及《中华人民共和国民事诉讼法》第一百七十七条第一款第二项规定，判决如下：

一、维持北京市东城区人民法院（2022）京0101民初13819号民事判决第一项；

二、撤销北京市东城区人民法院（2022）京0101民初13819号民事判决第二项；

三、高某于判决生效之日起十日内，赔偿滕某经营损失80000元；

四、驳回滕某的其他诉讼请求。

## 【法官后语】

一、经营利益损失是否应当在人身损害纠纷案件中赔偿

经营利益损失属于可得利益的一种。在道路交通安全事故纠纷中通常指“生产经营者劳动能力丧失或减少之损害”[①]。具有以下特点：（1）未来性。经营利益损失属于未来利益，在人身损害发生时，生产经营者并不实际享有该利益，而是需要通过一定的付出才能获得该利益。（2）可期待性。按照生产经营的经验，其预期可获得的利益。（3）相对确定性。生产经营者为实现经营利益付出了一定努力且具备获得利益的基本条件。

因经营利益具有上述三大特点，故笔者认为其应当在人身损害纠纷案件中获得赔偿。主要有两点理由：第一，经营利益损失属于侵权法上的损害。根据《中华人民共和国民法典》第一千一百六十五条之规定，行为人因过错侵害他人民事权益造成损害的，应当承担侵权责任。在涉案事故不发生时，受害人是可以得到这种利益的。对受害人来说，经营利益损失和直接财产损失只是存在形式上的不同，二者都是加害行为所造成的不利后果，与涉案事故的发生具有因果关系，属于侵权法中的损害赔偿范畴。第二，我国相关立法没有排除经营利益获得赔偿。《中华人民共和国民法典》第一千一百七十九条规定，侵害他人造成人身损害的，应当赔偿医疗费、护理费、交通费、营养费、住院伙食补助费等为治疗和康复而支出的合理费用，以及因误工减少的收入。造成残疾的，

---

① 曾世雄：《损害赔偿法原理》，中国政法大学出版社2001年版，第157页。

还应当赔偿辅助器具费和残疾赔偿金；造成死亡的，还应当赔偿丧葬费和死亡赔偿金。上述条文详细列举了人身损害赔偿案件中的赔偿种类，其中不乏可得利益损失，如误工费、伤残赔偿金、死亡赔偿金，并制定了定型化的赔偿标准。有关规范并没有将经营利益排除在保护范围之外。相关的司法解释还规定要对停运损失①、侵害商业秘密造成的可得利益损失②进行赔偿，这说明我国侵权法领域关于可得利益损失的保护正在逐渐完善，司法实践应当将经营利益纳入赔偿范围之内。

二、经营利益损失的证明标准

与违约不同，侵权事故发生具有偶然性。为保障交易安全，违约责任的受害人在交易的前后会尽可能保存与交易相关的凭证。但人身损害纠纷案件中的受害人很难预料到会天降横祸，如本案中滕某在刚刚买入一批季节服装之后，很难预料到会发生交通事故导致货物积压。对于一些直接损失，如医疗费、护理费，可以通过提交相应的单据予以证明。但是对于经营利益损失，由于事故发生突然，受害人很难提供充分证据证明经营利益损失以及该损失与交通事故之间的因果关系，因此不宜设定过高的证明标准，法官应综合间接证明、经验法则作出自由心证认定因果关系或自由裁量赔偿额，以克服经营利益损失的举证困境，为受害人提供救济。

具体而言，笔者认为应当证明以下内容：一是取得经营利益收入的基础，如投入一定资金，购进货物等，证明受害人为获得经营利益已经投入一定的财

① 《最高人民法院关于审理道路交通事故损害赔偿案件适用法律若干问题的解释》第十二条规定："因道路交通事故造成下列财产损失，当事人请求侵权人赔偿的，人民法院应予支持：（一）维修被损坏车辆所支出的费用、车辆所载物品的损失、车辆施救费用；（二）因车辆灭失或者无法修复，为购买交通事故发生时与被损坏车辆价值相当的车辆重置费用；（三）依法从事货物运输、旅客运输等经营性活动的车辆，因无法从事相应经营活动所产生的合理停运损失；（四）非经营性车辆因无法继续使用，所产生的通常替代性交通工具的合理费用。"

② 《最高人民法院关于审理侵犯商业秘密民事案件适用法律若干问题的规定》第十九条第一款规定："因侵权行为导致商业秘密为公众所知悉的，人民法院依法确定赔偿数额时，可以考虑商业秘密的商业价值。"

力和物力；二是经营利益的取得具有一定的确定性。一般而言，如果经营利益产生于受害人长期而稳定的劳动，那么认定经营利益损失存在的可能性就越大。如果受害人主张的经营利益是建立在市场行情等不确定因素之上的，如涨价损失，由于不具备确定性，故无法获得法院支持；三是受害人在事故发生之前的收益记录。受害人在事故发生之前的收益记录能够直观反映经营损失与涉案事故之间的因果关系，也能从过去的收益记录推断出在事故没有发生时通常可以获得的利润。需要注意的是，收益记录应当以财务报表、纳税证明等证据为准，以真实的交易金额为基础。本案中，滕某提交的其摊位所在商场出具的《证明》，尽管经过法院现场调查，确系该商场出具，但因根据日常生活经验，商场作为场地提供者，无法具体知悉滕某的经营利益，故该证据并不具有较强的证明力。法院最终还是通过事故发生前的交易记录来认定滕某的损失。

三、经营利益损失的计算方式

在多数案件中，法院会按照《最高人民法院关于审理人身损害赔偿案件适用法律若干问题的解释》第二十条之规定，受害人不能举证证明其最近三年的平均收入的，可以参照受诉法院所在地相同或者相应行业上一年度职工的平均工资计算。

笔者认为，应当以“合理确定性”作为确定经营利益损失的原则。所谓合理确定性，就是根据受害人的正常经营能够获得的利益，该收益是合理的、确定的、稳定的。同时还应当适用减损规则，在事故发生后，受害人有义务在自己的能力范围内采取合理措施防止经营利益损失的扩大，否则不得就扩大的损失获得赔偿。

关于经营利益损失的具体计算方式，应当采用差额法进行计算，即以事故尚未发生时的正常经营收益，减去事故发生后的实际经营收益。其中的差额即为经营利益损失。考虑到侵权责任中的“填平原则”，侵权责任的宗旨在于弥补受害人的损失，而不是使其获益，此种计算方式不应考虑市场波动变化，在市场价格上涨时，受害人无权主张上涨的差价。

编写人：北京市第二中级人民法院　欧阳艺　纯宋光

29

# 事故发生时受害人已超法定退休年龄，应否支持其被扶养人生活费

## ——刘某诉某保险公司等机动车交通事故责任案

### 【案件基本信息】

1. 裁判书字号

广东省揭阳市中级人民法院（2023）粤52民终68号民事判决书

2. 案由：机动车交通事故责任纠纷

3. 当事人

原告（被上诉人）：刘某

被告（上诉人）：某保险公司、杨某、某混凝土公司

### 【基本案情】

2022年1月15日8时许，杨某驾驶货车与正推行二轮自行车的刘某（1950年7月出生）发生碰撞，造成刘某受伤及自行车损坏的交通事故。经交警部门认定，杨某负事故的主要责任，刘某负次要责任。事故发生后，刘某被送往医院治疗。涉案货车登记车主为某混凝土公司，车辆由某保险公司承保。经法院委托鉴定：刘某构成十级伤残。刘某与其妻生育儿子刘某甲（1981年10月出生，精神类一级伤残）。

### 【案件焦点】

1. 事故发生时受害人已超法定退休年龄，若有被扶养人，应否支持其被扶养人生活费；2. 扶养年限如何确定。

【法院裁判要旨】

广东省普宁市人民法院经审理认为：关于被扶养人生活费的问题。我国现行法律并没有明确规定将事故受害人的年龄作为判断其应否承担被扶养人生活费的标准。本案刘某的儿子刘某甲为精神类一级伤残，属于“丧失劳动能力又无其他生活来源”的成年子女，刘某系刘某甲的法定监护人。在某保险公司未能提供任何有效证据证明刘某受伤前已丧失劳动能力和刘某甲有其他生活来源而无须刘某进行扶养的情况下，认定刘某与其妻确需共同扶养无劳动能力的儿子刘某甲，刘某主张被扶养人生活费合理合法。综合考虑被扶养人的实际生活情况、生活能力、是否有其他扶养人以及刘某发生事故时的年龄、劳动能力等实际情况，刘某主张的扶养年限 20 年明显过长，参照残疾赔偿金的赔偿年限，确定扶养年限为 8 年，按受诉法院上一年度城镇居民人均生活消费支出标准 36621 元/年计算被扶养人生活费：36621 元/年×8 年×10%÷2 人＝14648. 4 元。

广东省普宁市人民法院依照《中华人民共和国民法典》第一千一百七十九条、第一千一百八十三条、第一千二百一十三条，《最高人民法院关于审理道路交通事故损害赔偿案件适用法律若干问题的解释》第十三条，《最高人民法院关于审理人身损害赔偿案件适用法律若干问题的解释》第六条、第八条、第九条、第十条、第十一条、第十二条、第十六条、第十七条，《中华人民共和国民事诉讼法》第一百四十七条，《最高人民法院关于适用〈中华人民共和国民事诉讼法〉的解释》第九十条之规定，判决如下：

一、某保险公司应于判决生效之日起十日内在交强险与商业三者险责任限额内赔偿刘某 91221. 09 元；

二、驳回刘某的其他诉讼请求。

某保险公司不服一审判决，提起上诉。广东省揭阳市中级人民法院依照《中华人民共和国民事诉讼法》第一百七十七条第一款第一项之规定，判决如下：

驳回上诉，维持原判。

**【法官后语】**

司法实践中，关于被扶养人生活费的认定和计算仍存在疑难问题，如扶养人的认定、适格被扶养人、扶养年限的确定、受害人扶养系数的计算、扶养费的起算时间等。针对本案的争议焦点，笔者作出如下分析：

一、关于判断事故受害人应否承担被扶养人生活费的标准的问题

这涉及两个方面问题：一是适格被扶养人的认定；二是扶养人的司法认定。

1. 关于适格被扶养人的认定。被扶养人的认定包括认定被扶养人的范围和认定被扶养人已经丧失劳动能力又无其他生活来源。关于被扶养人的范围，《最高人民法院关于审理人身损害赔偿案件适用法律若干问题的解释》（以下简称《人身损害赔偿解释》）第十七条规定的被扶养人包括两类：一是受害人依法应当承担扶养义务的未成年人；二是受害人丧失劳动能力又无其他生活来源的成年近亲属。根据《中华人民共和国民法典》第一千零六十七条的规定，不能独立生活的成年子女亦享有要求父母给付扶养费的权利。实务中，未成年人一般视为没有劳动能力，对此并无异议，成年人作为受害人的被扶养人必须是丧失劳动能力，从语义上理解就是现在而并非将来或包括将来丧失劳动能力。而适格成年被扶养人的认定需同时满足以下两个条件：一是受害人丧失劳动能力；二是被扶养人丧失劳动能力又无其他生活来源。首先，我国现行法律对劳动能力的起止年龄并未明确规定。劳动能力丧失与否可根据年龄节点或劳动能力鉴定结论来确定。实务中，作为受害人的成年近亲属，若男性年满60周岁、女性年满55周岁，则一般被视为已经丧失劳动能力。对于未达法定退休年龄的成年近亲属，若主张被扶养人生活费，则需要证明已经丧失劳动能力，司法实践中法院往往要求当事人提供劳动能力鉴定结论、伤残鉴定报告、医学证明或民政部门出具的证明等证据。对于上述各类证据，其证明效力如何，实践中应区分情形予以认定。本案刘某提供残疾人证证明刘某甲为精神类一级伤残，按照《残疾人残疾分类和分级》（GB/T 26341—2010）以及《特困人员认定办法》的规定，应当视刘某甲为完全丧失劳动能力。其次，关于“无其他生活来源”的认定。“其他生活来源”是指除了扶养人的扶养之外的生活来源。对于

“无其他生活来源”的考量标准，实务中往往由法官行使自由裁量权予以认定。当事人提供当地居委会或村委会出具的相关证明材料予以证明，法院往往予以支持。而对于受害人的成年近亲属领取低保、社会养老保险费等少量收入，该收入尚未达到所在地区上一年度城镇居民人均消费性支出标准，对该收入是否列为认定被扶养人应当考量的因素，或在计算被扶养人生活费时予以扣减，仍存在争议。笔者认为，目前领取低保、社会养老保险标准明显不高，我国法律法规、司法解释并未明确规定对享有低保、社保待遇的人员即不应作为被扶养人支持其被扶养人生活费，故，对该收入不应列为认定被扶养人的考量因素，也不应从被扶养人生活费中予以相应扣减。

2. 关于扶养人的司法认定。如上所述，司法实践中通过对退休年龄与有无劳动能力作技术性的关联，即男性年满60周岁、女性年满55周岁，一般被视为已经丧失劳动能力。对于受害人事故发生时超过上述年龄节点，若有被扶养人，应否支持其被扶养人生活费的问题，实践中存在不同看法：一种观点认为，受害人在事故发生时已超过法定的退休年龄，应视为已经丧失劳动能力，已不具备对成年近亲属进行抚养的能力，故不应支持其被扶养人生活费；另一种观点认为，即使推定没有劳动能力，如果受害人有证据证明其受伤前实际仍然在劳动，凭劳动获得收入，并有实际需要扶养的被扶养人，此时受害人因伤致残，那么就可支持其被扶养人生活费。笔者认同第二种观点，理由如下：

理论上认为《人身损害赔偿解释》对被扶养人生活费的认定采用的是“劳动能力丧失说”，即认为被扶养人生活费赔偿的是受害人的收入损失。司法实践中通过对退休年龄与有无劳动能力作技术性的关联，但此种认定丧失劳动能力方式本身系一种法律拟制，并不代表人一旦过了上述年龄就确定无疑地丧失劳动能力。实际上，过了上述退休年龄仍以自己的劳动获得收入的人大量存在，没有超过退休年龄就已经丧失劳动能力的人亦不少。应该说，司法经验形成的此种法律拟制，提升了人身损害赔偿案件审理的可操作性。但在个别疑难案件中，仍不能忽略个案中受害人本人及家庭情况的差异，法官有必要通过法益衡量以实现实质理性正义，从而在裁判目标上兼顾“正确的裁判”与“可接受的裁判"。在法律未作明确规定情况下，从受害人角度分析，即使受害人按照上述年龄节点被推定没有劳动能力，但如果受害人能够举证证明事故发生前实际仍然在劳动，凭劳动获得收入，并确有实际扶养被扶养人，此时受害人因伤致残，就应认定受害人为扶养人，被扶养人生活费应视为因伤致残受害人的收入损失的一部分，可支持其适格的成年被扶养人的生活费。当然，对该类特殊情况应当严格进行证据认定。

本案中，刘某甲为精神类一级伤残，应当视为完全丧失劳动能力，刘某系刘某甲的法定监护人，需承担扶养义务。虽然事故发生时刘某已满72周岁，但在某保险公司未能提供任何有效证据证明刘某受伤前已丧失劳动能力和刘某甲有其他生活来源而无须刘某实际抚养的情况下，综合本案刘某甲为精神类一级伤残的实际情况，予以支持刘某的被扶养人生活费。

二、关于扶养年限的确定

如上所述，对该类特殊情况应当严格进行证据认定，扶养年限上亦需从严掌握。根据《人身损害赔偿解释》的精神，在法律尚未细化明晰情况下，扶养年限的确定宜以受害人年龄80周岁为上限，并综合考虑被扶养人的年龄、健康状况予以酌定。如若受害人已超过80周岁，则扶养年限要综合考虑日常生活经验法则、扶养人、被扶养人的健康状况等实际情况进行确定，如酌定三年或五年，之后如果被扶养人仍然需要扶养，则可再行主张。

本案中，刘某主张的抚养年限20年明显过长，参照残疾赔偿金的赔偿年限，酌定抚养年限为8年。

编写人：广东省揭阳市中级人民法院　郑宋玲

30

# 停工留薪期工资和误工费可以获得双赔

## ——高某诉付某等机动车交通事故责任案

**【案件基本信息】**

1. 裁判书字号

山东省济南市中级人民法院（2023）鲁01民终9275号民事判决书

2. 案由：机动车交通事故责任纠纷

3. 当事人

原告（被上诉人）：高某

被告（上诉人）：某交运公司、某客运公司

被告（被上诉人）：某保险公司

被告：付某

**【基本案情】**

2021年12月24日，付某驾驶某客运公司所有的车辆发生单方交通事故，造成乘车人高某等受伤。《道路交通事故认定书》认定，付某承担事故全部责任，高某等无责任。鉴定意见载明：高某伤后误工时间为270日。付某与某客运公司存在劳动关系，某客运公司系某交运公司的分公司（无独立法人资格）。某客运公司承担高某所在单位职工通勤班车业务，事故发生在付某执行工作任务时。高某因案涉事故受伤已被认定为工伤，停工留薪期为2021年12月24日至2022年12月23日。依据高某在2022年1月至9月的银行工资流水，其误工期间每日工资应为261.43元。

**【案件焦点】**

被侵权人在机动车交通事故中受伤，同时构成工伤，被侵权人在获得停工留薪期工资的情况下，能否要求侵权人承担相应的侵权责任及支付误工费。

**【法院裁判要旨】**

山东省商河县人民法院经审理认为：某客运公司虽辩称“原告的工资一直由某油运公司发放，受伤后并未受到收入损失”，但经查，高某在事故发生后其工资卡银行流水中未见工资收入，某客运公司也未能提交证据证明其答辩意见。此外，即使高某有因工伤保险待遇取得的收入，该收入也系由劳动关系所得的赔偿，与本案侵权所得的赔偿非同一法律关系，故对于某客运公司的该答辩意见不予支持。但高某未证明其补贴发放明细单中的收入不计入其银行工资流水收入。故，根据高某 2021 年工资流水金额认定高某日误工费为 422.6 元。根据鉴定意见，认定高某误工费为 114102 元（422.6 元×270 日）。

山东省商河县人民法院依照《中华人民共和国民法典》第七十四条第二款、第一千一百六十五条第一款、第一千一百七十九条、第一千一百八十三条、第一千一百九十一条、第一千二百一十三条，《中华人民共和国民事诉讼法》第六十七条第一款、第一百四十七条，《最高人民法院关于审理人身损害赔偿案件适用法律若干问题的解释》第六条至第十二条、第十七条之规定，判决如下：

一、某保险公司于判决生效之日起十日内赔偿高某残疾赔偿金 50000 元；

二、某客运公司于判决生效之日起十日内以其管理的财产为限赔偿高某住院伙食补助费 1800 元、营养费 3000 元、后续治疗费 13000 元、精神损害抚慰金 1200 元、残疾赔偿金 71237.68 元、误工费 114102 元、护理费 11513.04 元、交通费 500 元、鉴定费 3080 元，合计 219432.72 元；

三、某客运公司管理的财产不足以履行判决规定的赔偿责任时，由某交运公司负担剩余赔偿责任；

四、驳回高某的其他诉讼请求。

某交运公司、某客运公司不服一审判决，提起上诉。山东省济南市中级人民法院经审理认为：《最高人民法院关于审理人身损害赔偿案件适用法律若干问题的解释》第三条第二款规定，因用人单位以外的第三人侵权造成劳动者人身损害，赔偿权利人请求第三人承担民事赔偿责任的，人民法院应予支持。误工费是指受害人遭受人身侵害导致无法工作期间实际减少的收入。停工留薪期工资是指职工因事故伤害需要暂停工作接受医疗时所享受的工资福利待遇，是工伤保险待遇的组成部分。两者权利性质、责任主体均不相同。劳动者因他人侵权造成人身损害，同时构成工伤，无论劳动者是否实际取得停工留薪工资，都不能免除侵权人在责任范围内赔偿误工费的责任。本案中，根据某市人力资源和社会保障局出具的认定工伤决定书可以确定，高某因涉案交通事故遭受的损害已依法认定为工伤。依据鉴定意见记载，高某误工期限为 270 日，故高某的误工费为 70586.1 元。

山东省济南市中级人民法院依照《中华人民共和国民事诉讼法》第一百七十七条第一款第二项规定，判决如下：

一、维持山东省商河县人民法院（2023）鲁 0126 民初 2108 号民事判决第一、三项；

二、撤销山东省商河县人民法院（2023）鲁 0126 民初 2108 号民事判决第二、四项及案件受理费负担部分；

三、某客运公司于判决生效之日起十日内以其管理的财产为限赔偿高某住院伙食补助费 1800 元、营养费 3000 元、后续治疗费 13000 元、精神损害抚慰金 1200 元、残疾赔偿金 71237.68 元、误工费 70586.1 元、护理费 11513.04 元、交通费 500 元、鉴定费 3080 元，合计 175916.82 元；

四、驳回高某的其他诉讼请求。

**【法官后语】**

本案系机动车交通事故责任纠纷，被侵权人在机动车交通事故中受伤，同时构成工伤，被侵权人在获得停工留薪期工资的情况下，能否要求侵权人承担相应的侵权责任，支付误工费，实务界对此存在争议：一种观点认为，停工留薪期工资和误工费分属不同法律关系，性质不同，停工留薪期工资属于工伤保险待遇，误工费属于人身损失赔偿。除医疗费外，现行法律并未禁止工伤职工同时享受工伤保险待遇和人身损害赔偿，即停工留薪期工资与误工费可以获得双赔；另一种观点认为，若被侵权人在机动车交通事故责任纠纷中获得了误工费赔偿，现又主张用人单位支付停工留薪期工资，则法院应当从填平原则角度出发，就高不就低，判令用人单位支付停工留薪期工资与误工费之间的差额。

本案例采纳上述第一种观点。《最高人民法院关于审理工伤保险行政案件若干问题的规定》第八条第三款规定，职工因第三人的原因导致工伤，社会保险经办机构以职工或者其近亲属已经对第三人提起民事诉讼为由，拒绝支付工伤保险待遇的，人民法院不予支持，但第三人已经支付的医疗费用除外。《第八次全国法院民事商事审判工作会议（民事部分）纪要》第二节第九条规定，“被侵权人有权获得工伤保险待遇或者其他社会保险待遇的，侵权人的侵权责任不因受害人获得社会保险而减轻或者免除。根据社会保险法第三十条和四十二条的规定，被侵权人有权请求工伤保险基金或者其他社会保险支付工伤保险待遇或者其他保险待遇。”第十条规定，用人单位未依法缴纳工伤保险费，劳动者因第三人侵权造成人身损害并构成工伤，侵权人已经赔偿的，劳动者有权请求用人单位支付除医疗费之外的工伤保险待遇。用人单位先行支付工伤保险待遇的，可以就医疗费用在第三人应承担的赔偿责任范围内向其追偿。通过上述规定可以得出，除医疗费外，被侵权人既有权获得工伤保险待遇，也可以要求侵权人承担侵权责任。

具体到误工费和停工留薪期工资中，误工费是指被侵权人遭受人身侵害导致无法工作期间实际减少的收入，停工留薪期工资是指职工因事故伤害需要暂停工作接受医疗时所享受的工资福利待遇，是工伤保险待遇的组成部分。两者权利性质、责任主体均不相同。被侵权人因侵权人造成人身损害，同时构成工伤，无论被侵权人是否实际取得停工留薪工资，都不能免除侵权人在责任范围内赔偿误工费的责任。工伤保险制度设立的目的不仅在于补偿受害人，也是为分散用人单位的用工风险，与侵权责任不存在冲突。当受害人履行职务行为时因交通事故受伤，侵权人的侵权责任不能因受害人获得工伤保险的给付而减轻或免除。故，被侵权人所在单位按照《工伤保险条例》支付被侵权人停工留薪期工资，不影响侵权人赔偿被侵权人误工费。被侵权人有固定收入的，误工费按照实际减少的收入计算。

此外，关于误工费可参照停工留薪期工资的标准进行认定。《最高人民法院关于审理人身损害赔偿案件适用法律若干问题的解释》第七条第一款规定，误工费根据受害人的误工时间和收入状况确定。本案中，一审法院参照高某受伤前一年的工资认定高某的误工费不符合上述规定，高某所在单位提供的高某停工留薪期工资流水可以作为认定其误工费标准的参考。

编写人：山东省济南市中级人民法院　陈勇　申艺

*31*

# 替代性交通工具合理费用的认定规则

## ——张某诉万某等机动车交通事故责任案

**【案件基本信息】**

1. 裁判书字号

江苏省无锡市惠山区人民法院（2023）苏 0206 民再 5 号民事判决书

2. 案由：机动车交通事故责任纠纷

3. 当事人

原告（被申请人）：张某

被告（再审申请人）：万某、龚某、某保险公司

**【基本案情】**

2021 年 10 月 20 日，万某驾驶龚某所有的小型轿车在银行门口倒车时，碰擦到张某所有的停放在停车位上的 S 牌小型轿车，造成两车轻微损坏的交通事

故，事发后万某离开现场。万某称发生事故时下着雨，其并没有感觉到事故发生，停车后就离开事故现场；交警联系其后，第一时间去处理了事故。经交警部门认定，万某负该事故全部责任，张某无责任。万某系龚某允许的驾驶人，该车在某保险公司处投保交强险与商业三者险200万元，事故发生在保险期间内。某保险公司对商业险免赔条款部分进行加粗、加黑提示，龚某签署的投保单也明确某保险公司已经对免赔条款进行说明告知。

万某于2021年11月20日签收张某向其邮寄的车辆评估鉴定告知函。告知函载明，因万某拒绝赔偿，车辆不能维修，现每日产生替代性交通费150元。为及时止损，通知你方在接到通知函后七日内与张某协商赔偿，逾期张某将委托评估机构在2021年11月29日对车辆损失进行评估。2021年11月29日前日，张某将车辆送至某汽车服务公司，某汽车服务公司配合第三方某鉴定评估公司拆检，某鉴定评估公司依据检测情况确认损坏项目，并于2021年12月10日出具评估报告，载明车辆损失金额为12500元，张某为此向某鉴定评估公司支付评估费2200元。后，某汽车服务公司按照张某要求，依照某鉴定评估公司明确的损坏项目及价格对车辆进行维修，截至2021年12月20日车辆修复完毕，产生维修费12500元。

另查明，2021年10月21日，某汽车服务公司与张某签订维修代步车租用协议，约定某汽车服务公司提供B牌代步车租赁给张某使用，期限至张某送修的车辆修复，张某付清修理费提车为止，按150元/日收取车辆使用费。2022年2月8日，某汽车服务公司向张某开具金额为9000元的替代性交通工具费发票。张某陈述9000元费用自事故发生时开始计算，计算至2021年12月20日。

再审中，万某、龚某主张事故发生后，张某所有的事故车辆仍在继续使用，并提供了物业调取的该车辆的进出记录，记载了自2021年10月25日至12月20日，该车辆共进出小区33次，其中2021年11月20日至12月20日进出共计18次。张某对车辆进出记录的内容无异议，其主张使用事故车辆系为了提取代步车，但其未能对代步车的行驶路线、使用频次等情况提供证据佐证。

【案件焦点】

张某主张的替代性交通工具的费用应如何认定。

【法院裁判要旨】

江苏省无锡市惠山区人民法院经审理认为：万某驾驶车辆与张某所有的车辆发生交通事故，由万某承担事故全部责任，故张某所有的车辆的相关损失应当由侵权人万某进行赔偿。因万某驾驶车辆已经在某保险公司处投保交强险及商业三者险，故相应损失应当由某保险公司予以赔偿。张某主张的维修费及评估费共计 14700 元，于法有据，本院予以支持，该费用应由某保险公司承担。

交通事故造成的非经营性车辆无法继续使用，所产生的通常替代性交通工具的合理费用，当事人请求侵权人赔偿的，人民法院应予支持。张某所有的车辆因案涉事故受损维修，其有权主张替代性交通工具的相关费用。本案中，虽然车辆在 2021 年 10 月 20 日发生交通事故，但是张某直到 2021 年 11 月 20 日才向万某送达评估鉴定告知函，要求万某配合车辆损失评估。在某鉴定评估公司出具评估报告后，车辆由某汽车服务公司进行维修，直至 2021 年 12 月 20 日维修完毕。本院认为张某未能及时通知对方对车辆进行定损导致损失扩大，故对于损失扩大部分的替代性交通工具费用应当由张某自行承担。本院确定替代性交通工具费的期间自 2021 年 11 月 20 日起计算至 12 月 20 日止，金额按照 150 元/日计算，即替代性交通工具费金额为 4650 元。因替代性交通工具费属于商业险约定的免赔事项，龚某投保时已知晓，故相应损失应当由实际侵权人万某进行赔偿。

江苏省无锡市惠山区人民法院依照《中华人民共和国民法典》第一千二百一十三条，《中华人民共和国道路交通安全法》第七十六条，《最高人民法院关于审理道路交通事故损害赔偿案件适用法律若干问题的解释》第十二条第四项，《中华人民共和国民事诉讼法》第六十七条第一项、第一百四十七条之规定，判决如下：

一、某保险公司应于本判决发生法律效力后十日内赔偿张某 14700 元；

二、万某应于本判决发生法律效力后十日内赔偿张某 4650 元；

三、驳回张某其他的诉讼请求。

万某、龚某不服一审判决，向江苏省无锡市惠山区人民法院申请再审。江苏省无锡市惠山区人民法院经审理认为：根据再审查明的新事实，在确定替代性交通工具费用的具体数额时应当遵循诚实信用、公平公正的原则，所支出的费用必须是必要的、合理的。本案中，张某虽然主张赔偿替代性交通工具费计9000元，并且提供了代步车租赁协议、发票等证据，但在上述租赁期内，事故车辆仍在频繁继续使用，而张某对此所作的解释明显不符合常理，且对于替代性交通工具的行驶路线、使用频次等具体情况亦不能提供证据证明，故对其主张赔偿数额9000元的合理性难以认定。综合考虑本次交通事故车辆轻微损坏程度、车辆等级、一般用途、拆检评估、维修时间等因素，本院酌定支持张某替代性交通工具费1800元（12日×150元/日＝1800元），原审认定4650元明显过高，再审应予以纠正。

江苏省无锡市惠山区人民法院依照《中华人民共和国民法典》第一千二百一十三条，《中华人民共和国道路交通安全法》第七十六条，《最高人民法院关于审理道路交通事故损害赔偿案件适用法律若干问题的解释》第十二条第四项，《中华人民共和国民事诉讼法》第六十七条第一项，《最高人民法院关于适用〈中华人民共和国民事诉讼法〉的解释》第四百零五条、第四百二十四条第一款之规定，判决如下：

一、维持本院（2022）苏0206民初260号民事判决第一项、第三项；

二、撤销本院（2022）苏0206民初260号民事判决第二项；

三、万某应于本判决发生法律效力后十日内赔偿张某1800元。

**【法官后语】**

《最高人民法院关于审理道路交通事故损害赔偿案件适用法律若干问题的解释》第十二条规定：“因道路交通事故造成下列财产损失，当事人请求侵权人赔偿的，人民法院应予支持……（四）非经营性车辆因无法继续使用，所产生的通常替代性交通工具的合理费用。”在交通事故发生后，被侵权人对替代性交通工具的选择通常具有较大的随意性，替代性交通工具支出的金额也存在高低悬殊的情况，在审判实践中如何确定合理费用的标准，是本案中值得探讨的问题。

一、替代性交通工具的界定

发生交通事故时，非经营性车辆因事故受损，被侵权人在日常生活中没有交通工具可以使用。此时乘坐公共交通工具、打车、租车等都属于被侵权人可以选择的替代性交通工具。

二、替代性交通工具费用的合理范围的确定

对替代性交通工具的选择应当遵循合理、必要的原则。那么如何衡量合理、必要呢？应当从使用替代性交通工具的时间和费用标准两个方面进行考量。

1. 使用替代性交通工具的时间认定。首先，车辆因交通事故受损后无法使用，车辆维修期间应属于合理的期限。但是否从发生交通事故直至车辆完全修理完毕均属于合理期间，应当根据车辆损坏程度、送修的及时性等情况综合判断。本案中，张某主张的替代性交通工具的使用时间为发生交通事故之日起至车辆实际修理完毕之日止。但是根据查明事实可知，张某在发生事故后一个月才通知侵权人要求其配合对受损车辆进行鉴定，本院认为张某未能及时通知对方对受损车辆进行定损导致损失扩大，对于损失扩大部分的替代性交通工具费用应当由张某自行承担，本院确定替代性交通工具费用的期间为车辆实际修理的期间。

其次，案件审理中，被侵权人通常会向法院提交其签订的租车协议、付款记录、发票等证据以证明其产生的替代性交通工具费用。但是如有证据证明其在上述期限内，仍在使用受损车辆，那么应该由被侵权人作出合理解释，并由其进一步提供替代性交通工具实际使用情况的相应证据。本案中，受损车辆在张某主张的修理期间出现多次进出小区的记录，张某未能对此作出合理解释，亦未能对其主张的替代性交通工具的行驶路线、使用频次等提供证据佐证，故张某实际使用受损车辆的期间应视为无须替代性交通工具，相应的费用亦不应予以支持。

2. 替代性交通工具的费用标准认定。非经营车辆一般是私家车，用于上下班通勤、接送家人等，故替代性交通工具费用产生的目的应为满足日常代步需要。公共交通和打车一般被认为是合理的替代性交通工具；如因受损车辆维修时间长，被侵权人使用车辆需求高，也可以选择租车。但租赁车辆应根据事故受损车辆本身的价值大小和一般使用用途等来确定通常替代性交通工具，租赁高档车辆用于代步并不符合合理的要求。故，通常替代性交通工具只要能达到受损车辆使用目的的基本要求即可，不一定要达到同等档次甚至高于原档次。

综上，被侵权人在选择替代性交通工具时，应以诚实信用原则为基础，遵循必要性、合理性原则。法院在确定替代性交通工具费用时，既要重视对权利人合法权益的保护，又要秉持诚实及恪守必要的判断。法院应当结合受损车辆合理的维修期间、受损车辆本身的价值大小、通常的用途以及使用频率等情况综合判断，确定赔偿的金额，对于被侵权人主张其支付的明显过高的费用，不属于通常替代性交通工具的费用，不应得到全部的支持。

编写人：江苏省无锡市惠山区人民法院　朱佳莉　邵明舟

32

# 通过辅助生殖技术怀孕后因交通事故流产的，侵权人应赔偿前期辅助生殖费用①

## ——杨某诉罗某等机动车交通事故责任案

**【案件基本信息】**

1. 裁判书字号

重庆市第五中级人民法院（2023）渝05民终6558号民事判决书

2. 案由：机动车交通事故责任纠纷

① 入库案例，参见人民法院案例库2024-07-2-374-002。

3. 当事人

原告（上诉人）：杨某

被告（被上诉人）：罗某、邬某、唐某、甲保险公司、乙保险公司、丙保险公司等

【基本案情】

2022年4月30日23时20分许，罗某驾驶一小型普通客车与沈某驾驶的小型普通客车发生追尾碰撞，并推动该车撞击前方由刘某驾驶的小型普通客车，造成三车不同程度受损，沈某驾驶的小型普通客车上的孕妇乘车人杨某受伤的道路交通事故。公安机关作出《道路交通事故认定书》，认定罗某承担本次事故的全部责任，沈某、刘某不承担本次事故的责任。2022年4月30日23时21分，唐某驾驶一小型普通客车，途经上述事故路段时，与前方已经发生事故的、由罗某驾驶的车辆发生追尾碰撞，然后推动该车撞击前方由沈某驾驶的车辆及刘某驾驶的车辆，造成唐某驾驶的车辆、罗某驾驶的车辆受损，沈某驾驶车辆上孕妇乘车人杨某受伤，以及唐某及乘车人陈某与方某受伤的道路交通事故。公安机关作出《道路交通事故认定书》，认定唐某承担本次事故的全部责任，罗某不承担本次事故的责任。后，杨某经医院诊断为流产，并于2022年5月6日接受了人工流产手术。杨某认为系前述交通事故导致其流产，诉至法院，要求罗某、邬某、唐某、甲保险公司、乙保险公司等承担侵权责任，支付治疗费用46898.92元、护理费6000元（200元/日×30日）、交通费3000元、营养费3000元、误工费7438元（30日）、精神损害抚慰金120000元，共计186336.92元。另查明，杨某自2021年5月开始进行试管婴儿人工辅助生殖技术受孕，于2022年3月受孕成功。

【案件焦点】

通过辅助生殖技术怀孕的杨某因交通事故流产，侵权人罗某是否应当赔偿杨某前期为怀孕所支付的辅助生殖费用。

【法院裁判要旨】

重庆市渝中区人民法院经审理认为：杨某作为通过试管婴儿辅助生殖技术受孕的孕妇，正处于胚胎发育的关键时期，难以承受本案交通事故中的两次撞击，结合本案证据，可以认定杨某胚胎停育流产与本案交通事故存在高度盖然性的因果关系。被告抗辩杨某胚胎停育流产系其自身因素所致，但并未举示充分的证据予以证明。即便杨某自身存在一定的影响胚胎正常发育的体质因素，但杨某作为交通事故的受害人没有过错，其自身疾病状况对损害后果的影响不属于可以减轻侵权人责任的法定情形，侵权人应按其过错大小承担赔偿责任，保险公司亦应在保险合同范围内承担相应的保险理赔责任。罗某驾驶的车辆两次撞击杨某所乘坐的车辆导致杨某胚胎停育流产，在第一次撞击中，罗某承担事故的全部责任，第二次撞击中，唐某承担事故的全部责任，两次撞击共同导致杨某胚胎停育流产的损害后果，且两次撞击的原因力大小无法区分，难以确定责任大小，罗某、唐某应当平均承担责任。

关于杨某请求的各项费用，一审法院认为，医疗费、护理费、营养费、误工费、交通费等可以结合本案证据予以支持。至于杨某主张的人工辅助生殖受孕相关费用系间接损失，且该受孕最终能否成功尚存在不确定性，不宜将相关费用纳入本案医疗费损失范围。关于精神损害抚慰金，杨某与沈某婚后无子女，杨某与沈某通过试管婴儿辅助生殖技术受孕，因本次交通事故终止妊娠，在精神、身体上遭受了极大痛苦，亦对本人健康及再次受孕产生影响，虽然杨某本人未构成伤残，但根据本案的实体情况，酌情认定为20000元。

重庆市渝中区人民法院依照《中华人民共和国民法典》第一千一百六十五条、第一千一百七十二条、第一千一百七十九条、第一千一百八十三条、第一千二百零九条，《中华人民共和国保险法》第六十五条，《中华人民共和国道路交通安全法》第七十六条第一款，《最高人民法院关于审理道路交通损害案件适用法律若干问题的解释》第十条，《最高人民法院关于审理人身损害赔偿案件适用法律若干问题的解释》第六条、第七条、第八条、第九条、第十一条，《中华人民共和国民事诉讼法》第六十七条、第一百四十五条、第一百四十七条，《最高人民法院关于适用〈中华人民共和国民事诉讼法〉的解释》第九十条之规定，判决如下：

一、甲保险公司于本判决生效后十日内向原告杨某支付13798.28元；

二、乙保险公司于本判决生效后十日内向原告杨某支付13798.28元；

三、丙保险公司于本判决生效后十日内向原告杨某支付1379.83元；

四、驳回杨某的其他诉讼请求。

杨某不服一审判决，提起上诉。重庆市第五中级人民法院经审理认为：杨某因案涉交通事故导致流产，要求罗某、邬某、唐某、甲保险公司、乙保险公司、丙保险公司等赔偿其此次怀孕所支付的人工辅助生殖费用的请求应予支持。损害赔偿应当遵循完全赔偿或损害填平原则。《中华人民共和国民法典》第一千一百七十九条所列举的一般赔偿范围内的赔偿项目仅是几种比较典型的费用支出，实践中并不仅限于这些赔偿项目，只要是因为治疗和康复所支出的所有合理费用，都可以纳入一般赔偿的范围。因此，杨某关于人工辅助生殖费用的请求应否得到支持，关键在于关联性与合理性的审查认定。如果没有本次交通事故的发生，则杨某支付的人工辅助生殖费用不会落空，故该项费用落空作为杨某遭受的财产损害，与案涉交通事故存在关联性。违反道路交通安全规范的行为人，自然应当预计其可能对其他交通参与者造成人身、财产损害。杨某系案涉交通事故导致流产，致使前期支出的人工辅助生殖费用落空，属于财产损害且具备关联性与合理性，其要求侵权人赔付该项费用的请求应予支持。综上所述，杨某的上诉理由部分成立，故对其上诉请求合理部分予以支持，根据二审中新查明的案件事实对一审判决予以改判。

重庆市第五中级人民法院依照《中华人民共和国民事诉讼法》第一百七十七条第一款第二项的规定，判决如下：

一、撤销重庆市渝中区人民法院（2022）渝0103民初28579号民事判决；

二、甲保险公司于本判决生效之日起十日内赔偿杨某34668.51元；

三、乙保险公司于本判决生效之日起十日内赔偿杨某33658.62元；

四、丙保险公司于本判决生效之日起十日内赔偿杨某2961.9元；

五、唐某于本判决生效之日起十日内赔偿杨某 1009.89 元；

六、驳回杨某的其他诉讼请求。

**【法官后语】**

本案系侵权责任纠纷，涉及当事人已经支付的辅助生殖费用是否纳入赔偿范围，具体情形是：交通事故中，侵权人的侵权行为导致通过辅助生殖技术怀孕的孕妇流产，流产孕妇向侵权人主张赔偿前期辅助生殖技术费用的，人民法院应否支持？对此，《中华人民共和国民法典》第一千一百七十九条规定，侵害他人造成人身损害的，应当赔偿医疗费、护理费等为治疗和康复支出的合理费用，以及因误工减少的收入，造成残疾或死亡的，还应当赔偿相应的赔偿金。可见，法律和司法解释对于侵权行为发生前，被侵权人已经支付的费用，具体到本案中是已经支付的辅助生殖费用是否应当纳入赔偿范围，未作具体规定，实践中亦存在不同认识。

本案生效裁判认为，侵权行为导致通过辅助生殖技术怀孕的孕妇流产，应当赔偿该孕妇前期支付的辅助生殖费用。对此，下文分别从前期辅助生殖费用是否系交通事故造成的损失，以及该费用的支出是否合理两个方面进行分析。

一、交通事故导致流产孕妇支付的前期辅助生殖费用落空，系财产损失

有观点认为，对于侵权行为发生前已经支付的费用，不应当纳入被侵权人所受损失的范畴，因为即使没有发生侵权行为，被侵权人仍然会支出这笔费用。也就是说侵权行为与前期已支付费用之间不存在因果关系。实际上，侵权行为导致该行为发生前支付相关费用之期待目的无法实现的，属于费用落空，落空的费用亦应当纳入被侵权人财产损失的范畴。费用落空较早被运用于违约领域，近年来也逐步迁移到侵权领域。将落空的费用纳入财产损害的范围，主要是基于“理性人”的考虑，行为人之所以愿意支付某项费用，大多是因为其认为该笔支出所获得的收益超过了支出本身，或者至少与支出持平。若违约或者侵权导致该笔费用支出的目的归于无效，则该笔费用的支出就应当属于财产损害的范畴。

就本案而言，即使没有本次交通事故的发生，杨某仍需支出该费用，但案

涉交通事故的发生，导致其流产，其前期为孕育子女进行人工辅助生殖所支付的费用均失去意义、归于无效。故，其已支出的人工辅助生殖费用与案涉交通事故存在关联性，属于该事故给其造成的财产损失。

二、案涉前期辅助生殖费用具有合理性，侵权人应予赔偿

按照《中华人民共和国民法典》第一千一百八十四条规定，财产损失的计算需以合理性作为其计算标准，即按照损失发生时的市场价格或者其他合理方式计算。旨在避免赔偿数额过高或者过低，以平衡侵权人和被侵权人之间的利益关系。例如，当受到损害的财产价格波动较大时，为了使被侵权人获得充分救济，法官就可以其他合理方式确定损失。

本案中，前期辅助生殖费用系被侵权人采用人工助孕技术而发生，为 4 万余元，在交通事故发生时，这一费用的市场价格确实难以确定，而且没有证据表明费用总额不符合当前医疗机构开展人工助孕的实际存在过高的问题，因此案涉前期辅助费用具有合理性，侵权人应当予以赔偿。

编写人：重庆市第五中级人民法院　陈璐　王旺旺　刘琴琴

33

# 顺风车乘客死亡，要求人身意外险赔偿与驾驶员侵权损害赔偿不构成重复主张

## ——徐某等诉王某等机动车交通事故责任案

【案件基本信息】

1. 裁判书字号

山东省济南市中级人民法院（2024）鲁 01 民终 1533 号民事判决书

2. 案由：机动车交通事故责任纠纷

3. 当事人

原告（被上诉人）：徐某、陈某甲、陈某乙、陈某丙

被告：韩某、刘某、乙保险公司、丙保险公司

被告（被上诉人）：某科技公司、甲保险公司

被告（上诉人）：王某

【基本案情】

2023年8月25日16时17分许，王某驾驶顺风车与韩某驾驶的车辆发生交通事故，韩某的车辆又与刘某驾驶的车辆碰撞，致使王某顺风车乘客陈某丁死亡。交通警察大队出具《道路交通事故认定书》，认定王某承担事故全部责任，韩某、刘某无责任。王某驾驶的机动车在甲保险公司投保了车上人员险，韩某驾驶的车辆在乙保险公司投保了交强险，刘某驾驶车辆在丙保险公司投保了交强险，事故发生在保险期间内。

事故发生后，陈某丁的近亲属徐某、陈某甲、陈某乙、陈某丙向法院提起诉讼，开庭前，为顺风车订单生成驾乘意外险的丁保险公司与陈某丁的近亲属徐某、陈某甲、陈某乙、陈某丙达成和解，并于2023年11月27日赔付了120万元的意外身故赔偿款。本次事故造成的医疗费、丧葬费、死亡赔偿金、精神损害抚慰金等各项损失共计883415.18元。

【案件焦点】

顺风车驾乘人员意外险赔偿后，顺风车驾驶员是否仍应承担侵权损害责任。

【法院裁判要旨】

山东省济南市济阳区人民法院经审理认为：人身保险是以人的寿命和身体为保险标的的保险，责任保险是指以被保险人对第三者依法应负的赔偿责任为保险标的的保险。丁保险公司出行人员意外险以车辆的驾驶员、乘客的生命或身体为保险标的，而未约定以驾驶员应负的赔偿责任为保险标的。故，该保险属于人身保险，而非责任保险。根据《中华人民共和国保险法》第四十六条的

规定，被保险人因第三者的行为发生保险事故的，保险人向被保险人或者受益人给付保险金后，被保险人或受益人仍有权向第三者请求赔偿。王某作为第三者侵权人应负的赔偿责任，并不因受害人已获得保险金而免除。某科技公司在顺风车订单的生成及履行中与驾驶员、乘客之间形成居间合同关系，不存在过错，不应承担责任。受害人的损害后果与韩某的驾驶行为具有法律上的因果关系，与刘某的驾驶行为没有法律上的因果关系，乙保险公司应当在交强险无责限额内承担赔偿责任，丙保险公司不应在交强险无责限额内承担赔偿责任。综上，徐某等损失应由乙保险公司在交强险无责限额内优先赔付，不足部分由王某承担赔偿责任。

山东省济南市济阳区人民法院依照《中华人民共和国民法典》第一千零二条等规定，判决如下：

一、乙保险公司在交强险限额内赔偿徐某、陈某甲、陈某乙、陈某丙医疗费 1800 元、死亡赔偿金 18000 元；

二、王某赔偿徐某、陈某甲、陈某乙、陈某丙医疗费 34183.18 元、丧葬费 12632 元（已扣除垫付 40000 元）、精神损害抚慰金 10000 元、死亡赔偿金 766800 元；

三、驳回徐某、陈某甲、陈某乙、陈某丙的其他诉讼请求。

王某不服一审判决，提起上诉。山东省济南市中级人民法院经审理认为：王某的违法驾驶行为致使乘客陈某丁死亡，在该人身意外伤害保险合同中，王某的身份应系《中华人民共和国保险法》第四十六条规定的“第三者”，陈某丁的近亲属获得丁保险公司赔付的人身意外保险金后，仍有权向第三者王某主张权利。

山东省济南市中级人民法院依照《中华人民共和国民事诉讼法》第一百七十七条第一款第一项的规定，判决如下：

驳回上诉，维持原判。

## 【法官后语】

受顺风车驾驶员资质、车辆性质、平台法律架构、保险覆盖等因素的影响，事故发生后的人身财产损害理赔责任如何确定存在争议。特别是顺风车订单生成过程中附加的人身意外保险理赔和顺风车驾驶员的侵权责任赔偿之间、顺风车驾驶员与运营平台之间的法律关系和责任承担如何界定有待进一步厘清。

1. 关于顺风车订单人身意外伤害保险的法律属性的问题。在顺风车订单生成过程中，运营平台会向驾乘人员赠送交通出行人身意外伤害保险等险种。根据该人身意外保险条款的约定，被保险人为发起私人小客车合乘订单乘客与订单内随行乘客及私人小客车合乘订单接单车主。该人身意外保险是以车辆的驾驶员、乘客的生命或身体为标的的意外保险，且未约定以被保险人对第三者依法应负的赔偿责任为保险标的，故该出行人员意外险属于人身保险，而非以被保险人对第三者依法应负赔偿责任为标的的责任保险。

2. 关于保险事故的“第三者侵权”的认定及责任承担问题。根据《中华人民共和国保险法》第四十六条规定，被保险人因第三者的行为而发生死亡、伤残或者疾病等保险事故的，保险人向被保险人或者受益人给付保险金后，不享有向第三者追偿的权利，但被保险人或者受益人仍有权向第三者请求赔偿。顺风车驾驶员作为承担事故责任的实际侵权人，在该人身意外伤害保险合同中，其身份应系前述法律规定中的“第三者”，其应负的赔偿责任并不是人员意外伤害保险的保险标的，顺风车驾驶员作为该“第三者”的侵权责任不能因受害人获得人身意外保险的理赔而减轻或免除，受害人在获得人身意外保险金后，仍有权向“第三者”即侵权人请求赔偿。

3. 关于顺风车平台与驾驶员、乘客的法律关系认定及责任承担的问题。在本案中，顺风车驾驶员通过运营平台发布出行信息，乘客端用户根据路线是否匹配可以选择是否向顺风车驾驶员发出同行的要约，顺风车驾驶员可以根据出行情况自行决定是否接单，双方达成合意后顺风车订单形成。运营平台在订单形成过程中不能强行派单，只负责提供大数据路线匹配交互信息、提供导航服务及价格计算，订单达成并履行后从合乘车费中收取信息服务费用，符合居间合同的特征，运营平台某科技公司与顺风车驾驶员、乘客之间形成居间合同关系，某科技公司在履行该居间合同过程中不存在过错，不应承担赔偿责任。

本案例的典型之处在于，乘客获得订单人身意外保险赔偿后，驾驶员按照法律规定承担侵权损害赔偿责任，并不违反“损益相抵原则”，不构成重复主张。人身意外险合同之债与顺风车驾驶员的侵权之债的发生原因不同。顺风车平台设置规定，顺风车订单生成后为顺风车上乘客和驾驶员赠送了人身意外险险种，顺风车驾驶员与乘客都是被保险人，但驾驶员不是投保人，对保险标的不具有保险利益，与事故后乘客获得的人身意外保险金相对独立，二者不存在因果关系，该人身意外险本身不具有分担驾驶员侵权责任的功能，保险合同之债与侵权之债不存在因果关系，不违反“损益相抵原则”，也不构成重复主张，因此驾驶员仍应当按交通事故责任承担侵权赔偿责任。

编写人：山东省济南市济阳区人民法院　杨名峰　陈家兴

# 三、交通事故损害赔偿程序

34

## 交通事故责任认定书不能作为民事侵权损害赔偿责任分配的唯一依据

——林某 1 等诉庞某机动车交通事故责任案

**【案件基本信息】**

1. 裁判书字号

广西壮族自治区贵港市中级人民法院（2023）桂 08 民终 2085 号民事判决书

2. 案由：机动车交通事故责任纠纷

3. 当事人

原告（上诉人）：林某 1、何某、谭某、林某 2、林某 3

被告（被上诉人）：庞某

**【基本案情】**

2023 年 3 月 8 日 13 时 25 分，庞某驾驶轻便二轮摩托车、甘某驾驶重型半挂牵引车牵引挂号重型自卸半挂车、林某某驾驶普通二轮摩托车，三方先后至道路西侧路段，林某某驾车在非机动车道内从左侧超越庞某驾驶的二轮摩托车过程中，与庞某驾驶的轻便二轮摩托车发生碰撞刮擦，随后林某某连人带车失控向左摔倒进入慢速机动车道被甘某驾驶的重型自卸半挂车右侧轮胎碾轧，造成林某某当场死亡及车辆损坏的道路交通事故。经交警部门认定，由林某某、庞某承担此事故全部责任，甘某在此事故中无责任。后，林某某的家属、庞某都向市公安局交通警察支队申请复核，该支队作出复核结论，维持原认定。被告庞某车辆未投保保险。另查明，2023 年 3 月 9 日，市公安局交通警察支队交通事故处理大队委托市公安局交通事故技术鉴定所对林某某的尸体进行检验并分析其死亡原因、致伤方式。2023 年 3 月 22 日经该鉴定所作出《法医学尸体检验鉴定书》鉴定意见为：死者林某某符合在道路交通事故中损伤头部、胸部致开放性颅脑损伤、开放性胸部损伤死亡。原告林某 1、何某、谭某、林某 2、林某 3 分别系死者林某某的父亲、母亲、妻子、儿子。原告要求被告赔偿各项损失合计 657471 元并承担本案的诉讼费用。

**【案件焦点】**

1. 庞某对于林某某的死亡是否存在过错；2. 庞某应否承担民事赔偿责任。

**【法院裁判要旨】**

广西壮族自治区贵港市港北区人民法院经审理认为：交通事故责任认定书是公安机关处理交通事故、作出行政决定所依据的主要证据，虽然可以在民事诉讼中作为证据使用，但由于交通事故认定与民事诉讼中关于侵权行为认定的法律依据、归责原则有所区别，交通事故责任也不等同于民事法律赔偿责任。因此，交通事故责任认定书不能作为民事侵权损害赔偿责任分配的唯一依据。行为人在侵权行为中的过错程度，应当结合案情，全面分析全部证据，根据民事诉讼的归责原则进行综合认定。本案中，林某某未按操作规范安全驾驶、文明驾驶，未在机动车道内行驶，且在未确认有充足的安全距离情况下超车，是造成本案事故的直接原因，在事故中存在严重过错。庞某在本案中未依法取得机动车驾驶证在非机动车道内行驶，未戴安全头盔，其行为虽然属于违章驾驶，但林某某在后面超车时碰撞到庞某驾驶的摩托车连人带车失控摔倒，是导致本案事故发生的根本原因，庞某在前面行驶的行为并非本案事故发生的原因。庞某在发生事故后离开现场，固然违反法律规定，但林某某是在事故中当场死亡，庞某离开事故现场的行为与事故的发生及林某某的死亡并无因果关系。因此，本案事故的发生及林某某的死亡并非庞某的行为导致的，故原告请求被告庞某赔偿死亡赔偿金、精神损害抚慰金、被抚养人生活费、丧葬费的诉请，没有事实和法律依据，法院不予支持。

广西壮族自治区贵港市港北区人民法院依照《中华人民共和国民法典》第一千一百六十五条，《中华人民共和国道路交通安全法》第七十六条，《最高人民法院关于审理道路交通事故损害赔偿案件适用法律若干问题的解释》第十六条之规定，判决如下：

一、被告庞某赔偿原告林某1、何某、谭某、林某2、林某318000元；

二、驳回原告林某1、何某、谭某、林某2、林某3的其他诉讼请求。

林某1、何某、谭某、林某2、林某3不服一审判决，提起上诉。广西壮族自治区贵港市中级人民法院经审理认为：关于庞某对本案受害人林某某的死亡是否存在过错，应否承担民事赔偿责任的问题。由于交通事故认定与民事侵权责任认定的法律依据、归责原则有所区别，交通事故责任也不等同于民事赔偿责任，应根据行为人在侵权行为中的过错程度，结合案情，根据民事侵权责任的归责原则进行综合认定。《中华人民共和国民法典》第一千一百六十五条第一款规定，行为人因过错侵害他人民事权益造成损害的，应当承担侵权责任。本案中，根据到案证据及查明的事实，林某某驾车在非机动车道内从左侧超越庞某驾驶的轻便二轮摩托车过程中，其驾驶的普通二轮摩托车右方向把、右制动把等部位与庞某驾驶的轻便二轮摩托车尾箱左后侧发生碰撞刮擦，后林某某连人带车失控向左摔倒进入慢速机动车道被甘某驾驶的重型自卸半挂车右侧轮胎碾轧，导致林某某当场死亡。林某某未按操作规范安全驾驶、文明驾驶，未在机动车道内行驶，且在未确认有充足的安全距离情况下超车，是造成本案事故的直接原因，在事故中存在严重过错。庞某在本案中未依法取得机动车驾驶证在非机动车道内行驶，未戴安全头盔，其行为虽然属于违章驾驶，但林某某在后面超车时碰撞到庞某驾驶的摩托车连人带车失控摔倒，是导致本案事故发生的根本原因，庞某在前面行驶的行为并非本案事故发生的原因。庞某在发生事故后离开现场，固然违反法律规定，但林某某是在事故中当场死亡，庞某离开事故现场的行为与事故的发生及林某某的死亡并无因果关系。因此，本案事故的发生及林某某的死亡并非庞某的行为导致的，故上诉人请求庞某承担民事赔偿责任无事实和法律依据。一审法院认定庞某不负事故的民事责任，判决其在交强险无责赔付限额内赔偿 18000 元并无不当，本院予以维持。对于上诉人主张庞某与他人在前面占道行驶，存在过错的意见。经查，《中华人民共和国道路交通安全法实施条例》第五十三条规定，机动车遇有前方交叉路口交通阻塞时，应当依次停在路口以外等候，不得进入路口。机动车在遇有前方机动车停车排队等候或者缓慢行驶时，应当依次排队，不得从前方车辆两侧穿插或者超越行驶，不得在人行横道、网状线区域内停车等候。机动车在车道减少的路口、路段，遇有前方机动车停车排队等候或者缓慢行驶的，应当每车道一辆依次交替驶入车道减少后的路口、路段。本案中，庞某在林某某的前方行驶，林某某应耐心排队通行，但林某某却在未留足安全距离的情况下从庞某的左侧超车，违反了上述规定，存在过错，庞某在前方行驶对事故的发生不存在过错。故，上诉人的上述主张不成立，本院不予采纳。综上所述，上诉人林某 1、何某、谭某、林某 2、林某 3 的上诉理由均不成立，对其上诉请求，应予驳回。

广西壮族自治区贵港市中级人民法院依照《中华人民共和国民事诉讼法》第一百七十七条第一款第一项之规定，判决如下：

驳回上诉，维持原判。

【法官后语】

交通事故责任认定书是交管部门根据行政规范和相关专业知识对交通事故成因做出的事实判断，其本身是一种行政评价，并没有对当事人的权利进行处分，其在民事诉讼中只是作为一种证据。首先，交通事故认定书中对责任的认定，是在自然科学范畴内进行的事实评价，而法院对事故责任的认定划分则直接关系到根据侵权行为适用民事诉讼法来确定当事人的民事赔偿责任，侧重于当事人侵权行为的有无以及与损害后果之间的因果关系，可能是多种法律关系导致的结果。其次，交管部门作出的事故认定书具有较强的行政管理色彩，体现的是维护交通管理秩序的行政保障职能，而法院对当事人责任的认定划分则须平衡交通管理秩序、维护人身财产权益及社会公序良俗，是一种司法职能保障，二者并不能够等同且一一对应。最后，交通事故认定书通过其所载明的内容显示其书证的特性，因由交管部门出具，故应视为公文书证，具有较高的证明力。但法院在实际审理时，应进行真实性、合法性和关联性的审查，如有其他证据足以推翻该认定时，法院无须通过交管部门的重新鉴定即可不予采信，并结合其他证据根据查明的事实直接进行责任认定。

《中华人民共和国道路交通安全法》第七十三条规定："公安机关交通管理部门应当根据交通事故现场勘验、检查、调查情况和有关的检验、鉴定结论，及时制作交通事故认定书，作为处理交通事故的证据。交通事故认定书应当载明交通事故的基本事实、成因和当事人的责任，并送达当事人。"根据该规定，交通事故认定书本身并非行政决定，而是公安机关处理交通事故、作出行政决定所依据的主要证据。交通事故认定书中交通事故责任的认定，主要是依据《中华人民共和国道路交通安全法》《中华人民共和国道路交通安全法实施条例》等法律、行政法规，在分析判断交通事故责任认定时，与民事侵权案件适用民事法规进行分析有所区别。而且，认定交通事故责任的归责原则与民事诉讼中侵权案件的归责原则不完全相同。此外，在举证责任负担、责任人的范围等方面，交通事故责任认定也与民事诉讼存在不同之处。综上，交通事故认定书是公安机关处理交通事故、作出行政决定所依据的主要证据，虽然可以在民事诉讼中作为证据使用，但由于交通事故认定与民事诉讼中关于侵权行为认定的法律依据、归责原则有所区别，同时，交通事故责任也不等同于民事法律赔偿责任，因此，交通事故认定书不能作为民事侵权损害赔偿责任分配的唯一依据，行为人在侵权行为中的过错程度，应当结合案情，分析全部证据，根据民事诉讼的归责原则进行综合认定，而构成一般侵权民事责任，必须同时具备以下四个要件：（1）损害事实；（2）加害行为；（3）因果关系；（4）行为人有过错。受害人请求赔偿，须对上述四个方面的要件事实负证明责任。

本案中，交通事故认定书认定林某某、庞某承担此事故全部责任。而交通事故损害赔偿责任依据的是《中华人民共和国民法典》侵权责任编、《最高人民法院关于审理人身损害赔偿案件适用法律若干问题的解释》等民事法律法规，并以适用过错责任原则为原则，以适用无过错责任原则和公平责任原则为例外。结合本案到案证据综合分析，庞某在林某某的前方行驶，林某某应耐心排队通行，但林某某却在未留足安全距离的情况下从庞某的左侧超车，违反了上述规定，存在过错，庞某在前方行驶对事故的发生不存在过错，故原告请求被告庞某赔偿死亡赔偿金、精神损害抚慰金、被抚养人生活费、丧葬费的主张不成立，法院不予支持。

编写人：广西壮族自治区贵港市港北区人民法院　刘敏

35

# 交通事故责任认定书在事故赔偿责任认定中的作用

## ——吴某等诉某保险公司等机动车交通事故责任案

**【案件基本信息】**

1. 裁判书字号

安徽省马鞍山市中级人民法院（2024）皖05民终92号民事判决书

2. 案由：机动车交通事故责任纠纷

3. 当事人

原告（被上诉人）：吴某、何某甲、何某乙、何某丙、何某丁

被告（上诉人）：某保险公司

被告（被上诉人）：朱某、张某

## 【基本案情】

2023年3月18日15时36分许，朱某驾驶小型轿车行驶至无名道路路口时，其车碾轧了躺在此处的何某某，致何某某受伤，后何某某经市人民医院抢救无效死亡，花费医疗费950.7元。经交通警察支队认定：本起事故属于交通意外事故，朱某、何某某均无责任。何某某与吴某育有四个子女，分别为何某甲、何某乙、何某丙、何某丁。

2023年3月27日，朱某与吴某、何某甲、何某乙、何某丙、何某丁在道路交通事故人民调解委员会的主持下签订了《调解协议书》。当日，朱某向何某某家属支付了8万元。

2023年3月31日，某司法鉴定中心对何某某的死亡原因（尸体解剖、组织病理学检验）、交通事故外伤与其死亡之间的因果关系及参与度进行鉴定，于2023年4月28日出具《司法鉴定意见书》，鉴定意见为：被鉴定人何某某的死亡原因符合在自身冠状动脉粥样硬化性心脏病急性发作的基础上，交通事故致胸部损伤，引起呼吸、循环功能衰竭死亡；交通事故外伤和自身疾病是引起其死亡的共同因素（同等因素），建议交通事故外伤的参与度为45%~55%。

另查，朱某驾驶的轿车在某保险公司投保了交强险和200万元的商业第三者责任险。本起事故发生在保险期间内。该车辆所有人为张某。

## 【案件焦点】

1. 交通意外事故中，侵权人及保险公司应如何承担损害赔偿责任；2. 交强险赔付金额是否应当按照无责任赔付限额标准计算。

## 【法院裁判要旨】

安徽省马鞍山市雨山区人民法院经审理认为：在交通事故中，交通事故责任和交通事故损害赔偿责任是相区分的，当事人在交通事故责任中虽被认定为无事故责任，但这并不意味着其无须承担民事责任。根据《中华人民共和国道路交通安全法》第七十六条及《机动车交通事故责任强制保险条例》第二十一条之规定，机动车免责事由在受害人故意行为导致损害结果发生时适用。本案中，朱某、何某某均无责任，故免责事由不成立，不适用交强险“被保险人无责任时”的赔偿限额，交强险部分应当适用无过错责任原则，某保险公司应在交强险赔偿限额内赔偿原告。

机动车发生交通事故造成人身伤亡、财产损失，应先由承保交强险的保险公司在交强险责任限额范围内予以赔偿；不足部分，由承保机动车商业保险的保险公司按照保险合同的约定予以赔偿，仍然不足或者没有投保机动车商业保险的，由侵权人赔偿。综合本案中交通事故发生的具体情况、事故责任承担、交通事故外伤的参与度等，对超出交强险赔偿限额的损失，酌定由某保险公司按照60%的比例在商业第三者责任险限额内承担。

安徽省马鞍山市花山区人民法院依照《中华人民共和国民法典》第一千一百六十六条、第一千一百七十九条、第一千一百八十六条、第一千二百零九条、第一千二百一十三条，《中华人民共和国道路交通安全法》第七十六条第一款第二项，《中华人民共和国保险法》第十四条、第六十五条，《最高人民法院关于审理人身损害赔偿案件适用法律若干问题的解释》第十四条、第十五条，《机动车交通事故责任强制保险条例》第二十一条，《中华人民共和国民事诉讼法》第六十七条、第一百四十五条之规定，判决如下：

一、某保险公司于本判决生效之日起十日内一次性支付吴某、何某甲、何某乙、何某丙、何某丁258108元；

二、驳回吴某、何某甲、何某乙、何某丙、何某丁的其他诉讼请求。

某保险公司不服一审判决，提起上诉。安徽省马鞍山市中级人民法院经审理认为：根据《最高人民法院关于审理道路交通事故损害赔偿案件适用法律若干问题的解释》规定，公安机关交通管理部门制作的交通事故认定书，人民法院应依法审查并确认其相应的证明力，但有相反证据推翻的除外。就本案而言，交警部门查明的事实具有客观真实性，可以作为认定引起本起事故原因及起因责任的证据，即朱某行至事发路口不具备观察到躺于路面的何某某的可能且无其他过错，何某某因疾病躺于事发地点且无过错，故本起事故系交通意外引起，对于事故的起因朱某和何某某均无过错及责任。但根据鉴定，何某某的死亡与本起事故外伤的参与度为45%~55%，因此，何某某的死亡与本起事故的车辆撞击之间存在因果关系。鉴于本案的个案特征，本案不能简单地以交通事故认定书认定的责任作为何某某死亡原因及赔偿责任的划分依据。根据《机动车交通事故责任强制保险条例》的规定，被保险机动车发生道路交通事故造成受害人人身伤亡的，由保险公司依法在机动车交通事故责任强制保险责任限额范围内予以赔偿。道路交通事故的损失是由受害人故意造成的，保险公司不予赔偿。综上，本起事故中的被保险车辆造成了何某某的死亡，且无证据证明何某某有过错，因此，应由某保险公司依法在交强险责任限额范围内予以赔偿。且根据交通事故与何某某死亡之间的因果关系及参与度的鉴定结论，事故车辆对何某某的死亡具有责任，因此，不能适用无责任赔偿限额标准，原审关于该部分的认定并无不当。

另外，《中华人民共和国道路交通安全法》第七十六条之规定，显属无过错责任原则之适用，该条款的立法本意是因相对于机动车的构造非机动车及行人处于弱势地位，且机动车的操作相对复杂，对于非机动车及行人具有较高的危险性，故机动车相较于非机动车及行人就要尽更多的注意义务和承担更大的风险责任，因此，原审适用无过错责任划分相关责任符合法律规定。故，对于商业第三者责任险赔付的部分，原审法院综合考量事故具体情况、事故责任承担、事故外伤参与度等因素，认定某保险公司赔付60%，与法不悖。

安徽省马鞍山市中级人民法院依照《中华人民共和国民事诉讼法》第一百七十七条第一款第一项的规定，判决如下：

驳回上诉，维持原判。

## 【法官后语】

本案交通事故认定书中认定当事人双方均无责任，但实际上机动车的驾驶行为与受害人死亡后果具有因果关系。在法律已经明确规定了机动车方适用无过错责任原则承担赔偿责任的情况下，本案的关键在于如何处理交通事故认定书与事故赔偿责任认定之间的关系，法官应如何对交通事故认定书进行审查，侵权人及保险公司应如何承担损害赔偿责任。

一、交通事故认定书与事故赔偿责任认定的区别

从制作主体和认定依据来看。交通事故认定书系公安机关交通管理部门依据《道路交通事故处理程序规定》，结合事故现场勘验情况及对事故发生的经过、成因等事实的调查结论而形成的。而事故赔偿责任认定则系当事人向人民调解机构或公安机关交通管理部门申请调解，由人民调解机构或公安机关交通管理部门在调解过程中依据《道路交通事故认定书》认定的事实以及《中华人民共和国道路交通安全法》第七十六条的规定确定的，或者由人民法院依据相关法律和事实进行案件审理确定的。

从形成阶段来看。交通事故认定书于事故发生后第一时间作出；而事故赔偿责任认定则系在损害赔偿调解阶段或者诉讼阶段进行，通常在交通事故认定书作出之后完成。

从内容来看。交通事故认定书记载的内容主要包括交通事故发生的时间、地点、天气，当事人、车辆、道路和交通环境等基本情况，道路交通事故发生经过，道路交通事故证据及事故形成原因分析，当事人导致交通事故的过错及责任或者意外原因等。事故赔偿责任认定则系对当事人应承担的损害赔偿责任比例及金额的确定。

二、交通事故责任认定与事故赔偿责任认定的影响要素

交通事故认定书中的责任认定并不等同于民事纠纷事故赔偿责任认定。交通事故认定书中对于责任的认定适用双要素原则，即同时考虑当事人的行为对道路交通事故的发生所起的作用力大小和行为人过错的严重程度。事故赔偿责任的认定则需考虑事故当事人的类型（机动车驾驶人或非机动车驾驶人或行人）和过错程度。虽然二者的认定均需考虑到“过错”这一要素，但是在二者的认定过程中，“过错”的内涵却不同。交通事故认定书中的“过错”不随事故的形态和类型发生变化，责任系依据《道路交通事故处理程序规定》第六十条的规定予以确定的；事故赔偿责任认定中的“过错”是带有法律评价色彩的过错，是预设机动车一方承担过错赔偿责任，因非机动车或行人的过错程度或主观故意不同而减轻或者免除机动车一方的损害赔偿责任。对机动车之间或非

机动车之间或非机动车与行人之间发生的交通事故进行事故赔偿责任归责评价时适用过错原则，而对机动车与非机动车或行人之间发生的交通事故进行事故赔偿责任归责评价时则适用过错推定原则和无过错原则。

三、交通事故认定书在交通事故责任纠纷案件中的审查规则

《中华人民共和国道路交通安全法》第七十三条明确界定了交通事故认定书的证据属性，即交通事故认定书系国家机关依职权作出的公文书证。可见，法律系将交通事故认定书“作为处理交通事故的证据”，即赋予了法院对其进行审查质证的职权，交通事故认定书作为证据需经过双方当事人质证、法院审查认定后方能予以采信，作为判决依据。法院应当依法对交通事故认定书在责任认定方面是否得当等做全面审查并确认其相应的证明力。一般交通事故认定书中所载明的交警部门查明的事实在无相反证据推翻的情况下具有客观真实性，可以作为认定事故起因及起因责任的证据。同时，因交通事故责任纠纷实质上属于侵权责任纠纷，故应根据侵权责任纠纷的法定构成要素确定机动车的驾驶行为与受害人被侵权后果是否具有因果关系，并结合交通事故发生的具体情况、《司法鉴定意见书》中的交通事故外伤参与度意见等酌定确认当事人应承担的损害赔偿责任比例。

本案中，虽然交通事故认定书中认定当事人双方均无责任，但综合交通事故发生的事实、《司法鉴定意见书》可知，机动车的驾驶行为与行人的死亡后果有因果关系，因此法院认定机动车方承担损害赔偿责任，也是《中华人民共和国道路交通安全法》第七十六条保护相对于机动车方处于弱势地位的非机动车及行人方的立法本意的体现。

**编写人：安徽省马鞍山市中级人民法院　信贵贤　张旻宇**

36

# 机动车交通事故责任纠纷当事人达成的调解协议存在重大误解可撤销

## ——徐某诉赵某、某保险公司机动车交通事故责任案

### 【案件基本信息】

1. 裁判书字号

江苏省南通市中级人民法院（2023）苏06民终6546号民事判决书

2. 案由：机动车交通事故责任纠纷

3. 当事人

原告（被上诉人）：徐某

被告（上诉人）：某保险公司

被告（被上诉人）：赵某

### 【基本案情】

2022年12月1日15时30分，赵某在打开案涉车辆主驾驶车门时，与徐某所驾电动车相撞，导致徐某所驾电动车受损，徐某受伤。公安机关认定赵某负事故全部责任，徐某不负事故责任。徐某受伤后在医院接受了治疗。案涉汽车行驶证记载的所有人为朱某，该车在某保险公司投保了交强险，事故发生在保险期间内。

事故发生后不久，甲方赵某与乙方徐某订立调解协议：人伤损失共计24952元，驾驶员垫付1852元，某保险公司支付给驾驶员本人1852元，其余23100元支付给伤者本人。另，电瓶车损失900元。甲、乙双方同意人伤损失按此协议履行完毕后，甲、乙双方就乙方人伤损失的权利义务就此终结，此后

乙方不得在任何时候、任何地方以任何理由再就本次交通事故人伤损失向甲方及其保险公司提出追加人伤的任何经济赔偿的要求。赵某在甲方处签名确认，徐某在乙方处签名确认，某保险公司在协议上盖章。协议签订后，赵某、徐某各获得 1852 元、24000 元支付款项。

2023 年 4 月 7 日，某司法鉴定所出具鉴定意见：1. 徐某因交通事故受伤，其左侧第 2~7 肋骨骨折构成十级伤残。2. 徐某伤后需要误工期 120 日、护理期 60 日、营养期 60 日。徐某支付鉴定费 2100 元。

原告徐某于 2023 年 8 月 14 日向法院起诉，要求被告赔偿经济损失：医疗费、住院伙食补助费、营养费、误工费、护理费、残疾赔偿金、精神损害抚慰金、交通费、鉴定费，合计 160244. 93 元。

## 【案件焦点】

机动车交通事故责任纠纷达成的调解协议能否适用重大误解。

## 【法院裁判要旨】

江苏省南通市崇川区人民法院经审理认为：基于重大误解实施的民事法律行为，行为人有权请求人民法院或者仲裁机构予以撤销。本案中，原告主张其在签署协议时存在重大误解，某保险公司不予认可。原告与某保险公司对协议签订时间的陈述不完全一致，但均在事故发生后不久。协议签订时，各方对原告医疗费、住院伙食补助费、营养费、护理费、误工费、交通费损失，应当有比较清晰的认识，不存在重大误解。但协议签订时，原告伤情没有完全康复且当时的诊断资料并未明确原告存在六根以上肋骨骨折，在未进行司法鉴定的情况下，原告对康复之后能否构成残疾缺乏判断并存在错误认识，按照通常理解，原告如果不发生错误认识，在签署协议时就不会不要求被告赔偿残疾相关损失，故法院认定各方在签署协议时对原告是否构成残疾存在重大误解，对协议中限制原告主张残疾相关损失的约定予以撤销。

法院核定原告的损失如下：（1）残疾赔偿金 120356 元。原告的主张与其伤情、年龄、当地标准相符，期限采纳鉴定意见，予以确定。（2）精神损害抚慰金 5000 元。法院根据原告的伤残等级、侵权人的过错程度，酌定 5000 元。以上损失合计为 125356 元。鉴定费 2100 元系辅助诉讼产生的费用，应列为诉讼费用由当事人分担，不列入交通事故的损失范围。原告主张的其他各项损失，原告与被告赵某已有协议确认并赔偿到位，不再予以确认。

《中华人民共和国民法典》第一千二百一十三条规定，机动车发生交通事故造成损害，属于机动车一方责任的，先由承保机动车强制保险的保险人在强制保险责任限额范围内予以赔偿；不足部分，由承保机动车商业保险的保险人按照保险合同的约定予以赔偿；仍有不足或者没有投保机动车商业保险的，由侵权人赔偿。本案中，赵某负事故全部责任，徐某因事故产生的残疾赔偿金、精神损害抚慰金合计 125356 元，应由某保险公司在交强险限额范围内赔偿。因此，赵某的责任已由某保险公司承担，其在本案中不再承担责任。

江苏省南通市崇川区人民法院依照《中华人民共和国民法典》第一百四十七条、第一千一百七十九条、第一千二百零八条、第一千二百一十三条，《中华人民共和国道路交通安全法》第七十六条，《最高人民法院关于审理道路交通事故损害赔偿案件适用法律若干问题的解释》第十三条，《最高人民法院关于审理人身损害赔偿案件适用法律若干问题的解释》第十二条、第二十三条之规定，判决如下：

一、撤销徐某、赵某签署的调解协议第二条中“甲、乙双方同意人伤损失按此协议履行完毕后，甲、乙双方就乙方人伤损失的权利义务就此终结，此后乙方不得在任何时候、任何地方、以任何理由再就本次交通事故人伤损失向甲方及其保险公司提出追加人伤的任何经济赔偿的要求”的约定；

二、某保险公司于本判决生效之日起十日内一次性赔偿徐某 125356 元；

三、驳回徐某的其他诉讼请求。

某保险公司不服一审判决，提起上诉。江苏省南通市中级人民法院依照《中华人民共和国民事诉讼法》第一百七十七条第一款第一项之规定，判决如下：

驳回上诉，维持原判。

**【法官后语】**

机动车交通事故责任纠纷中，涉及受害人、侵权人、保险公司、鉴定机构、律师、交警、法院等多方主体，同时包含侵权和保险合同两个法律关系。受害人囿于自身能力、时间、精力等因素，往往选择以与保险公司达成调解协议、签署一次性赔偿协议的方式了结纠纷，以期尽快获得全部赔偿款项。此种解决方式具有现实意义，一般情况下，双方达成的协议应当有效。但因受害人系非专业人士，可能对自身伤情等因素存在错误认知，进而作出错误的意思表示，此种情形下，受害人有权请求法院撤销调解协议并主张合理损失。

一、机动车交通事故责任纠纷达成的调解协议能否适用重大误解制度

《中华人民共和国民法典》第一百四十七条规定，基于重大误解实施的民事法律行为，行为人有权请求人民法院或者仲裁机构予以撤销。该条规定，重大误解制度调整的对象是民事法律行为，包括订立合同的行为和因侵权纠纷引发的民事法律行为。《最高人民法院关于适用〈中华人民共和国民法典〉总则编若干问题的解释》第十九条第一款规定，行为人对行为的性质、对方当事人或者标的物的品种、质量、规格、价格、数量等产生错误认识，按照通常理解如果不发生该错误认识行为人就不会作出相应意思表示的，人民法院可以认定为民法典第一百四十七条规定的重大误解。该条未将侵权案件中受害人的伤情列举为错误认识的对象，但本条是不完全列举，其他未尽情形用“等”字兜底。

实际上，在机动车交通事故责任纠纷中，当事人形成合意、签订调解协议，是缔结民事契约的法律行为。调解协议具有民事合同的性质，调解协议签订后，双方的纠纷由原来的侵权之债转化为合同之债，适用重大误解制度并无不妥。

二、构成重大误解应当具备三个要件

1. 受害人存在错误认识。如本案中，徐某在签订调解协议时，未委托有关机构进行鉴定，因此并不清楚自身伤情足以构成伤残，其对赔偿项目、赔偿金额均产生了错误的认识。

2. 受害人如不发生错误认识则不会作出相应的意思表示。受害人在不同的

认识下是否会作出原有的意思表示，依赖于裁判者的主观判断，但判断标准具有客观性，系“按照通常理解”进行判断。“通常理解”应当是社会一般人的理解，而不是个案当事人的理解。当个案当事人的理解不同于社会一般人的理解时，若其主张重大误解，则不能予以支持。本案中，徐某因十级伤残产生的损失为125356元，远超双方在调解协议中约定的总赔偿金额24952元，故调解协议中约定的总赔偿金额不可能包括残疾相关损失，按照通常理解，徐某如不发生错误认识，不可能签署该调解协议，故对调解协议中限制徐某主张残疾相关损失的款项应予撤销。

3. 错误认识具有重大性。一般情况下，法律禁止反言，基于重大误解实施的民事法律行为可撤销是例外情形，但应严格适用。法律规定重大误解制度的目的是保护意思表示人，但法律同时也应当保护善意的相对人，维护合同的严肃性。“重大性”原则是意思表示人和相对人之间表意风险合理分配的界限，目的是平衡双方利益，保障交易公平。本案中，徐某不仅主张了残疾赔偿金、精神损害抚慰金，还要求对医疗费、住院伙食补助费、营养费、误工费、护理费、交通费进行重新认定，其诉求是撤销整个调解协议。法院撤销调解协议中限制徐某主张残疾相关损失的款项，确认其他条款的法律效力、驳回原告的其他诉求，都是对“重大性”原则的贯彻。

三、重大误解撤销之诉与机动车交通事故责任赔偿之诉能否合并审理

虽然调解协议具有民事合同的性质，但基础法律关系仍为机动车交通事故责任。要确定调解协议是否存在重大误解，必须对原告损失的项目、金额进行实体审查，这就意味着要审理重大误解撤销之诉必须先审理机动车交通事故责任赔偿之诉，若强制要求原告必须先提起撤销之诉，胜诉后才能提起机动车交通事故责任赔偿之诉，则颠倒了顺序，不具备合理性，也不利于提高审判效率，还会增加当事人的诉累。撤销之诉与侵权赔偿之诉之间存在关联，若当事人主张合并审理，则可予以准许。

编写人：江苏省南通市崇川区人民法院　刘鹏飞

37

# 交通事故的受害人自身疾病对死亡后果的影响不属于可以减轻侵权人责任的法定情形

## ——杨某等诉周某、某财产保险公司机动车交通事故责任案

**【案件基本信息】**

1. 裁判书字号

福建省泉州市中级人民法院（2023）闽05民终5181号民事判决书

2. 案由：机动车交通事故责任纠纷

3. 当事人

原告（被上诉人）：杨某、康某1、康某2

被告（上诉人）：某财产保险公司

被告（被上诉人）：周某

**【基本案情】**

2022年8月26日，周某驾驶小型普通客车碰撞骑行通过事发路口的康某某。经交警部门认定，周某承担事故主要责任，康某某承担事故次要责任。2022年9月14日，康某某经治疗无效死亡，死亡原因系双侧肺挫伤并坠积性肺炎。经鉴定：康某某符合因交通事故损伤和自身因素（年龄大及冠状粥样硬化性心脏病、肺气肿等基础疾病）共同作用导致心肺功能衰竭而死亡，交通事故损伤与康某某死亡原因之间存在因果关系，参与度为50%。周某驾驶的小型普通客车在某财产保险公司投保交强险和保额300万元的商业三者险，事故发生在保险有效期限内。

【案件焦点】

在受害人需承担事故次要责任情况下，是否应考虑其自身疾病对死亡后果的参与度。

【法院裁判要旨】

福建省惠安县人民法院经审理认为：康某某虽然自身年龄大并有冠状粥样硬化性心脏病、肺气肿等基础疾病，但没有证据证明该自身疾病会造成其即时死亡或短期内必然死亡的后果，其基础疾病虽对死亡结果的发生有一定影响，但这不是法律意义上的过错，康某某不应因个人体质状况对交通事故导致的死亡存在一定影响而自负责任。康某某因交通事故损伤与死亡原因之间的参与度可以判定周某是否应承担刑事责任及轻重，但不应成为减轻其相应民事责任的依据，某财产保险公司主张按50%参与度计算死亡赔偿金没有依据，法院不予支持。杨某等人因本案交通事故致康某某死亡造成的经济损失，根据相关法律规定认定为861173.83元。周某驾驶的小型普通客车在某财产保险公司投保了交强险和保额300万元的商业三者险，事故发生于保险期间，根据《中华人民共和国道路交通安全法》第七十六条第一款和《中华人民共和国民法典》第一千二百一十三条的规定，原告因事故造成的损失，可先由承保交强险的保险公司在责任限额范围内予以赔偿；不足部分，由承保商业三者险的保险公司根据保险合同予以赔偿；仍有不足的，由侵权人赔偿。

福建省惠安县人民法院依照《中华人民共和国民法典》第一千一百六十五条、第一千一百七十九条、第一千一百八十三条第一款、第一千二百零八条、第一千二百一十三条，《中华人民共和国道路交通安全法》第七十六条第一款，《中华人民共和国保险法》第六十五条第二款、第三款，《最高人民法院关于审理人身损害赔偿案件适用法律若干问题的解释》第六条、第八条、第九条、第十条第一款、第十四条、第十五条、第二十三条，《最高人民法院关于确定民事侵权精神损害赔偿责任若干问题的解释》第五条，《福建省实施〈中华人民共和国道路交通安全法〉办法》第五十二条第一款第四项，《中华人民共和国民事诉讼法》第六十七条第一款之规定，判决如下：

一、被告某财产保险公司应于本判决生效之日起十五日内在交强险范围内赔偿原告杨某、康某 1、康某 2180000 元，在商业三者险范围内赔偿原告杨某、康某 1、康某 2528224. 32 元，二项合计 708224. 32 元；

二、驳回原告杨某、康某 1、康某 2 的其他诉讼请求。

某财产保险公司不服一审判决，提起上诉。福建省泉州市中级人民法院依照《中华人民共和国民事诉讼法》第一百七十七条第一款第一项规定，判决如下：

驳回上诉，维持原判。

**【法官后语】**

《中华人民共和国民法典》第一千一百七十三条规定："被侵权人对同一损害的发生或者扩大有过错的，可以减轻侵权人的责任。"《中华人民共和国道路交通安全法》第七十六条第一款第二项规定，机动车与非机动车驾驶人、行人之间发生交通事故，非机动车驾驶人、行人没有过错的，由机动车一方承担赔偿责任；有证据证明非机动车驾驶人、行人有过错的，根据过错程度适当减轻机动车一方的赔偿责任。上述规定实际就是过失相抵原则，具体到本案，交通事故中在计算死亡赔偿金是否应当扣减时，应当根据受害人对损失的发生或扩大是否存在过错进行分析。

1. 受害人是否具有过错。只有当受害人对于损害的发生或者损害结果的扩大具有过错时，才能够适用过失相抵。此处过失相抵中的过失应当作过错理解，包括受害人故意和过失。所谓受害人故意，是指受害人明知其行为将导致对自己造成某种损害而仍然有意为之的一种主观心理状态。所谓受害人过失，通常是指受害人没有采取合理的注意或者可以获得的预防措施保护其自身财产、身体以及其他权益免受损害，以致遭受了他人的损害或者在遭受他人损害后进一步导致了损害结果的扩大。受害人的故意或者过失之所以可以进行过失相抵，主要是基于法律公平的精神与诚实信用原则的要求，使加害人不用承担非自身原因造成的损害。

2. 受害人的过错行为是不是损害发生或者损害结果扩大的原因。受害人的过错行为必须与同一损害的发生或者扩大之间存在因果关系。“同一损害”表明了过错与损害之间的关系，如果加害人的侵权后果与受害人的过错后果不是同一损害，则不会发生过错相抵问题。本案中，其损害结果就是唯一的，即受害人康某某的死亡。而“因果关系”则是行为构成侵权责任的必要要件，过失相抵中的因果关系应有两种类型：一是受害人的过错行为与加害人的行为相互结合共同导致同一损害后果的发生；二是受害人的过错行为只是导致了损害结果的进一步扩大。

3. 交通事故责任并不等同于民事侵权责任。《中华人民共和国道路交通安全法》第四章道路通行规定中分别对机动车、非机动车驾驶人、行人在道路交通中应当遵守的规则作出了规定，这些规则是道路参与人必须遵守的道路交通法规义务。在机动车交通事故责任中，当受害人对于事故的发生负有责任时，一般依据受害人对交通事故的责任程度，适用过失相抵，相应的判决减轻另一方当事人的赔偿责任，这里的过失相抵是在受害人损害认定的基础上，由受害人对其损害自行承担一定比例的责任。而在损害赔偿各个项目的认定过程中，还是要严格基于受害人对交通事故的原因力与对损害程度的过错进行分析认定。康某某承担事故次要责任，只是评价其对事故发生的原因力大小，该次要责任应区别于侵权责任认定上的“过错”意义，康某某基于交通事故损伤和自身因素（年龄大及冠状粥样硬化性心脏病、肺气肿等基础疾病）共同作用导致心肺功能衰竭而死亡，其自身年龄和基础疾病等参与度反映的是受害人本身的个人体质状况，没有证据证明该自身疾病会造成其即时死亡或短期内必然死亡的后果，其基础疾病虽对死亡结果的发生具有一定影响，但不是民法典侵权责任编规定的民事法律关系意义上的过错，康某某不应因个人体质状况对交通事故导致的死亡存在一定影响而自负责任。康某某因交通事故损伤与死亡原因之间的参与度可以判定周某是否应承担刑事责任及轻重，但不应成为减轻其相应民事责任的依据。因此，交通事故的受害人体质状况对损害后果的影响不属于可以减轻侵权人责任的法定情形，故不能参照外伤参与度以减轻或免除保险赔偿责任。

编写人：福建省惠安县人民法院　陈丽云

38

# 因交通事故引发自身疾病死亡的，应当考虑自身疾病与损害后果的参与度

## ——贺某、朴某诉某保险公司、滕某机动车交通事故责任案

### 【案件基本信息】

1. 裁判书字号

吉林省白城市中级人民法院（2023）吉 08 民终 1235 号民事判决书

2. 案由：机动车交通事故责任纠纷

3. 当事人

原告（被上诉人）：贺某、朴某

被告（上诉人）：某保险公司

被告：滕某

### 【基本案情】

2022 年 10 月 23 日 17 时许，滕某驾驶小型轿车向南右转弯时与非机动车道由西向东行驶的贺某 1 驾驶的电动三轮车发生交通事故，造成两车损坏，滕某、贺某 1 下车协商 37 分钟后，贺某 1 突然倒地，经送医院抢救无效于当日死亡。经白城市交警支队事故追逃大队出具《道路交通事故认定书》认定滕某承担此次事故主要责任，贺某 1 承担次要责任。滕某驾驶的肇事车辆在某保险公司投保了交强险及 200 万元的商业三者险。贺某系贺某 1 长子，朴某系贺某 1 妻子。

### 【案件焦点】

受害者因交通事故引发自身疾病死亡的，是否应考虑自身疾病与损害后果

的参与度以及如何确定责任比例。

**【法院裁判要旨】**

吉林省白城市洮北区人民法院经审理认为：贺某1死亡系在其自身血管疾病的基础上，因交通事故刺激，导致情绪波动、血管挛缩、血压一过性改变等进而诱发其动脉夹层破裂，血液积蓄于心包腔内造成心包填塞。由于滕某承担此次事故的主要责任，故保险公司应当在交强险限额内赔付贺某、朴某181809.54元。超出部分由保险公司在商业三者险限额范围内向贺某、朴某按照主要责任70%比例赔付。

吉林省白城市洮北区人民法院依照《中华人民共和国民法典》第一千一百七十九条、第一千二百一十三条之规定，判决如下：

一、某保险公司于本判决生效后在交强险限额范围内赔偿贺某、朴某181809.54元；在商业三者险限额范围内赔偿贺某、朴某437103.80元；

二、滕某不承担赔偿责任；

三、驳回贺某、朴某的其他诉讼请求。

某保险公司不服一审判决，提出上诉。吉林省白城市中级人民法院经审理认为：根据鉴定意见，贺某1死亡是在原有疾病的基础上发生的，交通事故仅为诱发原因，参与度为轻微原因力。贺某1自身存在原有疾患，而并非个人体质问题。在这种情况下，应考虑交通事故对导致死亡后果的原因力大小，故酌定参与度20%为宜。本案与最高人民法院第24号指导案例的案情不同，在该指导案例中，交通事故是造成被侵权人残疾的唯一原因，即交通事故与被侵权人的残疾后果具有完全的因果关系。而本案交通事故不是造成贺某1死亡的唯一原因，贺某1的死亡后果属于多因一果。因此，对于超出交强险范围的损失，保险公司应在商业三者险限额范围内向贺某、朴某赔偿87420.76元［（806243.54元-181809.54元）×20%×70%］，一审法院未考虑原因力比例予以裁判，存在不当。

吉林省白城市中级人民法院依照《中华人民共和国民事诉讼法》第一百七十七条第一款第二项规定，判决如下：

一、撤销吉林省白城市洮北区人民法院（2023）吉0802民初3155号民事判决；

二、某保险公司于本判决生效之日起七日内赔偿贺某、朴某 269230.30 元；

三、驳回贺某、朴某的其他诉讼请求。

【法官后语】

本案涉及在侵权行为的受害人自身患有疾病的情况下，如何确定侵权责任的问题。最高人民法院指导案例 24 号“荣某英诉王某、某财产保险公司江阴支公司机动车交通事故责任纠纷案”确定了“交通事故的受害人没有过错，其体质状况对损害后果的影响不属于可以减轻侵权人责任的法定情形”。但指导案例 24 号有其特殊的适用前提，即受害人自身虽具有骨质疏松等老年人常见病，但案件的损害结果是交通事故直接造成的，没有其他参与因素，即属于一因一果。在此情形下，受害人自身对损害后果没有过错，不应考虑自身体质对损害结果的参与度。而实践中，因果关系构成相当复杂，往往是各种原因交织导致了最后的损害结果。在并非单纯一因一果的情况下，不考虑因果关系的类型，简单地以受害人的身体状况是既存的事实或受害者没有过错为由，一概否认两者存在法律上的因果关系，不符合立法精神。本案生效裁判认为，当受害者自身存在影响侵权结果的因素，对于损害后果的发生或者扩大具有客观上的原因力时，应当考虑受害者的自身因素与损害后果的因果关系。

侵权责任成立的构成要件有：加害行为、损害后果以及行为与后果之间的因果关系。从因果关系的角度分析，首先，当受害者自身存在影响侵权结果的因素，对于损害后果的发生或者扩大具有客观上的原因力时，亦应考虑受害者的自身因素与损害后果的因果关系。其次，侵权因果关系分为责任成立的因果关系和责任范围的因果关系。前者判断侵权行为与权益被侵害之间的因果关系，后者判断侵权行为与损害后果之间的因果关系。当侵权行为与权益受损之间有因果关系时，可以认定构成侵权，但并不意味着对全部损害后果承担责任，更重要的是，需要考察侵权行为对损害后果的介入程度或参与程度，才能判断应当承担的责任范围。

本案中，贺某 1 在发生交通事故后，下车与滕某协商 37 分钟后突然倒地死亡，贺某1是在自身存在血管疾病的情况下，因案涉交通事故刺激致心包填塞，从而死于循环衰竭。毋庸置疑，本案交通事故的侵权行为与贺某1发生损害之间具有因果关系，在侵权责任成立上并无争议。本案的争议焦点集中在责任范围及因果关系的认定上，即作为侵权人的交通事故责任方应当承担的责任范围，其是否应当对贺某1最终死亡这一后果承担全部责任。要解决这一争议必须对整个损害发生、发展以及最终结果之间因果关系的链条进行全面的分析。

首先，本案交警部门委托的吉林公正司法鉴定中心出具的鉴定报告显示“被鉴定人除遗留有左手背侧皮肤擦伤痕……余表未见有明显外伤痕迹……”，其中“左手背侧皮肤擦伤痕”是交通事故侵权行为的直接结果。在这一损害过程中，无其他参与和介入因素，也不考虑其自身的身体状况，是典型的一因一果。其次，贺某1本身患有血管疾病，不同于常人的身体状况，这是因果关系链条中不可忽视的一个重要因素。从医学常识判断，在正常情况下，贺某1的擦伤显然不至于导致死亡的后果。鉴定报告亦载明，贺某1“系在自身血管疾病的基础上，因交通事故刺激导致情绪波动、血管挛缩、血压一过性改变等诱发其动脉夹层破裂，血液蓄积于心包腔内造成心包填塞”，鉴定结论为“被鉴定人贺某1符合心包填塞导致循环衰竭死亡；交通事故与其死因之间存在一定程度的因果关系，参与度为轻微原因力”。据此，贺某1的死亡原因，系心包填塞导致循环衰竭死亡。因此，就贺某1死亡这一损害后果而言，交通事故侵权行为和贺某1自身的原有疾病均是造成最终死亡后果的因，属于多因一果。其中，贺某1自身的原有疾病是主因，交通事故是贺某1死亡的促进因素，起到催化、诱发的作用，但仅是次要因素，贺某1的原有疾病与交通事故侵权行为合并，扩大了交通事故的损害后果。在这种情况下，必须考虑交通事故对导致死亡后果的原因力大小来确定承担侵权责任的范围，而不能将责任完全归咎于交通事故的加害方。

从过错的角度分析，贺某1自身患有血管疾病的状况不能认为是其自身的过错。根据最高人民法院指导案例24号的精神，受害人的体质状况不是侵权责任法等法律规定的过错，不应因个人体质状况对交通事故导致的伤残存在一定影响而自负相应责任。但是，完全不考虑受害者自身情况仅适用于该损害结果是交通事故直接造成，没有其他参与因素，即属于一因一果的情况下。从该角度出发，本案属多因一果的情况，尤其在受害人自身疾病状况是导致死亡结果主因的情况下，不符合该指导案例的适用条件。

从法律评价的角度分析，侵权责任需要课以责任的因果关系不是指事实上的因果关系，而是法律上的因果关系。而法律上因果关系的认定并非纯粹客观的判断，而是带有明显的法律政策之考量和法律价值之判断。不同案件中对法律上因果关系作出的不同认定，其目的均是寻求最大限度地符合公平正义、法律目的或当时的社会需求。对受害者而言，生命权、身体权、健康权等人格权益当然具有最高的价值位阶，应当受到更加有力的保护。但是，对侵权人而言，行为自由同样是法律赋予的基本权利，亦应当予以保护。在认定法律上的因果关系时，必须尽可能寻找到二者之间权益保护的平衡点。诚然，本案从交通事故发生的过程来看，滕某是主责，贺某1系次责。滕某应对损害后果承担部分责任，但这种责任的承担是建立在贺某1具有一般抵抗风险能力的基础上的。受害人的自身疾病在事故发生之前并不被侵权人知晓，其也无从基于该情形采取更加谨慎的驾驶行为。如果要求侵权人对于自己无法控制的风险引起的损害负全部赔偿责任，显然是不公平的。因此，在可以排除侵权人明知受害人自身疾病而利用其体质弱点实施侵害的情况下，如果侵权人仅因一般过失的侵害行为触发受害人疾病弱点，只有综合具体行为与实际损害之间的差距、受害人经济状况、侵权人承受能力等因素来减少侵权人承担责任的范围，才符合社会的公平正义原则。

综上，贺某1的死亡后果属于多因一果，此与指导性案例24号的情况不同，本案二审未参照指导性案例24号的裁判要点处理，在侵权行为与损害后果之间仅存在间接因果关系的情况下，在划分原因力比例基础上予以裁判，符合《中华人民共和国民法典》侵权责任编的法理原意，亦符合实现侵权人与被侵权人权益同等保护的利益平衡。

编写人：吉林省白城市中级人民法院　孙晓琦

39

# 轻损害行为与重损害结果之间归因及归责的司法认定

——赵某1等诉范某、某保险公司机动车交通事故责任案

## 【案件基本信息】

1. 裁判书字号

北京市第二中级人民法院（2023）京02民终16645号民事判决书

2. 案由：机动车交通事故责任纠纷

3. 当事人

原告（被上诉人）：赵某1、赵某2、孟某

被告（上诉人）：某保险公司

被告（被上诉人）：范某

## 【基本案情】

2020年8月14日9时25分，范某驾驶小轿车由东向南行驶，受范某左转弯影响，赵某某骑三轮车由西向东行驶，躲闪不及两车相撞，发生交通事故，造成车辆接触部位损坏，赵某某受伤。交警部门认定范某负全部责任，赵某某无责。

事故发生后，赵某某被送往医院诊治，诊断为左足第五跖骨基底骨折，进行石膏外固定制动，医嘱休息观察，三日后到骨科复查。8月20日复查，普放诊断报告书检查所见“右踝关节各组成骨骨质结构完整，骨小梁清晰，未见明确骨折及脱位征象。关节面光滑，关节间隙清晰，宽窄正常。周围软组织明显肿胀”。医嘱建议休息一周，病情变化随诊。9月1日复查，左侧足背部肿胀明显，压痛，活动疼痛加重。10月4日复查，左侧足背部肿胀明显，压痛，活动疼痛加重，医嘱建议休息观察，拆除石膏，避免负重，适当功能练习，休息一周，病情变化随诊。

2020年10月7日，赵某某突然出现胸闷、憋气症状，家属急呼120急救车，急救车赶到后，发现患者呼吸、心跳已停止，立即给予胸外按压，后急送至医院急诊抢救室进行抢救，经抢救无效宣布死亡。初步诊断为“呼吸心脏骤停：肺栓塞？急性心肌梗死？”当日，医院向赵某某家属发放《尸体解剖告知书》，告知书中载明：赵某某因疾病“肺栓塞？”去世……如家属对死者的死因有异议，应在48小时内提出尸检申请。赵某某之子赵某1签字确认不同意尸检，因此医院未进行尸检。

**【案件焦点】**

交通事故导致赵某某脚趾骨折与赵某某的死亡结果之间是否具有因果关系以及相应赔偿责任的分配。

**【法院裁判要旨】**

北京市大兴区人民法院经审理认为：本案中，三原告主张因赵某某死亡造成的损失，则应对赵某某的死亡与范某的侵权行为之间具有因果关系承担举证责任。三原告在某医院对赵某某死因认定为“肺栓塞？”的情况下，明确放弃了对赵某某的死因进行尸检。现既无法确认赵某某的死亡原因，亦无法确认赵某某死亡与交通事故之间的因果关系。故，本院难以支持原告与赵某某死亡相关的赔偿主张，即丧葬费、死亡赔偿金、家属因处理丧葬事宜产生的交通费、误工费、住宿费，均不予支持。

北京市大兴区人民法院依照《中华人民共和国侵权责任法》第六条、第四十八条，《中华人民共和国道路交通安全法》第七十六条，《最高人民法院关于审理人身损害赔偿案件适用法律若干问题的解释》第十七条至第二十一条、第二十四条，《最高人民法院关于民事诉讼证据的若干规定》第二条，《最高人民法院关于适用〈中华人民共和国民法典〉时间效力的若干规定》第一条之规定，判决如下：

一、某保险公司在保险限额内赔偿赵某1、赵某2、孟某医疗费2540.55元、营养费850元、护理费2500元、精神损害抚慰金5000元、误工费8800

元、财产损失 2000 元；

二、驳回赵某 1、赵某 2、孟某的其他诉讼请求。

后，赵某 1、赵某 2、孟某不服一审判决，提起上诉。北京市第二中级人民法院经审理认为：本案中存在范某的侵权行为和赵某某死亡的后果，在无法进行因果关系鉴定的情况下，范某实施的侵权行为是导致赵某某死亡的可能性因素之一。赵某 1 等人提交肺栓塞与下肢骨折具有关联性的医疗资料等证据，结合赵某某发生交通事故前的健康状况、发生交通事故至死亡的时间、治疗连续性、医学理论等因素，在范某、保险公司均未提交证据的情况下，赵某 1 等人主张交通事故的伤情导致肺栓塞具有高度盖然性。

北京市第二中级人民法院依照《中华人民共和国民事诉讼法》第一百七十七条第一款第三项的规定，裁定如下：

一、撤销北京市大兴区人民法院（2021）京 0115 民初 22859 号民事判决；

二、本案发回北京市大兴区人民法院重审。

北京市大兴区人民法院经重审认为：根据原告一方提供的医学资料并结合相关案例，骨折后如出现并发静脉血栓形成致肺栓塞或继发性肺部感染等并发症可致人死亡。赵某某从受伤骨折到死亡不足两月，治疗过程连续，发病过程具有突发性并出现胸闷、憋气等症状，且在对赵某某抢救过程中，医生做出肺栓塞的倾向性诊断。因此，在被告方不能举证证明排除赵某某死亡与肺栓塞存在因果关系的情况下，应推定二者存在因果关系。在对死亡结果参与度证明的问题上，由于被告方既无法决定是否进行尸体解剖，也对死者既往病史难以掌握，不应苛求由其继续承担举证责任。原告一方在明知死亡原因存疑，交通事故纠纷尚未解决完毕容易产生争议的情况下，怠于进行尸检以保全证据，因此其应承担相应的不利后果。综上，本院酌定由被告对赵某某的死亡后果承担 30%的赔偿责任，其余损失由原告方自行承担。

北京市大兴区人民法院判决如下：

一、某保险股份有限公司赔偿赵某 1、赵某 2、孟某 413890.55 元；

二、范某于本判决生效后十日内赔偿赵某 1、赵某 2、孟某 45636.9 元；

三、驳回赵某1、赵某2、孟某的其他诉讼请求。

某保险公司不服一审判决，提出上诉。北京市第二中级人民法院依照《中华人民共和国民事诉讼法》第一百七十七条第一款第一项规定，判决如下：

驳回上诉，维持原判。

## 【法官后语】

实践中，轻损害行为产生重损害结果的案件存在争议。此类案件中，重损害结果往往是多个原因力综合作用的产物，裁判难点在于如何认定轻损害行为与重损害结果之间的因果关系，进而确定轻损害行为人的赔偿责任。本案经一审、二审，双方当事人对于交通事故导致赵某某脚趾骨折与赵某某的死亡结果之间是否存在因果关系以及各自应当承担赔偿责任争议极大。发回重审后，法院在未依赖司法鉴定程序辅助判断的情况下，依法认定轻损害行为与重损害结果之间存在因果关系，并据此划分损害赔偿责任，这对于统一此类案件的裁判思路具有重要意义。

一、轻损害行为与重损害结果的归因二阶审查

因果关系是侵权行为与损害结果之间的必然联系。只有当侵权行为与损害结果之间存在因果关系时，侵权人才需承担相应的法律责任。因果关系的核心作用在于限制侵权责任的范围，侵权法上适格的因果关系理论，应当能够帮助法官筛选出对损害发生具有重要作用，以及与责任承担高度关联的相当性条件。在轻损害行为导致重损害结果的案件中，对二者法律上的因果关系的认定应当递进式地完成两阶的判断：一是判断行为与结果之间是否存在事实因果关系；二是在事实因果关系基础上，进一步判断行为与结果之间是否存在相当因果关系。具体分析如下：

（一）第一阶：事实因果关系的判定

事实因果关系的经典表述为“若无行为人之行为，损害结果便不会发生，则行为与结果之间有着事实上的因果关系”。不论损害结果的发生是否有其他原因，只要行为促成了结果的发生，就应认定行为与结果之间具有事实上的因果关系，即行为是结果的必要条件。以本案为例，需考察如果范某导致赵某某

左足第五跖骨基底骨折的侵权行为未曾发生，是否仍会产生赵某某死亡的后果；如果回答为否，则应认定二者之间存在因果关系。

（二）第二阶：相当因果关系的判定

行为与结果之间法律上因果关系的建立，需要在事实因果关系的基础上进一步构建相当因果关系。相当因果关系以限制事实因果关系为目标，从社会学角度出发，在行为的“引起”和结果的“被引起”之间提出了“可能性”要求，其要求基于一般人的知识经验和认知水平，判明行为与损害结果之间在通常情形下存在的可能性。这种“可能性”包括三个维度的内涵：第一，损害结果发生可能性的提高或者增加是同未发生该侵权行为的情况下相比较而言的；第二，侵权行为同损害结果之间是否存在因果关系是不确定的，而非必然联系；第三，符合事物正常的发展规律，即如果按照侵权行为的通常发展过程，损害是不可避免的，或者损害发生的可能性大大增加。

二、轻损害行为致重损害结果的归责司法适用

确认行为与结果之间存在因果关系，并不意味着行为人应当对全部的损害结果承担赔偿责任。行为人只对自己可归责行为所引起的损害结果承担与其行为原因力相适应的赔偿责任份额，对于非因自己的可归责行为所引起的损害结果，行为人不承担赔偿责任。在轻损害行为导致重损害结果的案件中，往往存在数个因素引起同一损害结果，在因果关系成立的前提下，还要区分不同因素对损害后果发生的不同作用，以进一步确认行为人应当承担的责任范围。

在具体归责过程中，应当综合考虑行为人的主观过错和轻损害行为的客观原因力，以过错程度比较为主要决定因素，以原因力的大小作为相对的调整因素，综合认定损害赔偿责任。主观方面，过错程度要结合行为人主观心态、客观行为的可责难性、损害结果的可预见性来判断；客观方面，轻损害行为的原因力要综合因果联系的牵连程度、各方行为造成损害结果的顺序，以及轻行为引发的风险和实际损害后果进行考量。

本案中，法院结合受害人治疗过程的连续性、侵权人损害行为的违法性以及相关医学案例等，依法认定范某导致赵某某左足第五跖骨基底骨折的侵权行

为与赵某某的死亡结果之间存在因果关系。在归因基础上，综合侵权行为发生时间、死因查明情况等，认定交通事故原因力较弱，侵权人就损害结果承担30%的赔偿责任，符合因果关系认定以及责任划分规则。

编写人：北京市大兴区人民法院　赵玉东　刘璨

40

# 首次事故中无责的被追尾车辆未开启危险报警闪光灯导致二次事故的过错认定

## ——尹某诉甲保险公司等机动车交通事故责任案

**【案件基本信息】**

1. 裁判书字号

重庆市第五中级人民法院（2023）渝 05 民终 7049 号民事判决书

2. 案由：机动车交通事故责任纠纷

3. 当事人

原告（被上诉人）：尹某

被告（上诉人）：甲保险公司

被告（被上诉人）：江某、夏某、乙保险公司

被告：熊某、黄某、丙保险公司

**【基本案情】**

2022 年 8 月，熊某在某高速路段驾驶小汽车追尾江某驾驶的小汽车发生第一次交通事故（另案处理，熊某全责）。后，夏某驾驶小汽车行驶至事故路段尾随撞击周某某驾驶的小汽车，周某某驾驶的小汽车推动撞击江某驾驶的小汽车，造成三车不同程度受损，夏某及车上人员尹某等人受伤的第二次交通事故。

针对第二次交通事故，经《道路交通事故认定书》认定：夏某承担此次交通事故的主要责任；熊某承担此次交通事故的次要责任；周某某、江某及尹某等无责。

事故发生后，尹某等就医产生各类费用、损失。熊某驾驶车辆所有权人系黄某，该车辆在甲保险公司处投保了交强险和商业三者险，交通事故发生在保险期内。周某某驾驶的车辆在丙保险公司处投保交强险；江某驾驶的车辆在乙保险公司处投保交强险；两车交通事故均发生在保险期内。在熊某驾驶的车辆第一次撞击江某驾驶的车辆后，江某驾驶的车辆向前缓慢滑行后停驶于原行车道，熊某驾驶的车辆停驶于江某车辆右后方的导流线上。第一次事故发生后，江某在车辆停驶后下车绕行至车辆前方用手机对自己车辆进行拍照，现场未显示江某驾驶的车辆开启危险报警闪光灯。

**【案件焦点】**

江某在第一次交通事故中被追尾后，将车辆停驶于高速公路原行车道且未及时开启危险报警闪光灯的行为，对第二次交通事故的发生是否存在过错及应否承担责任。

**【法院裁判要旨】**

重庆市巴南区人民法院经审理认为：夏某驾驶车辆行驶至事发路段未与同车道行驶的前车保持足以采取紧急制动措施的安全距离在本次事故中有过错，其对事故发生负有主要责任。熊某在先前事故中全责致使江某车辆停置在行车道内，未第一时间止损、消灭危险状态，作为先前事故的全责方应承担更高的警示并采取措施减损的后续义务，应对第二次事故的发生负有次要责任，江某不承担责任。

重庆市巴南区人民法院依照《中华人民共和国民法典》第一千一百六十五条、第一千一百七十九条、第一千二百一十三条，《中华人民共和国道路交通安全法》第七十六条，《最高人民法院关于审理道路交通事故损害赔偿案件适用法律若干问题的解释》（2020 年修正）第十三条、第十八条，《中华人民共和国民事诉讼法》第六十七条之规定，判决如下：

一、被告甲保险公司在交强险限额内赔偿原告尹某交通事故经济损失198000元（其中，支付原告尹某155456.24元、支付被告夏某42543.76元）；

二、被告丙保险公司在交强险限额内赔偿原告尹某交通事故经济损失19800元；

三、被告乙保险公司在交强险限额内赔偿原告尹某交通事故经济损失19800元；

四、被告甲保险公司在商业三者险限额内赔偿原告尹某交通事故经济损失21943.97元；

五、被告熊某、黄某赔偿原告尹某交通事故经济损失3913.70元；

六、驳回原告尹某的其他诉讼请求。

甲保险公司不服一审判决，提起上诉。重庆市第五中级人民法院经审理认为：《中华人民共和国道路交通安全法》第五十二条规定："机动车在道路上发生故障，需要停车排除故障时，驾驶人应当立即开启危险报警闪光灯，将机动车移至不妨碍交通的地方停放；难以移动的，应当持续开启危险报警闪光灯，并在来车方向设置警告标志等措施扩大示警距离，必要时迅速报警。"《中华人民共和国道路交通安全法实施条例》第六十条规定："机动车在道路上发生故障或者发生交通事故，妨碍交通又难以移动的，应当按照规定开启危险报警闪光灯并在车后50米至100米处设置警告标志，夜间还应当同时开启示廓灯和后位灯。"江某驾驶车辆在第一次事故发生后将车辆停放于高速公路行车道内对自己车辆进行拍照，其虽然难以在短时间内将车辆跨越中间车道转移至应急车道并设置警告标志，但应开启危险报警闪光灯而未开启。因此，江某案涉行为违反了《中华人民共和国道路交通安全法》的相关规定，对第二次事故的发生存在过错。结合各方过错程度及对事故发生作用力大小，认定本次交通事故尹某受到的损失应由夏某承担70%的民事赔偿责任，熊某承担20%的民事赔偿责任，江某承担10%的赔偿责任。

综上，重庆市第五中级人民法院依照《中华人民共和国民法典》第一千一百六十五条、第一千一百七十九条、第一千二百一十三条，《中华人民共和国道路交通安全法》第七十六条，《最高人民法院关于审理道路交通事故损害赔偿案件适用法律若干问题的解释》（2020 年修正）第十三条、第十八条第一款，《中华人民共和国民事诉讼法》第六十七条、第一百七十七条第一款第二项之规定，判决如下：

一、撤销重庆市巴南区人民法院（2023）渝 0113 民初 8008 号民事判决第四、六项；

二、变更重庆市巴南区人民法院（2023）渝 0113 民初 8008 号民事判决第一项内容为“甲保险公司于本判决生效后十五日内在交强险和商业三者险限额内赔偿尹某交通事故经济损失 135219.41 元”；

三、变更重庆市巴南区人民法院（2023）渝 0113 民初 8008 号民事判决第二项内容为“丙保险公司于本判决生效后十五日内在交强险限额内赔偿尹某交通事故经济损失 12514.51 元”；

四、变更重庆市巴南区人民法院（2023）渝 0113 民初 8008 号民事判决第三项内容为“乙保险公司于本判决生效后十五日内在交强险限额内赔偿尹某交通事故经济损失 125145 元”；

五、熊某、黄某于本判决生效后十五日内赔偿尹某交通事故经济损失 2123.13 元；

六、江某于本判决生效后十五日内赔偿尹某交通事故经济损失 6098.77 元；

七、驳回尹某的其他诉讼请求。

**【法官后语】**

本案涉及对一次事故中受到损害的无责车辆对二次事故的发生是否存在过错、应否担责的认定。案涉车辆行驶于高速公路行车道内，一次事故系案涉车辆被右后方导流线方向来车追尾。案涉车辆驾驶人下车查看情况时，其虽不便将车辆转移至应急车道内，但未开启危险报警闪光灯，导致案涉车辆所在车道正后方两车辆追尾，形成二次事故，波及案涉车辆再次受到撞击。本案裁判为一次事故中受到损害的无责车辆如何正确处置、如何防范二次事故给予了指引。

一、一次事故中无责的被追尾车辆仍有义务警示危险，以避免二次事故的发生

按照《中华人民共和国道路交通安全法》（以下简称《道路交通安全法》）第五十二条、第七十三条，以及《中华人民共和国道路交通安全法实施条例》（以下简称《道路交通安全法实施条例》）第六十条之规定，无论是发生故障的机动车还是交通事故的机动车，只要其位于道路之上就负有危险警示义务，以避免事故的发生，同时《道路交通事故认定书》需载明交通事故的基本事实、成因和当事人的责任，作为处理交通事故的证据。据此，在一次事故中依法应当认定为无责的被追尾车辆，即使是《道路交通事故认定书》认定其在二次事故中无责，人民法院仍不能当然认定其在二次事故中无责，而是应当对照法律规定和案件事实进行具体认定。因为只要车辆所在的位置仍然是在道路上，其就负有危险警示义务，没有履行该义务导致二次事故发生的，就具有过错，进而应当承担相应的责任。

二、一次事故中无责的被追尾车辆难以移动和设置警告标志的，应履行最低限度的危险警示义务，即开启危险报警闪光灯

《道路交通安全法》第五十二条对发生故障的车辆如何履行危险警示义务进行了规定，《道路交通安全法实施条例》第六十条又进一步作了细化规定。综合来看，发生故障或者交通事故的车辆应当开启危险报警闪光灯并移动车辆；难以移动的，应开启危险报警闪光灯并在车后相当距离处（50～100米处）设置警告标志。可见，因为道路情况复杂多变，危险警示义务在具体情境下也并非一成不变，其具有显著的层级性。如车辆具备移动条件，则应当在开启危险报警闪光灯的同时移动车辆；如车辆难以移动，则应当在开启危险报警闪光灯的同时在车后相当距离处设置警告标志。但是，在车道拥挤、车流量巨大的情形下，前后车距离不足50～100米的情形较多，发生故障或者交通事故的车辆不仅难以移动，也难以在车后相当距离处设置警告标志。由此，根据前述规定蕴含的规范意旨，在车辆难以移动和设置警告标志时，虽然法律和法规未作具体规定，但车辆驾驶人至少应当开启危险报警闪光灯，此系特定情形下车辆驾

驶人应当履行的最低限度的危险警示义务。未履行该义务导致二次事故的，应当认定其具有过错，承担相应责任。

三、本案一次事故中被追尾车辆对二次事故发生的过错和责任承担分析

本案中，因事故路段为高速公路，后方车辆速度较快，江某在车辆被撞后将其停放于原行车道的行为对后方来车影响直接，且其未第一时间开启危险报警闪光灯的行为也严重影响了后车对前车状态的判断，不能立即判断前车是因异常状态停驶还是缓慢行驶，不易在较远处采取预防措施极大地增加了道路驾驶风险，应认定为对二次事故的发生存在一定过错，进而承担相应的责任。

编写人：重庆市第五中级人民法院　李茜希　陈璐

# 四、交通事故保险理赔

41

## 驾驶证过期发生交通事故，保险人可否免赔

——刘某诉某保险公司、陈某机动车交通事故责任案

**【案件基本信息】**

1. 裁判书字号

广东省阳江市中级人民法院（2023）粤 17 民终 1291 号民事判决书

2. 案由：机动车交通事故责任纠纷

3. 当事人

原告（上诉人）：刘某

被告（被上诉人）：某保险公司、陈某

**【基本案情】**

2022 年 9 月，刘某驾驶二轮摩托车在道路上行驶时，与陈某驾驶的小轿车发生碰撞，造成两车损坏和刘某受伤的道路交通事故。事故经交警认定，陈某对事故负有主要过错，刘某负有次要过错。陈某的小轿车在某保险公司购买了交强险及商业三者险，事故发生在保险期间内。陈某的驾驶证在事故发生时已过有效期。刘某因本次交通事故造成的损失共计 28139. 02 元。刘某还请求误工费 27536. 5 元。

**【案件焦点】**

驾驶证过期驾驶机动车发生交通事故，保险人可否免赔。

**【法院裁判要旨】**

广东省阳西县人民法院经审理认为：陈某车辆在某保险公司购买了交强险，对未超出交强险责任限额的21390元应由某保险公司在交强险限额内对刘某的损失予以赔偿。对超出交强险责任限额的483.91元，由于陈某系持过期驾驶证驾驶车辆发生本案事故，属于无证驾驶，符合陈某与某保险公司约定的免责情形，某保险公司对刘某的损失在商业三者险内不负赔偿义务，由侵权人陈某予以赔偿。

广东省阳西县人民法院依据《中华人民共和国民法典》第一千二百零八条、第一千二百一十三条，《中华人民共和国道路交通安全法》第七十六条和《最高人民法院关于审理人身损害赔偿案件适用法律若干问题的解释》（2020年修正）第六条、第八条、第九条、第十条、第十一条的规定，判决如下：

一、某保险公司在交强险限额内赔偿医疗费、住院伙食补助费、营养费、护理费、交通费共计21390元给刘某；

二、陈某赔偿医疗费、住院伙食补助费、营养费共计483.81元给刘某；

三、驳回刘某的其他诉讼请求。

刘某不服一审判决，提起上诉。广东省阳江市中级人民法院经审理认为：刘某主要是对一审没有支持其误工费及陈某持过期驾驶证驾驶属于无证驾驶，符合商业三者险的免责事由，商业三者险可以免赔提出上诉。一、关于刘某的误工费，虽然刘某已达法定退休年龄，但经审查刘某一、二审提交的证据，可以认定刘某在事故发生前仍通过自己的劳动赚取劳动收入，故应予支持刘某的误工费。经计算，刘某的误工损失为21468元。二、陈某持过期驾驶证驾驶车辆发生本案交通事故，属于无证驾驶，陈某与某保险公司在合同中约定无证驾驶属于保险人的免责事由，且该免责事由保险人已经对陈某履行了特别说明及提示义务，该免责事由已经生效，故某保险公司在商业三者险范围内对本案损失不承担赔偿责任，应由陈某本人自行承担赔偿责任。

广东省阳江市中级人民法院依据《中华人民共和国民法典》第一千二百零八条、第一千二百一十三条,《中华人民共和国道路交通安全法》第七十六条和《最高人民法院关于审理人身损害赔偿案件适用法律若干问题的解释》(2020年修正)第六条、第八条、第九条、第十条、第十一条之规定,判决如下:

一、维持广东省阳西县人民法院(2022)粤1721民初3815号民事判决第二项;

二、撤销广东省阳西县人民法院(2022)粤1721民初3815号民事判决第三项;

三、变更广东省阳西县人民法院(2022)粤1721民初3815号民事判决第一项内容为"某保险公司在交强险限额内赔偿医疗费、住院伙食补助费、营养费、护理费、交通费误工损失共42858元给刘某";

四、驳回刘某的其他诉讼请求。

## 【法官后语】

司法审判实践中,机动车驾驶证超过有效期限后持证人没有及时换证,导致驾驶证过期,持证人在此期间驾驶机动车发生交通事故的情况时有发生。此时,机动车保险人主张持证人无证驾驶符合保险合同约定的免责事由,拒绝理赔。对于这些情形,主要有两种观点:一种观点认为,换证仅属于行政管理范畴,驾驶人所持驾驶证虽已过期,但如果在事故发生后按照规定换领了驾驶证,且换领的驾驶证期限接续之前的期限,则持证人并不属于未取得驾驶资格的情形,也就不属于违反法律、行政法规中的禁止性规定情形,某保险公司应承担保险赔偿责任;另一种观点认为,驾驶证具有时效性,时效届满则证件失去证明力,失去证明力的证件应按无驾驶资格处理,对持有超过有效期限驾驶证的驾驶行为应认定为无驾驶资格。在某保险公司已就免责条款尽到明确提醒注意和说明义务的情况下,某保险公司可据此免赔。

保险合同对此免责事由的表述一般为"驾驶人在驾驶证超过有效期后驾驶机动车",然而超过驾驶证有效期驾驶机动车是否均为无证驾驶,保险人是否可据此得以免赔，对此不能以是否超过有效期这一标准来作简单的判断，因为无证驾驶和驾驶证过期虽都有行为人未持有效驾驶证件之表象，但二者实质是有所区别的。

因此，对于持证人持超过有效期的驾驶证发生交通事故的，是否一概认定为无证驾驶保险人得以免赔应根据实际情况作区分，主要有以下三种情形：(1) 驾驶证超过有效期但未满一年，尚未被依法注销的，驾驶证持有人换领新证的有效期涵盖了事故发生时间，此时发生的交通事故不属于无证驾驶情形；(2) 保险合同中对驾驶证过期约定是否明确以及是否履行提示及说明义务；(3) 驾驶证过期与事故发生是否存在因果关系，是否增加承保车辆的危险性。

商业三者险合同约定无证驾驶属于免责事由，且已履行特别说明及提示义务的，该约定生效。投保人持过期驾驶证驾驶属于无证驾驶，发生交通事故的，保险人可以在商业三者险限额内予以免赔。

交通事故受害人虽达到法定退休年龄，但其提交的证据能够证明事故发生前其仍从事有偿劳动的，可以支持误工费。

编写人：广东省阳江市中级人民法院　李凤霞

42

# 保险车辆因擅自改变车辆用途及性质而导致危险程度显著增加的，保险人可在商业险范围内拒绝赔付

## ——金某诉李某等机动车交通事故责任案

**【案件基本信息】**

1. 裁判书字号

江苏省无锡市中级人民法院（2023）苏02民终1282号民事判决书

2. 案由：机动车交通事故责任纠纷

3. 当事人

原告（被上诉人）：金某

被告（上诉人）：李某

被告（被上诉人）：严某、某保险公司

## 【基本案情】

2021年8月2日，严某驾驶小型面包车右转弯时，与直行的金某驾驶的电动三轮车发生碰撞，造成金某受伤、车辆损坏的交通事故。该事故经交通警察大队认定，严某负事故的全部责任，金某无责任。李某系小型面包车的所有权人，该车辆在某保险公司投保了交强险及商业三者险50万元。本次事故发生在保险期间内。案涉车辆行驶证上显示该车的使用性质为非营运，投保单上机动车使用性质一栏标明家庭自用。事故发生时，该车辆用于李某承包的某快递营运业务。严某系李某雇用的从事送快递的人员。

## 【案件焦点】

非营运车辆用于运送快递是否构成车辆使用性质改变，是否导致危险程度显著增加，保险公司可否据此免除赔偿责任。

## 【法院裁判要旨】

江苏省宜兴市人民法院经审理认为：根据《中华人民共和国保险法》第十七条第二款的规定，对保险合同中免除保险人责任的条款，保险人在订立合同时应当在投保单、保险单或者其他保险凭证上作出足以引起投保人注意的提示，并对该条款的内容以书面或者口头形式向投保人作出明确说明；未作提示或者明确说明的，该条款不产生效力。本案中，某保险公司在李某对案涉车辆投保时，已在投保单上用加粗加黑字体足以引人注意的方式提醒并告知投保人注意相关免责条款的内容及法律后果，由于投保人李某将投保时标明为家庭自用的车辆用于快递营运业务，改变了保险标的的使用性质，致被保险机动车危险程度显著增加，故依据保险条款约定，某保险公司在本案中主张商业三者险免赔的理由成立。

江苏省宜兴市人民法院依照《中华人民共和国民法典》第一千一百九十二条第一款、第一千二百一十三条，《中华人民共和国保险法》第十七条第二款，《最高人民法院关于审理道路交通事故损害赔偿案件适用法律若干问题的解释》第十三条第一款等规定，判决如下：

一、李某于判决发生法律效力之日起十日内赔偿金某 21247.47 元；

二、某保险公司于判决发生法律效力之日起十日内赔偿金某 24080 元；

三、驳回金某的其他诉讼请求。

李某不服一审判决，提起上诉。江苏省无锡市中级人民法院经审理认为：保险合同有效期内，保险标的危险程度显著增加的，被保险人应当按照合同约定及时通知保险人，否则因保险标的危险程度显著增加而发生的保险事故，保险人不承担赔偿或给付责任。本案中，虽然李某主张不存在保险标的危险程度显著增加的情形，但根据已查明事实，案涉车辆用途已由载人变为长期用于运输快递物品，使用性质亦由家庭自用变为经营活动中频繁使用，且在载货期间发生交通事故，应当认为本案所涉情形已属于《中华人民共和国保险法》第五十二条第二款所规定的“因保险标的的危险程度显著增加而发生的保险事故”的法定免赔情形，因此即便某保险公司未就相关保险条款履行明确说明义务，亦有权主张法定免赔。

江苏省无锡市中级人民法院依照《中华人民共和国民事诉讼法》第一百七十七条第一款第一项之规定，判决如下：

驳回上诉，维持原判。

## 【法官后语】

机动车驾驶人在驾驶非营运车辆运送快递过程中发生交通事故，保险人通常会以车辆使用性质改变导致危险程度显著增加为由主张免除赔偿责任。然而，司法实践中不仅对保险人可否据此免赔认定存在争议，且对是否须以保险人已就该免赔条款履行提示和说明义务为前提存在争议，实有进一步讨论之必要。

1. 保险车辆危险程度显著增加的认定。《中华人民共和国保险法》第四十九条和第五十二条均涉及对危险程度显著增加的认定。实务中，由于险种多样，情况复杂，对危险程度显著增加的认定成为审判实践中的难点问题。为对“危险程度显著增加”判断标准提供裁判指引，《最高人民法院关于适用〈中华人民共和国保险法〉若干问题的解释（四）》第四条第一款列举了与危险增加相关的常见因素，由法官根据案件具体情况，综合判断是否构成危险程度显著增加。同时，该条第二款从反面作出了规定，即增加的危险属于保险合同订立时保险人预见或者应当预见的保险合同承保范围的，不构成危险程度显著增加。当前车辆保险领域，保险公司根据被保险车辆的用途及出险概率，对家庭自用和营运车辆分别设置了不同保险费率。本案中，投保人李某以“家庭自用”的使用性质对案涉车辆投保商业三者险，但实际上其在未通知保险公司的情况下将该车用于运输活动，活动半径与使用频率较家庭自用明显增加，已构成保险标的使用性质和使用范围的重大变化。此外，案涉事故发生于该车辆运送快递过程中，且此前较长的一段时期内该车辆频繁用于快递运送业务，危险程度持续增加。保险合同是最大诚信合同，综合上述因素，应认定李某以“非营运”“家庭自用”的车辆性质投保，但投保后却擅自将车辆用于其承包的某快递营运业务，已构成保险标的危险程度的显著增加。

2. 保险人可基于保险标的危险程度显著增加主张法定免赔，审理时无须审查保险人是否对此有明确约定及有无履行提示和说明义务。围绕保险标的危险程度显著增加免赔的前提是否需在保险合同中约定并予以提示说明，实践中存在不同观点。肯定说认为，危险程度显著增加免责必须基于保险条款的明确约定，且保险人还应就约定条款履行提示和说明义务。笔者对此持否定观点。《中华人民共和国保险法》第五十二条关于“在合同有效期内，保险标的的危险程度显著增加的，被保险人应当按照合同约定及时通知保险人，保险人可以按照合同约定增加保险费或者解除合同。保险人解除合同的，应当将已收取的保险费，按照合同约定扣除自保险责任开始之日起至合同解除之日止应收的部分后，退还投保人。被保险人未履行前款规定的通知义务的，因保险标的的危险程度显著增加而发生的保险事故，保险人不承担赔偿保险金的责任”的规定属于法律明确规定的保险人不承担责任的法定免责条款。行为人违反该规定的法律后果是保险人依法不承担保险责任，法院此时无须审查保险条款对此是否进行约定，亦无须审查保险人是否对该条款尽到提示和明确说明义务。本案一、二审判决裁判结果虽然相同，但审理路径上存在本质区别。相较而言，应认为二审裁判思路更符合立法本意。

编写人：江苏省无锡市中级人民法院　宁尚成　陈鸿运

43

# 某保险公司以轻型货车改变车辆使用性质为由拒保的认定

——李某诉周某、某保险公司机动车交通事故责任案

## 【案件基本信息】

1. 裁判书字号

北京市第一中级人民法院（2023）京01民终12757号民事判决书

2. 案由：机动车交通事故责任纠纷

3. 当事人

原告（被上诉人）：李某

被告（被上诉人）：周某

被告（上诉人）：某保险公司

## 【基本案情】

2022年5月9日，周某驾驶轻型栏板货车从事货物搬运活动时与李某驾驶的普通二轮摩托车发生剐撞，经交管部门出具《道路交通事故认定书》，认定

周某承担事故全部责任，李某无责任。事故造成李某多处伤残，累计赔偿指数为70%，合并误工费、护理、营养等各项损失共计290万余元。

经查，周某驾驶的货车是轻型载货汽车，总质量在4.5吨以下。其在某保险公司投保有交强险和100万元商业三者险。关于投保过程，2021年10月18日某保险公司发送给周某确认短信，内附网址以供周某阅读保险条款、免责说明书等内容，并提供投保验证码且提示向销售人员提供投保验证码视为已详细阅读保险条款且知悉免责内容，该内容为保险行业协会统一制定，全市保险机构统一使用的电子保单。后，某保险公司以非营运车辆性质接受周某投保。

事故发生时周某正在从事货物搬运的运营活动，双方签订的《商业保险合同》中机动车损失保险责任免除条款加粗加黑写明：被保险机动车改变性质的，保险人不负责赔偿。某保险公司据此对本次事故的商业三者险予以拒保。

《中华人民共和国道路运输条例》规定，自2019年1月1日起各地交通运输管理部门不再对总质量4.5吨以下的货运车辆发放运输证。对于总质量4.5吨以下的货运车辆，无论是为自己还是他人从事运输行为都无须登记。

## 【案件焦点】

某保险公司是否应当在商业三者险范围内承担赔偿责任。

## 【法院裁判要旨】

北京市昌平区人民法院经审理认为：周某就案涉肇事车辆向某保险公司续保时，已经向某保险公司披露该车的营运性质，某保险公司在明知该车实际用途的情况下仍以非营运车辆的性质接受周某的续保，应当在商业三者险范围内承担赔偿责任。

北京市昌平区人民法院依照《中华人民共和国民法典》第一千一百七十九条、第一千二百一十三条，《最高人民法院关于审理人身损害赔偿案件适用法律若干问题的解释》第六条、第七条、第八条、第九条、第十条、第十一条、第十三条、第十六条、第十七条、第二十三条，《中华人民共和国民事诉讼法》第六十七条第一款之规定，判决如下：

一、某保险公司于本判决生效之日起七日内在机动车交通事故责任强制保险范围内赔付李某医疗费用类赔偿金 18000 元、死亡伤残类赔偿金 18 万元、财产损失类赔偿金 800 元；

二、某保险公司于本判决生效之日起七日内在机动车交通事故第三者责任商业保险范围内赔付李某共计 100 万元；

三、周某于本判决生效之日起七日内赔付李某共计 1753766.1 元；

四、驳回李某的其他诉讼请求。

某保险公司不服一审判决，提起上诉。北京市第一中级人民法院经审理认为：根据《中华人民共和国道路运输条例》第二十四条的规定，使用总质量 4.5 吨及以下普通货运车辆从事普通货运经营的，无须按照本条规定申请取得道路运输经营许可证及车辆营运证。结合《交通运输部办公厅关于取消总质量 4.5 吨及以下普通货运车辆道路运输证和驾驶员从业资格证的通知》的规定可知，从 2019 年 1 月 1 日起对于总质量 4.5 吨以下的普通货车已经不再发放道路运输证，周某所驾驶车辆的车辆行驶证的登记符合相关规定，且周某所驾驶的车辆亦无法登记为营运车辆，周某系正常使用车辆，并非改变车辆使用性质。某保险公司作为专业承保机构，应对上述规定明知，若出于运输风险的考量，某保险公司应对该类货车在投保时是否从事营运进行甄别，现未有证据显示某保险公司在投保时要求该类车辆进行营运性质的披露，而仅根据车辆行驶证的性质进行投保，故某保险公司以周某改变了车辆使用性质为由拒绝承担商业三者险范围内的赔偿责任，依据不足，不予支持。

北京市第一中级人民法院依照《中华人民共和国民事诉讼法》第一百七十七条第一款第一项之规定，判决如下：

驳回上诉，维持原判。

## 【法官后语】

保险合同中，投保人遵守诚实信用原则主要体现为告知义务，即在保险人询问时，必须如实地就保险相关的重要事实进行陈述。相对应地，保险人遵守该原则主要体现在说明义务，指保险人核保时需就保险合同内容积极向投保人予以说明，放任投保后以未询问事项主张免责的，明显背离诚实信用原则。

一、交通运输“放管服”利好与4.5吨以下轻型货车投保实践

4.5吨以下轻型货车（以下简称轻货）是货车市场重要组成部分。本案周某从事的货物搬运服务是常见的轻货经营性使用场景之一。

2018年，交通运输部发布《交通运输部办公厅关于取消总质量4.5吨及以下普通货运车辆道路运输证和驾驶员从业资格证的通知》，自2019年1月1日起，对4.5吨及以下普通货运车辆不再配发道路运输证和驾驶员从业资格证。实践中，该类车型的保险配套有待进一步完善。保险人核保时仅依据行驶证中注明的性质予以承保，而轻货行驶证中缺少“营运”记载，只能按非营运投保，与营运活动实际不符。出险时，保险人以车辆使用性质改变、危险显著增加为由拒绝兑保，被侵权人无法及时获赔，社会风险无从分摊。

二、登记营运与否并不必然导致使用性质变化

“营运”与“非营运”是行政管理所做区分。双证取消后，以周某为代表的车辆所有人无法主动完成行驶证“营运”变更，但轻货天然担负货运使命，全部限定为自用显然不符合生活实际和市场需求。周某从事货物搬运服务，系正常使用车辆，并非改变车辆使用性质，车辆使用危险也并未显著增加，保险人拒保理由并不成立。

三、诚实信用原则下，保险人在提示说明中负有积极询问义务

保险人拒绝赔付关系到免责条款适用问题。保险参与人要承担“内在最大善意特征的说明和告知义务”[①]，诚实信用是民事领域基本原则，在免责条款审查上适用诚实信用原则是必然逻辑。《中华人民共和国保险法》第十六条[②]及《最高人民法院关于适用〈中华人民共和国保险法〉若干问题的解释（二）》

---

① 杨茂：《完善我国保险人明确说明义务的法律思考》，载《现代法学》2012年第2期。

② 《中华人民共和国保险法》第十六条第一款规定：“订立保险合同，保险人就保险标的或者被保险人的有关情况提出询问的，投保人应当如实告知。”

第六条①均明确规定，保险公司负有询问义务。原因是保险公司熟知产品特点和专业知识，在缔结保险合同中属于强势一方，应由其对影响合同签订的重要事项进行询问，而不依赖投保人自觉告知。轻货“取消双证”从行政政策到成为《中华人民共和国道路运输条例》第二十四条的规定，保险公司作为专业承保机构，应属明知。在周某投保时并未要求其进行车辆营运性质的披露，而仅根据行驶证上的使用性质认定投保类型，对车辆投保非营运险实际持放任态度，而事后拒绝兑保有违诚实信用原则，不应得到法律支持。

当然，出于对运输风险的考量，保险公司若认为必要，可对轻货投保时是否从事营运进行甄别，并就保费问题与投保人协商，保险行业机构可就制式保险条款作出相应修改，以实现保险盈利性与社会性的统一。

编写人：北京市第一中级人民法院　孙宇杉　任可娜

44

# 投保人使用家用车顺带合乘行为性质的认定

## ——顾某、蔡某1诉陈某、某保险公司机动车交通事故责任案

**【案件基本信息】**

1. 裁判书字号

江苏省南通市中级人民法院（2023）苏06民终4827号民事判决书

2. 案由：机动车交通事故责任纠纷

① 《最高人民法院关于适用〈中华人民共和国保险法〉若干问题的解释（二）》第六条第一款规定：“投保人的告知义务限于保险人询问的范围和内容。当事人对询问范围及内容有争议的，保险人负举证责任。”

3. 当事人

原告（被上诉人）：顾某、蔡某1

被告（被上诉人）：陈某

被告（上诉人）：某保险公司

**【基本案情】**

2022年10月14日18时左右，陈某驾驶小型面包车行驶时，小型面包车前部右侧与在该路段由西向东跨越道路中间隔离护栏后再向东横过道路的行人蔡某2发生碰撞，致蔡某2受伤，于当日死亡，车辆受损。2022年12月5日，启东市公安局交通警察大队出具《道路交通事故认定书》，认定陈某、蔡某2分别承担同等责任。

陈某驾驶小型面包车在被告某保险公司处投保交强险及商业三者险300万元，案涉事故发生在保险期限内。事故发生后，被告陈某垫付60000元。

蔡某2被送至医院治疗，顾某、蔡某1主张医疗费810.48元、整容费7500元。蔡某2父母先于蔡某2死亡，蔡某2与妻子顾某育有一子蔡某1。

某保险公司认为陈某驾驶车辆从事营运，在商业三者险内不承担赔偿责任。

**【案件焦点】**

1. 陈某使用家用车辆顺带合乘工友上下班的行为是否认定为改变车辆使用性质，导致车辆危险程度显著增加的情形；2. 某保险公司能否在商业三者险范围内免责。

**【法院裁判要旨】**

江苏省启东市人民法院经审理认为：从“改变车辆使用性质”的角度。就用途而言，某保险公司作为保险销售专业机构在明知陈某购买的车型是多用途乘用车的情况下，仍放任投保人选择“家庭自用”，对于车辆使用性质疏于审核的责任应由某保险公司自行承担。从“危险程度显著增加”的角度。其一，事故发生时，被告陈某自身就在某冷藏厂上班，其还根据某冷藏厂的需要介绍工人为某冷藏厂提供劳务，而其家住 H 村，事故发生地点是其上下班的必经之路，未出现绕道行驶的情形，危险程度并未出现显著增加；其二，根据车辆的购买时间和行驶里程，结合其上下班的里程，不能认定其顺带工友上下班的行为增加了车辆的使用频率和危险性；其三，无论陈某是否收取车费，其并未从事客运，也未改变车辆用途，故不能认定本案系因保险标的危险程度显著增加而导致保险事故的发生。

江苏省启东市人民法院依照《中华人民共和国民法典》第一千二百零八条等规定，判决如下：

一、被告某保险公司于本判决生效之日起三十日内在机动车交通事故责任强制保险、第三者责任保险限额内赔偿原告顾某、蔡某 1 因亲属蔡某 2 在交通事故中死亡造成的损失合计 845954.57 元（其中的 60000 元支付给被告陈某）；

二、驳回原告顾某、蔡某 1 的其他诉讼请求。

某保险公司不服一审判决，提起上诉。江苏省南通市中级人民法院经审理认为：首先，陈某所驾车辆为多用途乘用车，其将该车辆用于上下班途中顺带接送工友，属于正常使用范围，并未超出车辆本身的用途。其次，事故发生时，陈某在上下班途中顺带接送工友，其接送的人员比较固定，客观上上下班途中是否接送工友不会导致投保车辆明显超过正常使用频率；同时因系顺带接送，车辆行驶范围、行驶路线亦在合理范围内。再次，事故发生时，陈某所驾车辆上并无其他乘客，车辆内部结构也未发生改变。最后，本案顺带接送工友属于顺带合乘范畴，即便收取一定的车辆使用折旧费、油费，亦不能认定为营运活动。

江苏省南通市中级人民法院依照《中华人民共和国民事诉讼法》第一百七十七第一款第一项之规定，判决如下：

驳回上诉，维持原判。

**【法官后语】**

投保人使用家用车辆顺带合乘工友的行为不属于改变车辆使用性质，导致增加车辆危险程度的情形，某保险公司应当在商业三者险范围内承担赔偿责任。

一、顺带合乘行为不同于网约车，不能径行认定其目的为营运

认定车辆营运性质应根据收取费用及车辆使用情况等综合判断。对于认定车辆是否属于“营运”性质，司法实践中存在两种不同意见：一种意见认为，按照国家对营运车辆和非营运车辆的划分，营运车辆应该具备道路运输资格证、从业资格证，且在运管办理所登记为从事营利性活动的车辆；另一种意见认为，按照现实习惯，只要车主将车辆从事营利性活动，并取得相应报酬的，就应当认定为营运，而不论该车是否取得行政管理中的资质、条件。

司法实践中对营运性质的判定标准，具体结合三个方面进行综合考量：一是收取费用的金额；二是车辆使用情况，从行程路线、搭载乘客数量、车辆行程时间等进行综合判断；三是是否需要依法取得行政许可等手续。上下班途中顺带接送工友属于顺带合乘范畴，不宜认定为从事营运活动，理由如下：

首先，顺带合乘行为是一种相互帮助、好意同乘行为，载客车辆为非营运性质的私家车，车主或驾驶员往往是无偿载客，即使收费也仅是为了分担运输成本而非为了获利。其次，顺带合乘的目的地一般是由车主确定而非乘客，即乘客目的地要去匹配顺风车的目的地。最后，由于顺带合乘是自发、互助行为，与从事出租车、网约车营运活动需要依法取得行政许可不同，顺带合乘不需要。

二、顺带合乘行为是否会使“危险程度显著增加”，应根据保险法司法解释综合认定

“危险程度显著增加”是保险行业术语，指在保险合同有效期内，保险标的发生保险责任范围内的危险或灾害事故的可能性较保险合同订立时有所增加。根据《最高人民法院关于适用〈中华人民共和国保险法〉若干问题的解释（四）》第四条规定，顺带合乘行为是否显著增加了车辆危险程度不能一概而论，应进行综合考量。一是所驾车辆的用途是否改变。结合驾驶员所驾驶的车型和基本概况予以认定。二是使用范围是否改变。结合驾驶人搭载路线是否与出行目的趋同，考察乘客的出发点、目的地是否在驾驶员自身行程的合理范畴。三是是否有改装、加装的情况。根据驾驶人驾驶车辆的内部结构是否发生改变予以考察。

三、某保险公司在投保人投保的业务流程中是否尽到免责条款的“提示说明义务”

某保险公司业务人员作为保险销售专业人员，对于车辆性质是“家庭自用”还是“非营业用（不含家庭自用）”的区分应具备专业认知且明知，并负有向投保人明确说明的义务。若某保险公司未尽询问告知义务放任投保，发生事故后以改变车辆性质为由主张免责，则有违诚信原则。

本案中，上下班途中接送工友属于顺带合乘，某保险公司以该行为属于从事营运活动为由拒赔，法院不予支持，这实质上是对亲友邻里互助这一友善价值观的肯定。

顺带合乘是当下流行的一种绿色低碳共享出行方式，但这种个人之间的互助、互惠行为也存在风险，以顺风车之名行营运之实的情况时有发生。司法实践中，要综合考量营运性质的判定标准、“危险程度显著增加”的情形以及某保险公司是否履行“提示说明义务”等方面，来判断某保险公司是否应当在商业三者险限额内承担赔偿责任。

编写人：江苏省启东市人民法院　胡丹

45

# 保险人履行提示说明义务的认定

## ——孙某甲等诉毛某某等机动车交通事故责任案

**【案件基本信息】**

1. 裁判书字号

上海市第一中级人民法院（2023）沪01民终3294号民事判决书

2. 案由：机动车交通事故责任纠纷

3. 当事人

原告（被上诉人）：孙某甲、孙某乙、孙某丙

被告（被上诉人）：毛某某、某物流公司、沈某某、甲保险公司、某市政工程公司

被告（上诉人）：乙保险公司

**【基本案情】**

2022 年 6 月 29 日 15 时 17 分许，孙某丁驾驶电动自行车与毛某某驾驶的重型自卸货车发生碰撞，导致二车受损，受害人受伤，后在送医途中死亡。

2022 年 8 月 15 日，交警支队出具《道路交通事故认定书》，认为孙某丁驾驶电动自行车逆行至事发路口后向东无序通行的行为违法，应承担同等责任；毛某某驾驶的重型自卸货车存在加装栏板的违法行为和车辆载物超过核定载质量的违法行为，且超载导致车辆在紧急制动时无法有足够的制动效果，应承担同等责任。

另查明，案涉重型自卸货车登记在某物流公司名下，某物流公司确认被告毛某某系该公司员工，事发时系职务行为。

事发前，某物流公司在甲保险公司为车辆投保了交强险（责任限额 200000 元）。某市政工程公司在被告乙保险公司为车辆投保了商业三者险（责任限额 1500000 元）。2021 年 8 月 19 日，因车辆转让、过户，某市政工程公司受被告某物流公司委托，向乙保险公司申请批改商业三者险，经乙保险公司审核，批改自 2021 年 8 月 21 日起生效。

**【案件焦点】**

1. 乙保险公司是否就免责条款对某市政工程公司尽到提示说明义务；2. 乙保险公司是否有义务就免责条款向某物流公司予以提示说明；3. 案涉车辆加装栏板的行为是否导致了危险程度的显著增加。

**【法院裁判要旨】**

上海市松江区人民法院经审理认为：商业三者险的保险条款系格式条款，

乙保险公司就免责条款的内容，应当向投保人履行明确告知和特别提示说明义务。本案中，车辆因转让而申请保单批改，原电子保单中的被保险人已变更为某物流公司，但乙保险公司未举证证明其在保单批改后向某物流公司就免责条款进行过告知和特别提示说明，故乙保险公司要求免除其在商业三者险限额内承担赔偿责任的主张，不予支持。

上海市松江区人民法院依照《中华人民共和国民法典》第一千一百六十五条、第一千一百七十三条、第一千一百七十九条、第一千一百八十三条第一款、第一千一百八十一条第一款、第一千一百八十四条、第一千二百零八条、第一千二百一十三条和《中华人民共和国民事诉讼法》第六十七条第一款、第一百四十七条之规定，判决如下：

一、甲保险公司于本判决生效之日起十日内，在机动车交通事故责任强制保险的责任赔偿限额内赔付孙某甲、孙某乙、孙某丙 180500 元；

二、乙保险公司于本判决生效之日起十日内，在第三者责任商业保险的赔偿限额内赔付孙某甲、孙某乙、孙某丙 896173. 60 元；

三、乙保险公司于本判决生效之日起十日内，在第三者责任商业保险的赔偿限额内给付某物流公司 56000 元；

四、某物流公司赔偿孙某甲、孙某乙、孙某丙 10000 元（已付）；

五、驳回孙某甲、孙某乙、孙某丙的其他诉讼请求。

乙保险公司不服一审判决，提起上诉。上海市第一中级人民法院经审理认为：关于争议焦点一。在《中华人民共和国保险法》已经明确赋予保险公司在此种情形免赔的情况下，保险公司是否仍需履行相应的提示、明确说明义务？当事人在保险条款中约定的被保险机动车改装、加装情形属于违反《中华人民共和国道路交通安全法》第十六条的行为。根据《最高人民法院关于适用〈中华人民共和国保险法〉若干问题的解释（二）》第十条的规定，上述情形保险人仅需针对免责条款作出“提示”即可，无须再履行“明确说明”义务。本案中，乙保险公司在保险条款的责任免除部分第二十三条对被保险机动车加装、改装导致危险显著增加的情形，已用对文字进行加粗加黑的方式向投保人予以提示，尽到了提示义务。

关于争议焦点二。首先，保险合同具有相对性，相关保险条款约束的是签订合同的双方当事人，即保险人和投保人。其次，根据《中华人民共和国保险法》第十七条的规定，对于保险合同中的免责条款，保险人应向投保人履行告知和明确说明义务，未要求保险人向被保险人履行。最后，由批改申请书和委托书可知，某物流公司也应知悉案涉保险条款的内容。综上，乙保险公司并不负有向某物流公司提示说明的义务，且某物流公司亦明知免责条款的存在。

关于争议焦点三。认定行为是否构成危险程度的显著增加，关键在于判断其是否达到足以影响保险人继续承保抑或提高保险费率的程度。本案中，尽管毛某某存在加装栏板和超载两项违法行为，但保险事故发生的原因在于车辆超载导致的制动效果不足，并非加装栏板。此外，加装栏板本身并不必然导致车辆危险程度显著增加，并未达到足以影响保险人继续承保抑或提高保险费率的程度。

上海市第一中级人民法院依照《中华人民共和国民事诉讼法》第一百七十七条第一款第一项之规定，判决如下：

驳回上诉，维持原判。

**【法官后语】**

《中华人民共和国民法典》第四百九十六条规定了格式条款提供者的提示说明义务，保险合同作为高度格式化的合同，存在大量格式条款的内容，《中华人民共和国保险法》第十七条第二款针对保险合同中的免责条款细化了保险人应履行的提示说明义务。但审判实践中，保险人提示说明义务的对象为何，当投保人非被保险人时，保险人是否需向被保险人履行上述义务；提示和明确说明义务有何不同，二者当如何认定；在机动车网络投保已成主流投保方式的当下，如何认定保险人已就免责条款尽到提示说明义务；不同情形下保险人的提示说明义务有何区别等，有待进一步明确和统一。

一、保险人履行提示说明义务的对象

关于保险人履行提示说明义务的对象，保险人仅需就免责条款向投保人履行提示说明义务，并不负有向被保险人履行的义务。一方面，保险人向被保险人履行提示说明义务缺乏合同依据。基于合同相对性原则，保险合同的条款约束的是签订合同的双方，即保险人和投保人。保险人的提示说明义务发生于保险合同缔约时，准确而言，是在合同签订前，投保人和保险人基于磋商阶段告知的相关内容，决定是否订立保险合同。因此，作为先合同义务，保险人的提示说明义务应当在合同缔约阶段向合同相对方即投保人履行，没有必要向被保险人履行，更遑论在合同履行阶段向保险标的变更后的被保险人履行的问题。另一方面，保险人向被保险人履行提示说明义务缺乏法律依据。根据《中华人民共和国保险法》第十七条的规定，对于保险合同中的免责条款，保险人应当向投保人履行提示说明义务，法律未要求保险人向被保险人履行。在保险标的转让情形下，根据《中华人民共和国保险法》第四十九条的规定，保险标的受让人承继被保险人的权利和义务，故此时只是合同主体发生变更，权利义务内容包括免责条款的内容均未改变，保险人亦无须再次提示说明。

二、提示和明确说明义务的界分及认定标准

提示和明确说明义务为独立的义务，存在功能和目的的不同。此外，二者还具有相当程度的关联性，这种关联性主要体现在二者逻辑上的递进关系，履行明确说明义务的前提是投保人已经注意到相关条款的存在。故，审判实践中往往需先审查保险人是否履行了提示义务，若连基本的提示义务都未尽到，则无须判断是否履行明确说明义务。关于提示义务的认定，从《中华人民共和国保险法》第十七条第二款和《最高人民法院关于适用〈中华人民共和国保险法〉若干问题的解释（二）》第十一条第一款的文义分析，保险人是否尽到提示义务的判断，关键在于其是否对相关保险免责条款以明显标志引起了投保人的注意。实践中，最常见的莫过于对保险合同的免责条款予以加粗加黑或者以其他颜色、字体等方式予以标示，只要存在上述情形，一般即可认定保险人履行了提示义务。关于明确说明义务的认定，从《最高人民法院关于适用〈中华人民共和国保险法〉若干问题的解释（二）》第十一条第二款规定可见，其采取的是实质判断标准，即保险人的说明须达到使投保人理解的程度。但投保人主观上是否理解，保险人往往难以举证，且易引发道德风险，如投保人即使理解免责条款，但发生保险事故时仍会基于自身利益的考量否认保险人已尽明确说明义务。因此，在实质标准的认定上，仍应采取客观标准，即保险人的说明达到使一般理性人能够理解的程度。

三、禁止性规定免责条款保险人的提示义务

将法律、行政法规禁止性规定作为免责条款订入合同的，保险人仍需依《中华人民共和国保险法》第十七条的规定履行提示说明义务。但《最高人民法院关于适用〈中华人民共和国保险法〉若干问题的解释（二）》第十条规定减轻了保险人的该项义务，仅要求保险人履行提示义务即可，不再要求履行明确说明义务。该情形下保险人义务的减轻有其正当性和合理性，符合公平原则和诚信原则的要求。

编写人：上海市第一中级人民法院　卢颖　王晓翔

46

# 电子保单模式下保险人对法律禁止性规定免责条款提示义务的认定

## ——丁某诉魏某、某保险公司机动车交通事故责任案

**【案件基本信息】**

1. 裁判书字号

江苏省苏州市中级人民法院（2023）苏05民终1119号民事判决书

2. 案由：机动车交通事故责任纠纷

3. 当事人

原告（被上诉人）：丁某

被告（被上诉人）：魏某

被告（上诉人）：某保险公司

【基本案情】

2021年5月19日21时10分，魏某驾驶小型客车与季某驾驶的三轮电动车（车上乘坐丁某）发生碰撞，造成丁某、季某受伤，车辆损坏的事故，事故发生后魏某驾车逃逸。交警大队出具事故认定书，认定魏某承担全部责任，丁某、季某无责任。被告魏某的车辆在被告某保险公司处分别投保交强险和商业险，事故发生在保险期间内。

【案件焦点】

某保险公司在商业三者险责任范围内是否承担责任。

【法院裁判要旨】

江苏省张家港市人民法院经审理认为：被告某保险公司虽提供了商业险条款，根据《中国保险行业协会机动车综合商业保险示范条款》（2014版）第二十四条第二款第一项的规定，商业险免赔。但由于被告某保险公司未能提供证据证明在被告魏某投保时，向被告魏某尽到了免责条款的提示义务，故某保险公司以此作为商业三者险拒赔的理由不能成立。

江苏省张家港市人民法院依照《中华人民共和国民法典》第一千一百六十五条、第一千一百七十三条、第一千一百七十九条、第一千二百零八条、第一千二百一十三条，《中华人民共和国道路交通安全法》第七十六条第一款第二项，《最高人民法院关于审理人身损害赔偿案件适用法律若干问题的解释》第六条、第七条、第八条、第九条、第十条、第十一条、第十二条，《最高人民法院关于审理道路交通事故损害赔偿案件适用法律若干问题的解释》第十三条之规定，判决如下：

被告某保险公司于本判决生效之日起十日内赔付原告丁某299830.52元，支付被告魏某68430.62元。

某保险公司不服一审判决，提起上诉，并补充提供了电子投保流程示范说明，用于证明以电子投保方式投保的投保人在购买保险时，保险公司就保险免责条款已经向投保人履行了提示和说明义务。江苏省苏州市中级人民法院经审理认为：涉案事故中，经交通警察大队调查取证后，认定魏某在事发后逃逸。交通肇事逃逸是众所周知的违法行为，也是机动车驾驶人应当知晓的违法行为，肇事逃逸后保险拒赔属于社会常识。本案中，应视为魏某知晓该社会常识。一审诉讼中，魏某在某保险公司投保的商业三者险经其确认是通过微信扫码付款的电子投保方式进行购买。而根据现有电子投保流程的特点，投保人以该方式购买保险时，对于投保信息校验、微信实名认证、验证完成后显示保单信息、保险条款及免责条款说明书等都需要通过手机下拉阅读、勾选、点击确认等步骤后方可进入下一步操作，最后签名、付款完成投保事宜。根据某保险公司在一审诉讼中提供的《中国保险行业协会机动车综合商业保险示范条款》（2014版）第八条，在责任免除款项中对其保险免责条款进行了加黑、加粗提示。因此，按照目前电子投保流程的特点，本案中，可视为某保险公司已经通过电子投保的方式对免责条款向魏某进行了提示。据此，根据《最高人民法院关于适用〈中华人民共和国保险法〉若干问题的解释（二）》第十条的规定，保险人将法律、行政法规中的禁止性规定情形作为保险合同免责条款的免责事由，保险人对该条款作出提示后，投保人、被保险人或者受益人以保险人未履行明确说明义务为由主张该条款不成为合同内容的，人民法院不予支持。

江苏省苏州市中级人民法院依照《中华人民共和国民法典》第一千一百六十五条、第一千一百七十三条、第一千一百七十九条、第一千二百零八条、第一千二百一十三条，《中华人民共和国道路交通安全法》第七十六条第一款第二项，《最高人民法院关于审理人身损害赔偿案件适用法律若干问题的解释》第六条、第七条、第八条、第九条、第十条、第十一条、第十二条，《最高人民法院关于审理道路交通事故损害赔偿案件适用法律若干问题的解释》第十三条，《最高人民法院关于适用〈中华人民共和国保险法〉若干问题的解释（二）》第十条，《中华人民共和国民事诉讼法》第一百七十七条第一款第二项之规定，判决如下：

一、撤销江苏省张家港市人民法院（2022）苏0582民初12279号民事判决；

二、某保险公司在交强险责任限额范围内赔偿丁某198000元，于本判决生效之日起十日内履行；

三、魏某赔偿丁某170261.14元，扣除其已经支付的73000元，尚需赔偿97261.14元，于本判决生效之日起十日内履行。

【法官后语】

本案中，魏某在事发后逃逸。尽管交通肇事逃逸是众所周知的违法行为，也是机动车驾驶人应当知晓的违法行为，但是法律法规中的禁止性规定，不同于法定免责条款，违反该规定并不直接产生免除保险责任的效果，需要当事人在保险合同中进行特别约定，仍属于约定免责范畴。根据《最高人民法院关于适用〈中华人民共和国保险法〉若干问题的解释（二）》第十一条第一款的规定："保险合同订立时，保险人在投保单或者保险单等其他保险凭证上，对保险合同中免除保险人责任的条款，以足以引起投保人注意的文字、字体、符号或者其他明显标志作出提示的，人民法院应当认定其履行了保险法第十七条第二款规定的提示义务。"因此，保险人将违反法律禁止性规定的违法行为作为保险合同免责事由的，无须履行明确说明义务，但仍需履行提示义务。

所谓提示义务，是独立于明确说明义务而存在的。首先，提示义务属于法定义务，具有独立价值。保险合同提示义务是保险人通过特定的方式提醒投保人注意免除保险人责任条款存在的义务。提示程度以一般人的客观标准审查，足以引起投保人注意即可，保险人不能通过要求投保人仔细阅读免责条款等方式降低提示程度，转移提示义务。具体到网络投保而言，义务内容主要包括保险条款主动展示，对免责条款的特别标示，足以引起投保人对该条款重点关注。此外，基于提示义务的独立价值，提示是明确说明的前置性义务，为保险人履行说明义务夯实基础，保险人应当先举证证明提示义务的履行情况，不能通过说明义务的履行反证提示义务是否履行。其次，提示义务属于先合同义务，应当在合同成立前履行。采用格式条款订立保险合同，对保险人的免责条款提示义务除形式有要求外，时间上也有要求，至迟不能超过保险合同成立时。就网络投保保险合同，应在投保人提交订单前履行说明义务。再次，提示义务是主动义务，应主动向投保人履行，给予投保人了解免责条款的合理机会。对比线下投保过程中保险人向投保人主动交付附格式条款投保单、保险单、保险条款等行为，网络投保保险人作为投保平台搭建方或依托第三方平台，设计的投保流程不能同一般电子商务一样，仅依靠投保人在开始投保操作前自行阅读保险条款等信息，应在投保开始后主动向投保人展示免责条款，提供阅读机会和便利，充分保障投保人对免责条款的知情权。例如，将投保人所需阅读的内容以一定的顺序进行强制引导，以及可通过主动弹出保险条款，同时设置投保人阅读确认环节，提示投保人对免责条款予以阅读并重视，实现对投保人的一对一提醒。最后，提示义务是程序性义务，保险人应按照法律规定的要求进行提示。保险人应提示投保人阅读免责条款，并在投保人阅读时对具体的免责条款采取特别的文字、字体、符号或者其他明显标志予以提示或者就免责条款集中单独展示，引起投保人对免责条款的注意。

目前，通过电子投保方式进行车险投保已经成为普遍方式。在司法实务中，对于保险人就电子保单中免责事由履行提示义务的认定，主要应当审查评判以下方面：一是载体全面，即电子保单签订时，电子保单提供者是否将保险条款单独列为保单附件，提示的载体包括投保单、保险单等所有保险凭证，存在免除保险人责任的格式条款；二是标识清晰，即保险条款中免责条款在形式上能否与其他条款有明显区别，是否采用相关内容加粗、加黑的形式；三是前置程序，即免责条款是否设置强制阅读前置程序，提示投保人阅读并签署投保人声明相关文本。保险人如果无法证明其在签订电子保单之时已提供其所主张的免责条款文本，且足以引起投保人注意，就难以证明其已尽到提示义务。本案中，某保险公司补充提供了投保流程视频，根据流程指引，投保人以电子投保方式购买保险时，对于投保信息校验、微信实名认证、验证完成后显示保单信息、保险条款及免责条款说明书等都需要通过手机下拉阅读、勾选、点击确认等步骤后方可进入下一步操作，最后签名、付款完成投保事宜，保险免责条款进行了加黑、加粗提示。因此，可视为某保险公司已经通过电子投保的方式就免责条款向魏某进行了提示。

编写人：江苏省张家港市人民法院　刘艺琳

47

# 电子保险保单提示说明义务的认定

## ——杜某诉葛某等机动车交通事故责任案

### 【案件基本信息】

1. 裁判书字号

北京市第三中级人民法院（2023）京 03 民终 5763 号民事判决书

2. 案由：机动车交通事故责任纠纷

3. 当事人

原告（上诉人）：杜某

被告（被上诉人）：葛某、崔某 1、崔某 2、崔某 3、某保险公司

### 【基本案情】

2021 年 12 月 26 日 6 时 33 分，姜某驾驶重型半挂牵引车牵引重型自卸半挂车行驶，崔某某步行，杜某驾驶小型轿车停车等待信号灯，重型半挂牵引车左前部与崔某某身体及杜某驾驶的小型轿车右侧接触，造成两车损坏，崔某某死亡。交管部门认定，姜某、崔某某为同等责任，杜某无责。崔某 1、崔某 2、崔某 3 系崔某某的法定继承人。葛某系肇事车辆实际所有人、投保人和被保险人，姜某是其雇用的司机。姜某驾驶的重型半挂牵引车在某保险公司投保了交强险和商业三者险 100 万元，事故发生在保险期间内。原告因此次交通事故，截至

2022年3月25日仍无法继续运营车辆，导致误工费及运营承包金损失，故要求四被告赔偿原告运营承包金19500元、误工费15000元。

【案件焦点】

保险公司对于免责条款是否尽到了提示说明义务。

【法院裁判要旨】

北京市密云区人民法院经审理认为：《最高人民法院关于审理道路交通事故损害赔偿案件适用法律若干问题的解释》第十二条第三项规定，依法从事货物运输、旅客运输等经营性活动的车辆，因道路交通事故造成无法从事相应经营活动所产生的合理停运损失，当事人请求侵权人赔偿的，人民法院应予支持。本案中，杜某驾驶的小型轿车系依法从事旅客运输的营运车辆，杜某请求的运营承包金及误工费损失实为其无法从事营运活动期间产生的停运损失。庭审中，葛某辩称其为重型半挂牵引车投保了交强险和商业险，但投保时某保险公司未向其释明免责事项，因此其赔偿责任应由某保险公司承担。综合本案证据可以认定，被告某保险公司已将涉案保险合同中关于免赔停运损失等间接损失的条款对葛某进行了显著提示，履行了告知说明义务，故本院对某保险公司不承担停运损失等间接损失的辩解意见予以采纳。

北京市密云区人民法院依照《中华人民共和国民法典》第四百九十六条、第一千一百六十一条、第一千一百六十五条、第一千一百九十二条、第一千二百零八条，《中华人民共和国保险法》第十七条，《最高人民法院关于审理道路交通事故损害赔偿案件适用法律若干问题的解释》第十二条第三项之规定，判决如下：

一、被告葛某于本判决生效之日起十日内给付原告杜某停运损失7290元；

二、被告崔某1、崔某2、崔某3于本判决生效之日起十日内在继承崔某某遗产范围内给付原告杜某停运损失7290元；

三、驳回原告杜某的其他诉讼请求。

原告杜某不服一审判决，提起上诉，北京市第三中级人民法院经审理认为：

关于杜某主张的案涉款项的赔偿主体，根据在案证据，某保险公司已将涉案保险合同中关于免赔停运损失等间接损失的条款对葛某进行了显著提示，履行了告知说明义务，故一审法院对某保险公司不承担停运损失等间接损失的辩解意见予以采纳，认定的赔偿主体并无不当，本院予以确认。杜某的上诉请求不能成立，应予驳回。

北京市第三中级人民法院依照《中华人民共和国民事诉讼法》第一百七十七条第一款第一项之规定，判决如下：

驳回上诉，维持原判。

【法官后语】

车辆停运损失一般发生在货车、客车等从事经营性活动的车辆交通事故中。车辆停运损失属于间接损失。从当前实践来看，间接损失不属于机动车交强险的赔偿范围，故停运损失本应先由保险公司在商业三者险责任限额范围内进行赔偿，但实践中，在商业三者险合同中会约定对停运损失不予赔付的相关免责条款，因此保险公司是否赔偿的重点就落在了保险公司对相关免责条款是否尽到了提示和说明义务。而随着互联网的发展，很多保险合同的订立都是通过线上操作完成的，对于网络投保中保险人是否尽到提示说明义务如何认定，成为司法实践中的难点。

《中华人民共和国保险法》第十七条第二款规定："对保险合同中免除保险人责任的条款，保险人在订立合同时应当在投保单、保险单或者其他保险凭证上作出足以引起投保人注意的提示，并对该条款的内容以书面或者口头形式向投保人作出明确说明；未作提示或者明确说明的，该条款不产生效力。"此处的"提示说明义务"针对的是保险合同中免除保险人责任的条款，它要求保险人必须主动提示投保人注意，并且主动将条款的含义向投保人进行解释说明。"提示说明义务"体现了三个属性：(1) 主动性，指主动对免除保险人责任的条款进行提示和说明。(2) 实质性，指用通俗易懂的语言让投保人明白其签订的免除保险人责任的条款可能面临的法律后果。(3) 强制性，指保险人的"提示说明义务"是无条件履行的，如果不履行则需承担相应的法律后果。

司法实践中，对于提示说明义务如何认定，笔者认为应从以下三点出发：

1. 保险人应在销售页面将免赔条款等免除保险人责任的条款进行单独页面逐项展示，或者将保险条款单独列为保单附件，且免责条款形式上与其他条款有明显区别，采用相关内容加粗、加黑的形式，并设置“投保人声明”。如本案中，保险公司提交了单独的《机动车商业保险免责事项说明书》，并且对重要条款内容加黑，在尾部有明确的“投保人声明”，最后需要投保人签名确认。该证据足以证明保险人尽到了提示义务。

2. “提示说明义务”范围的条款应设置强制阅读程序，设置由投保人自主确认已阅读的标识。司法实践中，很多的网络保险单虽然设置有“交强险条款”“商业险条款”“免责说明书”选项，后面亦设置了“保险人已明确说明免除保险人责任条款的内容及法律后果”勾选框、“投保人声明书”，但是无论投保人是否进行过内容浏览，当点击下一步时，屏幕都会自动跳出必须勾选的“请先勾选免责声明”的提示框，而该提示框与投保人是否实际浏览了相关内容无关。通俗来讲，就是投保人客观上可以绕过阅读程序，仅通过勾选框即可完成投保。实践中，保险业务员在指导投保人投保时，主要是帮助投保人完成勾选、签名及缴费流程，确保保险合同购买成功，对于免责条款一般亦不会尽到提示说明义务。这种保险人未在电子投保流程中设置完整展示保险条款以及强制阅读的程序，仅以当事人已勾选为由主张其已经尽到提示义务，人民法院不予支持。

3. 将免责条款的含义进行了明确的解释。在实践中，首先，这种说明义务要体现主动性，即保险人可通过投保过程中自动播放音频、视频，或者签订书面告知书等形式进行提示说明。其次，解释与说明达到常人能够理解的程度的，可视为保险人履行了保险法规定的明确说明义务。最后，要进行综合性判断，即判断保险人的说明义务是否充分履行，既不以保险人单方的意思为准，也不以投保人单方的意思为准，而是结合个案实际依法合理进行评判。

编写人：北京市密云区人民法院　张东冉

48

# 交强险“次日零时生效”未尽提示义务，应适用出单时“即时生效”

——王某诉赵某等机动车交通事故责任案

## 【案件基本信息】

1. 裁判书字号

重庆市第四中级人民法院（2024）渝04民终602号民事判决书

2. 案由：机动车交通事故责任纠纷

3. 当事人：

原告（被上诉人）：王某

被告（被上诉人）：赵某、乙保险公司

被告（上诉人）：甲保险公司

## 【基本案情】

2023年1月11日，赵某驾驶小型汽车在某路段与王某发生剐撞，致王某受伤的交通事故。2023年2月3日，交通巡逻警察大队高谷公路中队作出《道路交通事故认定书》，认定赵某承担此次事故的全部责任，王某不承担此次事故责任。2023年6月25日，某司法鉴定所作出《司法鉴定书》，其鉴定意见为：（1）王某左踝关节活动功能障碍属十级伤残；（2）2023年1月11日外伤在王某伤情中的作用力为完全作用；（3）王某误工期以伤后150日评定，护理期以伤后60日评定；（4）王某后续需行左胫骨内固定物取出术。王某支付鉴定费2350元，赵某支付鉴定费1500元。

案涉小型汽车登记在赵某名下，于2023年1月11日11时31分在甲保险公司投保了交强险（电子保单），保险期间自2023年1月12日0时0分起至

2024 年 1 月 11 日 24 时 0 分止；于 2022 年 12 月 12 日 23 时 02 分在乙保险公司投保了商业险。

【案件焦点】

案涉交强险保险合同生效时间以及保险人承担保险责任的时间认定。

【法院裁判要旨】

重庆市彭水苗族土家族自治县人民法院经审理认为：本案中，交强险保险单载明的“保险期间自 2023 年 1 月 12 日 0 时 0 分起至 2024 年 1 月 11 日 24 时 0 分止”，甲保险公司未提供证据证明其在签订案涉交强险保险合同时就保险期间与赵某进行协商并达成一致。在甲保险公司与赵某签订的交强险电子保单中，默认保险期间为投保人交付保险费次日零时生效，属于合同中的格式条款，并非双方约定的内容。根据《最高人民法院关于适用〈中华人民共和国民法典〉合同编通则若干问题的解释》第十条第三款的规定：“提供格式条款的一方对其已尽到提示义务或者说明义务承担举证责任。对于通过互联网等信息网络订立的电子合同，提供格式条款的一方仅以采取了设置勾选、弹窗等方式为由主张其已经履行提示义务或者说明义务的，人民法院不予支持，但是其举证符合前两款规定的除外。”甲保险公司应提交证据证明其已尽到提示或者说明义务，但其未提交该证据，故甲保险公司应在交强险限额内承担赔偿责任。

重庆市彭水苗族土家族自治县人民法院依照《中华人民共和国民法典》第一千一百六十五条、第一千一百七十九条、第一千一百八十三条、第一千二百一十三条，《最高人民法院关于审理人身损害赔偿案件适用法律若干问题的解释》第六条、第七条、第八条、第九条、第十条、第十一条、第十二条、第十七条，《最高人民法院关于适用〈中华人民共和国民法典〉合同编通则若干问题的解释》第十条，《中华人民共和国民事诉讼法》第六十七条之规定，判决如下：

一、由被告甲保险公司在交强险限额内赔偿原告王某 135415.19 元，限于本判决生效后十日内付清；

二、由被告乙保险公司在商业险内赔偿原告王某 4077.34 元，限于本判决生效后十日内付清；

三、由被告赵某赔偿原告王某司法鉴定费 2350 元，扣除已垫付的 1268.43 元，还需赔偿 1081.57 元，限于本判决生效后十日内付清；

四、驳回原告王某的其他诉讼请求。

甲保险公司不服一审判决，提起上诉。重庆市第四中级人民法院经审理认为：对案涉交强险保险合同生效时间以及保险人承担保险责任的时间认定。首先，从原中国保险监督管理委员会《关于加强机动车交强险承保工作管理的通知》文件的内容看，主要是针对“交强险保单中对保险期间有关投保后次日零时生效的规定，使部分投保人在投保后、保单未正式生效前的时段得不到交强险的保障”的现象，为更好地发挥交强险促进道路安全的作用而发出的通知。要求在保单“特别约定”栏中，就保险期间作特别说明，写明或加盖“即时生效”的字样，使保单自出单时立即生效。该行业规范是明确具体的，具有实操性。甲保险公司采取电子投保方式，没有在保单“特别约定”栏中就保险期间作特别说明，没有写明或加盖“即时生效”的字样，也没有使保单自出单时立即生效，不符合行业操作规范。其次，交强险具有强制性，保险人不能凭借与投保人信息不对等地位减轻自身责任。本案中，赵某在案涉车辆投保交强险时，案涉车辆已经脱保，保险人甲保险公司在承保时应当是明知的，然其按照“次日零时生效”出单，使案涉车辆在投保后至生效前处于运行风险状态，给道路安全带来潜在危害，不符合交强险保护受害者合法权益的设立目的。综上，保单应自出单时立即生效，甲保险公司应在交强险范围内承担赔偿责任。

重庆市第四中级人民法院依照《中华人民共和国民事诉讼法》第一百七十七条第一款第一项之规定，判决如下：

驳回上诉，维持原判。

**【法官后语】**

投保人为其车辆投保交强险，即时足额收取保险费后，通常认为缴纳保费后保险期间即开始计算，但很多保险公司通常向投保人提供一份保险期间“次日零时生效”的制式交强险保单。那么“次日零时生效”的效力应如何认定，可从以下四个方面考量。

一、从交强险立法目的考量

2006年颁布的《机动车交通事故责任强制保险条例》以交强险名称代替机动车第三者责任强制保险，在道路上行驶的机动车所有人或管理人应当按《中华人民共和国道路交通安全法》的规定投保交强险。同时，明确机动车所有人、管理人未按照规定投保交强险的，由公安机关交通管理部门扣留机动车，通知机动车所有人、管理人依照规定投保，处依照规定投保最低责任限额应缴纳的保险费的2倍罚款。《机动车交通事故责任强制保险条例》第一条明确规定，交强险系为了保障机动车道路交通事故受害人依法得到赔偿，促进道路交通安全。我国现行法设置交强险制度的目的在于缓解城市道路交通拥堵、保障道路交通安全，同时更为强调交强险的基本保障功能，重视交强险对受害人损失的填补功能。[①] 交强险基本保障功能体现在《中华人民共和国道路交通安全法》规定的保险公司责任限额内的保险赔付义务与被保险人的侵权责任相互脱钩上，该法第七十六条规定，投保了交强险的机动车发生交通事故，直接由保险公司在交强险责任限额范围内对受害人承担赔偿责任。一方面，由于在交强险限额内，只判断机动车方有无责任，不考虑其过错程度及责任大小，故受害人即便自身存在过错，其损失也能够得到有效救济；另一方面，保险公司的经济能力优越，相较于让肇事者赔偿，受害人一般并不存在执行不能风险。[②] 应该说，强调交强险对受害人的补偿、维护道路交通秩序的作用并进而具有安定社会的功能，是大势所趋，也是当代社会基本价值观在法律中的体现。

《最高人民法院关于适用〈中华人民共和国保险法〉若干问题的解释（二）》第四条第一款规定：“保险人接受了投保人提交的投保单并收取了保险费，尚未作出是否承保的意思表示，发生保险事故，被保险人或者受益人请求

---

① 姜强：《交强险的功能定位及其与侵权责任的关系——审理机动车交通事故损害赔偿案件的制度背景》，载《法律适用》2013年第1期。

② 周天保：《“次日零时起保”条款的效力》，载《审判研究》2015年第6期。

保险人按照保险合同承担赔偿或者给付保险金责任，符合承保条件的，人民法院应予支持；不符合承保条件的，保险人不承担保险责任，但应当退还已经收取的保险费。”该条司法解释对保险合同空白期风险予以分散，只要投保人缴纳保费并符合承保条件，即使是保险合同成立前发生的保险事故，保险人也应承担相应的保险责任。举轻以明重，在交强险保险合同成立且投保人缴纳交强险保费的情况下，按照该条司法解释精神，保险人更应承担保险责任。从实际效果看，投保人投保交强险且缴纳保费后，至次日凌晨发生保险事故的情况只是小概率事件，从总体看所占保险人所承保的交强险比例很低，但由保险人对“空白期”的保险事故承担保险责任，给予投保人应有的保障，以平衡双方的利益，从而有利于保险业的长远发展。

交强险属法定的强制保险，其基本保障功能要求上道路行驶的机动车必须投保。对投保的机动车所有人、管理人而言，其负有投保交强险、使其机动车不能脱保的法定义务，如导致机动车处于脱保状态，还应承担相应的行政处罚；对承保的保险公司而言，其在收到机动车所有人、管理人的投保要约后，负有不得拒绝承保或拖延承保的法定义务。机动车脱保对投保人而言是违法行为，但在投保人重新投保弥补的情况下，保险公司有义务协助投保人实现投保的目的，以促使脱保的机动车及时恢复投保的状态。因此，基于交强险基本保障功能的立法意图，应尽力促使交强险的基本保障功能得以发挥，而路径只能是使交强险的保险期间即时开始，“次日零时起保”条款在交强险中的约定一般不产生法律效力。

二、对原中国保险监督管理委员会《关于加强机动车交强险承保工作管理的通知》的规定解读

原中国保险监督管理委员会（以下简称保监会）于2009年发布的《关于加强机动车交强险承保工作管理的通知》（以下简称91号《通知》）明确，保险公司可在交强险承保工作中就保险期间作特别约定：一是在“特别约定”栏中写明“即时生效”，使保单自出单时立即生效；二是写明保险期间起止的具体时点，覆盖“次日零时起保”字样；并明确，保险公司应严格遵照《机动车

交通事故责任强制保险条例》中有关规定，不得拒绝或者拖延承保，以维护被保险人利益。

原保监会作为保险行业的主管机关，其对于交强险期间要求即时生效并非强制性规定，而是要求投保人与保险公司在交强险保单中以适当方式实现交强险保单出单时即时生效或以其他合理方式取代“次日零时起保”的制式条款。

由此可见，原保监会已注意到“次日零时生效”所引发的争议，尽管未否定交强险“次日零时生效”条款的效力，但其立场亦倾向于尽可能维护被保险人利益，不得拒绝或者拖延承保交强险，体现交强险立法目的。

三、从契约自治原则方面考量

交强险虽为法定保险，且法律法规赋予其特殊功能，但究其属性仍属保险范畴，交强险的成立需要作为保险合同双方的投保人与保险人真实意思表示一致的共同缔约才能得以实现，其应符合自愿协商的契约自由原则。“次日零时生效”条款应符合投保人真实意思表示。

交强险保险合同由保险公司拟定并交由行政主管部门审批、备案，保险公司更为熟悉各项保险条款及内部规范文件，因而在保险合同订立过程中，保险人和投保人的信息处于明显不对称状态。保险人往往利用此种优越地位，在保险条款的用语上使用某些诱导性词语，甚至隐瞒与保险合同相关的一些有利于投保人的行业内部制度信息，致使没有专业保险知识的投保人难以真正理解保险合同的条款，并就有关保险条款与保险人进行平等、充分的协商，某种程度上讲，保险合同的实质自由难以真正实现。

对于初次投保交强险的新车，投保人投保交强险的目的是在其第一次驾驶新车上道路行驶时能够得到基本保障，但不排除投保人购买交强险当天将新车放在汽车销售店进行装潢等情况，这种情况下投保人的真实意思即排除交强险的即时生效。此时投保人与保险人达成“次日零时生效”的保险条款为有效条款，充分体现了双方当事人的合意，尤其符合了投保人的真实意思表示，但必须在保险条款或者保险单中以明示的方式体现，此条款方能有效。也就是说，保险人能够举证证明，在订立保险合同时，保险人已就“零时起保”条款，对一般情况下的投保人（如首次投保，被保险车辆系新车）作了明确说明，投保人已知悉并接受该条款的，则该条款应成为合同内容，具有法律效力；否则，“零时起保”条款不成为合同内容。

对于已脱保的续保机动车，投保人补交交强险的意图是使其脱保的机动车即时恢复交强险保障状态，机动车在道路上能够正常行驶。在机动车符合保险人承保条件的情况下，保险人向投保人收取保费并出具投保单之时，应视为保险人对其承保的交强险开始承担承保责任，这其实并未违背保险精算的基础，没有加大保险人的承保风险，本质上亦不违背保险人的真实意思表示。保险公司“次日零时生效”的行业惯例，使脱保机动车出现了交强险保障的空白期，违背了投保人投保交强险的真实意思表示。除非投保人以明示方式（通常应以手写方式）明确其认可“次日零时起保”条款切实符合投保人的真实意思表示。

四、从格式条款认定考量“次日零时生效”条款效力

尽管交强险保险合同“次日零时起保”的保险期间约定采取的是“一单一订”的定约方式，但“一单一订”不等同于投保人意思表示订入了保险合同，其“预先约定”和“重复使用”特征表明了该条款实质是一种格式条款。[①] 格式合同本意是为合同双方的相对人节约大量的时间和精力，促使合同目的尽快达成，节约大量的社会成本。但实践中，很多格式条款在应用中变形为合同提供方规避风险、减轻自身责任的一种方式。

《中华人民共和国民法典》第四百九十六条第二款规定：“采用格式条款订立合同的，提供格式条款的一方应当遵循公平原则确定当事人之间的权利和义务，并采取合理的方式提示对方注意免除或者减轻其责任等与对方有重大利害关系的条款，按照对方的要求，对该条款予以说明。提供格式条款的一方未履行提示或者说明义务，致使对方没有注意或者理解与其有重大利害关系的条款的，对方可以主张该条款不成为合同的内容。”在交强险保险合同中，投保人

---

① 卢国伟、铁蔚丽：《次日零时起生效应被认定为格式条款》，载《人民司法》2010年第18期。

为其机动车投保交强险，是法律规定必须投保的，而保险合同的条款和内容以及生效时间却是保险人提供与制定的，投保人对其条款和内容原则上没有不同意或修改的机会。如果投保人可以在投保单“特别约定”栏内约定保险期间的起止生效时间或以手写方式明确“次日零时起保”，则视为投保人与保险人对保险期间的明确约定，此条款则不再使用格式条款规定。然而，投保单的“特别约定”栏基本都没有保险期间起止生效时间的特别约定，保险人也不能提供证据证实其就该条款对投保人履行了明确的说明或告知义务，交强险保单中显示的起始时间显然是预先拟制的格式条款。

保险人在交强险保险单上关于保险期间的“次日零时生效”约定，使保险起止时间延后对投保人明显不公平，属格式合同中加重投保人责任、排除投保人在交纳保费到“次日零时”时间段可能获得期待利益的权利的条款，根据《中华人民共和国民法典》第四百九十七条“提供格式条款一方免除其责任、加重对方责任、排除对方主要权利的，该条款无效”的规定，其对投保人无效。

因此，机动车交强险不能使用“次日零时生效”条款，保险人不能将保险行业的某些惯例做法沿用于高风险活动的机动车保险活动，尤其是具有保障功能且有“行政色彩”的交强险中，从而加重投保人的责任。

机动车交强险是具有社会性和公益性的强制保险，投保人提出投保要约后，保险人对该要约不得拒绝或者拖延承保，且保险人对已脱保的机动车不宜另行约定起保时间，而应即时生效。故而，“次日零时生效”条款应认定为交强险保单的无效条款。

综上，除非投保人以明示方式明确认可“次日零时生效”条款，否则，交强险审判实务中应确立“即时投保、即时生效”规则，这既彰显了交强险的立法目的，又符合投保人合理期待利益，亦不增加保险人的保险负担，更符合实质意义上的契约自由，彰显交强险的立法目的。

具体到本案中，赵某在案涉车辆投保交强险时，案涉车辆已经脱保，保险人甲保险公司在承保时应当是明知的，然其按照“次日零时生效”出单，使案涉车辆在投保后至生效前处于运行风险，给道路安全带来潜在危害，不符合交强险保护受害者合法权益的设立目的，“次日零时生效”条款应认定为无效条款，应适用交强险保单出单时“即时生效”的规则，保险公司应在交强险范围内承担赔偿责任。

编写人：重庆市第四中级人民法院　雷书彦

49

## 保险人未尽审查事宜应承担赔偿责任

——刘某诉柯某、某保险公司机动车交通事故责任案

### 【案件基本信息】

1. 裁判书字号

福建省泉州市中级人民法院（2023）闽05民终6300号民事判决书

2. 案由：机动车交通事故责任纠纷

3. 当事人

原告（被上诉人）：刘某

被告（被上诉人）：柯某

被告（上诉人）：某保险公司

### 【基本案情】

2022年8月6日10时22分许，被告柯某驾驶大中型拖拉机以57千米/小时~58千米/小时的速度直行于路右快车道上，遇原告刘某（未取得机动车驾驶证）驾驶无号牌二轮机动车由路左往路右方向行驶，被告柯某驾车右打方向避让不及，致使大中型拖拉机车头前侧与无号牌二轮机动车车身右侧于路右慢车道发生碰撞，造成原告受伤及两车不同程度受损的交通事故。2022年9月15

日，交警大队作出《道路交通事故认定书》，认定原告刘某承担本事故主要责任，被告柯某承担次要责任。本事故发生时，案涉大中型拖拉机在被告某保险公司投保交强险，事故发生在保险期间内。事故发生当日，原告被送至A医院住院治疗30日。2023年2月8日、4月6日，原告到B医院门诊进行治疗。2023年2月17日，原告委托某司法鉴定所对其伤残程度、护理期进行鉴定，该鉴定所于2023年3月2日作出司法鉴定意见书，鉴定意见为：原告的损伤评定为十级伤残，护理期评定为90日。原告为此鉴定支付鉴定费1800元。事故发生后，被告柯某已支付原告18000元。

【案件焦点】

保险人违背诚信原则是否应承担权利主张迟延后果。

【法院裁判要旨】

福建省泉州市泉港区人民法院经审理认为：根据原告提供的《机动车交通事故责任强制保险单（电子报单）》约定的保险标的的情况与交警部门出具的涉诉《道路交通事故认定书》中载明的事故车辆情况，被告柯某在被告某保险公司投保的车辆与其驾驶的肇事车辆的号牌、机动车种类、识别代码（车架号）、品牌型号均相同，因车辆车架号具有唯一性，故可以认定被告柯某驾驶的肇事车辆与其在被告某保险公司投保的车辆为同一车辆。根据《机动车交通事故责任强制保险条例》第二十一条的规定，道路交通事故的损失是由受害人故意造成的，保险公司不予赔偿，被告某保险公司主张的涉诉拖拉机行驶证及号牌系伪造等情形不属于交强险免赔的情形。另，被告某保险公司虽辩解其在被告柯某投保时无权审查证件的合法性和真实性，但又称“其他省份有人举报存在伪造车辆信息办理牌照的问题”“发现其他案件中的其他农机车存在假证的问题”，且在事故发生后某保险公司才向发证机关核实相关证件和号牌信息，可见其在投保人投保时就可预见此类车辆存在信息真伪的风险，却放任该风险，未尽合理和审慎审查的义务，而与投保人签订交强险保险合同，事故发生后再以相关证件和号牌信息真伪问题主张合同无效，明显有违诚信原则，与交强险的公益性和社会保障性之立法目的相违背，亦负有责任，应予否定性评价。故，被告某保险公司主张其需另案确认保险合同无效而不应承担赔偿责任，本院不予采纳，其以此为由要求中止审理亦不能成立，本院不予准许，但不影响其另行主张权利。因此，被告某保险公司应在交强险范围内承担本案赔付责任。被告柯某驾驶大中型拖拉机与原告驾驶的无号牌二轮电动车发生交通事故，造成原告受伤及两车不同程度损坏的事实清楚，予以认定。交警部门认定原告承担本事故主要责任、被告柯某承担本事故次要责任，于法有据，可作为本案民事赔偿的依据。被告某保险公司应在交强险限额范围内赔偿原告 63344. 30 元。不足部分即 87051. 56 元由被告柯某承担 30%，即 26115. 47 元，扣除已付 18000 元，尚应支付原告 8115. 47 元。

福建省泉州市泉港区人民法院依照《中华人民共和国民法典》第一千一百七十九条、第一千二百零八条、第一千二百一十三条，《中华人民共和国道路交通安全法》第七十六条，《最高人民法院关于审理人身损害赔偿案件适用法律若干问题的解释》第六条、第七条、第八条、第九条、第十条、第十一条、第十二条、第二十二条，《机动车交通事故责任强制保险条例》第二十一条，《中华人民共和国民事诉讼法》第六十七条第一款和《最高人民法院关于适用 < 中华人民共和国民事诉讼法 > 的解释》第九十条之规定，判决如下：

一、被告某保险公司在交强险责任限额范围内于本判决生效之日起十日内赔偿原告刘某因本起交通事故造成的损失 63344. 30 元；

二、被告柯某于本判决生效之日起十日内赔偿原告刘某因本起交通事故造成的损失 8115. 47 元

三、驳回原告刘某的其他诉讼请求。

某保险公司不服一审判决，提起上诉。福建省泉州市中级人民法院判决如下：

驳回上诉，维持原判。

**【法官后语】**

本案中，在投保人所持相关证件真实性存疑的情形之下，是否应进一步审

查相关证件的真伪后在道路交通事故损害赔偿案件中一并审查认定保险合同的效力，这关乎保险公司的该项权利主张能否迟延的诉讼价值判断，本文从三个方面予以具体分析。

首先，交强险的强制性和公益性并未阻却保险人行使合理的审查职责。交强险作为一种强制保险，其立法本意是维护公共利益，控制、减少、分担社会风险，保障交通事故受害人依法得到赔偿，具有社会公益属性。投保交强险是机动车所有人、管理人的法定义务，具备从事机动车交强险业务资格的保险公司不得拒绝或者拖延承保，但法律并未禁止保险人履行合理的审查义务。本案中，根据保险公司的相关抗辩，以及本院中关联该保险公司的相关生效裁判案例，该保险公司在面对拖拉机、农用车等较为特殊的机动车投保时，在承保前就明知该类车辆相关证件存在极高的虚假风险，且在本案诉讼前就曾经多次采取事故发生后致电当地发证机关的简易方式来核查其他案件证件的真伪，可见其事前审查难度、强度并未增加，但仍然怠于在合同签订前行使合理的审查职责，放任承保风险，依然与之订立合同，其自身存在一定过错。

其次，交强险诉讼案件的效率性并未阻却保险人另行主张合同效力的诉讼权利。道路交通事故损害赔偿案件中，可能并存三种法律关系，即受害人与保险公司之间的保险金请求关系、受害人基于侵权责任与侵权人之间的损害赔偿关系，以及侵权人对受害人作出赔偿后被保险人与保险人的保险金请求关系。虽然从实体法律关系的角度来看，受害人对保险公司或侵权人的请求权可分别行使，但为迅速推进诉讼进行，尽可能地为当事人提供富有效率的一次性解决纠纷的机制，司法实务将交强险保险公司作为应当追加的共同被告参与到诉讼中来。该诉讼机制的设立初衷是保障交通事故受害人、赔偿权利人能够通过强制责任保险制度得到及时、有效的保险保障，既是出于对当事人对于自己民事权利处分权的充分尊重，也是法律应有之义。因此，保险公司主张保险合同无效的延迟后果不应由受害人承担。本案先行处理道路交通事故损害赔偿案件的诉讼程序，既符合交强险制度的设计理念，也符合“以人为本”的诉讼价值追求。

最后，关于诉讼中不同角色的民事评价的社会价值导向判断。(1) 从受害人诉讼角色出发，其提起诉讼的根本目的是尽快获得赔偿，至于侵权人（投保人）与保险公司之间的法律关系不在其视角的民事评价中。(2) 从侵权人（投保人）诉讼角色出发，其抗辩基于投保需求委托中介办理相关证件存在一定的现实性和合理性。在实务中由中介办证的情形之下，客观上侵权人（投保人）未必知晓证件的真伪，裁判者亦难以直接以此认定其具有“造假”或“买假”的主观故意。但从法律关系上来说，侵权行为主体仍然是道路交通的实际参与者，基于现代社会追求公平正义、社会安全、提高效率对侵权行为主体课以严格责任已形成共识。侵权人通过中介实现投保需求，在一定程度上放任了证件可能虚假的后果，其仍然需要承担相应的法律责任，但该责任诉讼审查的时间成本和经济成本不应由受害人一并承担。(3) 从保险人诉讼角色出发，保险人误导甚至欺诈被保险人为法律秩序所不允许。但具体到本案实际案情中，保险人事前不审查、事后再拒赔的行为方式并非局限于本案个案，而是在已经积累一定诉讼案件经验教训后仍然如此行事，明显违背诚信原则。且《机动车交通事故责任强制保险条例》《中华人民共和国保险法》《中华人民共和国民法典》合同编等法律法规赋予了保险人依法解除交强险合同的事由，保险人在合同订立、履行等方面并非囿于被动不利身份，完全可在诉讼前实现自身权益。但保险人却选择在道路交通事故损害赔偿诉讼案件中直接拒绝理赔，显然有损无辜方即受害人的权益，其主张保险合同无效实质是其违背诚信原则之后果，因此保险人相关权利主张延迟的后果亦应由其承担。

综上，不论民事主体是自己行使权利，还是在与他人建立民事法律关系之前、之中、之后都必须始终贯彻诚信原则，按照诚信原则的要求善意行事。在现代市场经济条件下，诚信原则已成为一切民事活动和市场参与者所应遵循的基本原则，成为市场经济活动的道德标准和法律规范，保险活动中亦不例外。本案受害人、侵权人、保险人之间存在利益冲突，侵权人、保险人与社会之间亦存在利益冲突，本案裁判中适用诚信原则，要求合同强势方即保险人尊重他人利益，以对待自己事务之注意对待他人之事务，以符合其社会经济目的的方式行使自己的权利，意为调整当事人之间的利益关系以及当事人和社会之间的利益关系，以期达到利益平衡之格局。

编写人：福建省泉州市泉港区人民法院　唐超颖

50

# 不管理车辆的名义登记人不承担未投保交强险的赔偿责任

## ——邵某1诉苗某等机动车交通事故责任案

**【案件基本信息】**

1. 裁判书字号

江苏省无锡市中级人民法院（2023）苏02民终1363号民事判决书

2. 案由：机动车交通事故责任纠纷

3. 当事人

原告（被上诉人）：邵某1

被告（上诉人）：张某

被告（被上诉人）：邵某2

被告：苗某、某保险公司

**【基本案情】**

2021年8月23日，苗某驾驶小型客车与邵某1驾驶的电动三轮车发生碰撞，致邵某1受伤、车辆损坏的交通事故。经交警部门认定，苗某、邵某1负事故同等责任。案涉小型客车登记车主为张某，该车在事发时未投保交强险，仅在某保险公司投保商业三者险300万元。经审理，邵某1因交通事故而造成的损失合计169634.56元。

另查明，案涉小型客车由邵某2购买，邵某2与张某签订车辆代持协议书，约定邵某2将车辆交由张某代持；因邵某2以使用、出租、出借等任何形式使用该车辆发生的交通违章、交通事故等罚款或侵权行为，相关法律责任全部由邵某2自行承担，与张某无关；邵某2应按时购买交强险、商业三者险等保险，如未按时购买保险导致相关法律责任则全部由邵某2承担。

**【案件焦点】**

案涉小型客车的名义登记人张某应否对邵某1的损失承担未投保交强险的赔偿责任。

**【法院裁判要旨】**

江苏省无锡市惠山区人民法院经审理认为：在中华人民共和国境内道路上行驶的机动车所有人或管理人，均应当按照《中华人民共和国道路交通安全法》的规定投保机动车交通事故责任强制保险。虽然邵某2与张某签订车辆代持协议书，案涉小型客车实际由邵某2使用与管理，但是车辆登记信息显示张某为登记车主，即车辆所有人，故邵某2与张某均属于案涉小型客车的投保义务人，邵某1请求投保义务人张某、邵某2在交强险范围内承担相应责任，法院予以支持。邵某1各项费用合计169634.56元，因苗某在事故中负同等责任，故由其在交强险医疗限额内承担18000元、交强险伤残限额内承担136989.6元，合计154989.6元，苗某在交强险责任限额内无力赔偿部分，由投保义务人张某、邵某2对邵某1承担赔偿责任。超出交强险部分的14644.96元由某保险公司在商业险范围内按照60%的赔偿比例赔付8786.98元。

江苏省无锡市惠山区人民法院依照《中华人民共和国民法典》第一千一百七十九条、第一千二百一十三条，《中华人民共和国道路交通安全法》第七十六条，《最高人民法院关于审理道路交通事故损害赔偿案件适用法律若干问题的解释》第十六条、第二十六条之规定，判决如下：

一、苗某应于判决发生法律效力之日起十日内赔偿邵某1154989.6元；

二、苗某在交强险154989.6元范围内赔偿不足部分，由张某、邵某2对邵某1承担赔偿责任；

三、某保险公司应于判决发生法律效力之日起十日内赔偿邵某 18786.98 元；

四、驳回邵某 1 其他部分的诉讼请求。

张某不服一审判决，提起上诉。江苏省无锡市中级人民法院经审理认为：根据《机动车交通事故责任强制保险条例》第二条的规定，应当依照《中华人民共和国道路交通安全法》的规定投保机动车交通事故责任强制保险的义务人为在中华人民共和国境内道路上行驶的机动车的所有人或者管理人。根据已查明事实，虽然案涉车辆登记在张某名下，但张某仅系车辆的名义登记人，车辆所有人及实际管理人为邵某 2，故张某并非法律意义上案涉车辆的所有人或者管理人，一审法院以车辆登记信息显示张某为登记车主即认定张某为车辆的所有人，与一审法院已查明事实相悖。张某主张其不应与邵某 2 共同对苗某在交强险 154989.6 元范围内赔偿不足部分向邵某 1 承担赔偿责任成立，应予采纳。

江苏省无锡市中级人民法院依照《中华人民共和国民事诉讼法》第一百七十七条第一款第二项之规定，判决如下：

一、维持无锡市惠山区人民法院（2022）苏 0206 民初 7270 号民事判决第一项、第三项；

二、撤销无锡市惠山区人民法院（2022）苏 0206 民初 7270 号民事判决第二项、第四项；

三、苗某在交强险 154989.6 元范围内赔偿不足部分，由邵某 2 对邵某 1 承担赔偿责任；

四、驳回邵某 1 的其他诉讼请求。

## 【法官后语】

《机动车交通事故责任强制保险条例》第二条第一款规定："在中华人民共和国境内道路上行驶的机动车的所有人或者管理人，应当依照《中华人民共和国道路交通安全法》的规定投保机动车交通事故责任强制保险。"《最高人民法院关于审理道路交通事故损害赔偿案件适用法律若干问题的解释》第十六条规定："未依法投保交强险的机动车发生交通事故造成损害，当事人请求投保义务人在交强险责任限额范围内予以赔偿的，人民法院应予支持。投保义务人和侵权人不是同一人，当事人请求投保义务人和侵权人在交强险责任限额范围内承担相应责任的，人民法院应予支持。”实践中，关于机动车未投保交强险致第三人损害，名义登记人应否承担未投保交强险的赔偿责任，存在不同观点。一种观点认为，公安机关办理的机动车登记具有一定的公示效力，即便名义登记人与实际所有权人之间存在代持、借名等内部法律关系，但名义登记人对其名下车辆仍负有督促实际所有权人投保交强险的义务。机动车未投保交强险的，名义登记人应与车辆实际所有人共同承担法律责任。另一种观点认为，投保机动车交强险的义务人为机动车的所有人或者管理人，在能认定车辆实际所有人与登记车主并非同一主体的情况下，名义登记人不应承担未投保交强险的法律责任。本案裁判持第二种观点，理由如下：

第一，公安机关办理的机动车登记并非机动车所有权登记。《中华人民共和国民法典》第二百零八条“不动产物权的设立、变更、转让和消灭，应当依照法律规定登记。动产物权的设立和转让，应当依照法律规定交付”的规定确立了物权公示原则，并将登记与交付分别作为不动产和动产物权变动的公示方法。该法第二百二十四条“动产物权的设立和转让，自交付时发生效力，但是法律另有规定的除外”的规定进一步明确了动产物权变动采取以交付为生效要件的原则。该法第二百二十五条“船舶、航空器和机动车等的物权的设立、变更、转让和消灭，未经登记，不得对抗善意第三人”的规定明确了登记并不影响机动车所有权的转让，只是具有对抗善意第三人的效力。应当认为，我国公安机关机动车登记的目的是便于行政机关履行行政管理职责，其与民法上作为物权效力的公示登记并非同一概念，机动车的登记不产生物权设立、变更的效力，而仅产生对抗效力。《机动车交通事故责任强制保险条例》第二条第一款规定的投保义务人为机动车的所有人或者管理人，相关概念应依据民事法律规定界定，在车辆的真正所有权人另有其人的情况下，径行认定名义登记人为投保义务人，缺乏法律依据。

第二，名义登记人不享有车辆所有人或管理人对车辆运行支配及运行利益，认定其为投保义务人并对外承担未投保交强险的责任，缺乏法理依据。《中华人民共和国民法典》第一千二百一十条对转让机动车未办理登记时赔偿责任主体为受让人进行了明确规定，即“当事人之间已经以买卖或者其他方式转让并交付机动车但是未办理登记，发生交通事故造成损害，属于该机动车一方责任的，由受让人承担赔偿责任”。该条规定延续了此前侵权责任法及道路交通事故损害赔偿解释的相关规定，明确了判断机动车所有人的关键标准是运行支配与运行利益的归属，对机动车所有人的正确理解进行了重申。具体到本案中，虽然案涉车辆登记在张某名下，但其仅系车辆的名义登记人而非所有人和管理人，不享有运行利益，苛求其承担车辆未投保交强险的责任与法律所确立的赔偿责任主体精神明显相悖。

第三，为避免当事人恶意串通、虚构真实车辆所有人，逃避赔偿责任，审理中应当明确以下审查思路：（1）道路交通事故损害赔偿案件的机动车所有人，一般应根据公安机关办理的机动车登记信息确定。异议人有证据证明登记所有人与事实不符的，对此承担举证责任。（2）机动车所有人的确定，应结合相关合同以及购车款支付、车辆交付、投保人变更等证据综合认定。登记车主与相关当事人虽就车辆所有人的陈述一致，但无其他证据印证的，人民法院应当根据已查明的事实及赔偿权利人的选择确定赔偿主体。

编写人：江苏省无锡市中级人民法院　宁尚成　杨志

51

# 机动车安全统筹合同不能适用商业三者险的先行赔付规则

## ——赵某 1 等诉曾某某等机动车交通事故责任案

**【案件基本信息】**

1. 裁判书字号

重庆市第三中级人民法院（2023）渝 03 民终 527 号民事判决书

2. 案由：机动车交通事故责任纠纷

3. 当事人

原告（上诉人）：赵某1、赵某2、谭某某、纪某1

被告（被上诉人）：曾某某、程某某、某物流公司、某保险公司、某服务公司

【基本案情】

2022年6月25日18时12分，曾某某驾驶程某某所有的挂靠在某物流公司经营的渝A号重型半挂车牵引渝B挂在道路行驶。与相向行驶的车辆会车时，将道路右侧的行人纪某2撞倒致伤。纪某2经抢救治疗1日后死亡。

纪某2住院期间的医疗费系程某某和某保险公司支付，已在一审庭审中告知其自行按保险合同进行理赔。

2022年8月11日，交通巡逻警察大队作出《道路交通事故认定书》，认定曾某某负事故全部责任，纪某2不承担责任。

事故发生后，程某某向死者纪某2的亲属先行赔偿了5万元。

曾某某驾驶的渝A号重型半挂牵引车在某保险公司投保了交强险，在某服务公司购买了机动车三者责任安全统筹，限额为100万元。

赵某1、赵某2、谭某某系纪某2之女，纪某1系纪某2之父，其生育子女5人。

【案件焦点】

某服务公司是否应当在机动车三者责任安全统筹限额内承担赔偿责任。

【法院裁判要旨】

重庆市垫江县人民法院经审理认为：本案赔偿责任应由曾某某承担，但曾某某系程某某雇请的驾驶员，驾驶的车辆挂靠在某物流公司经营，故其赔偿责任应由雇主程某某和被挂靠人某物流公司连带承担。又因曾某某驾驶的车辆在某保险公司投保了交强险，所以，某保险公司应优先在交强险限额内承担理赔

责任。曾某某驾驶的车辆还在某服务公司购买了机动车三者责任安全统筹，限额为100万元。虽然该机动车三者责任安全统筹与本案不属于同一法律关系，但为了减少诉累，可以一并处理，因此，某服务公司应在机动车三者责任安全统筹限额内承担赔偿责任。仍有不足部分，则由程某某和某物流公司承担赔偿责任。

重庆市垫江县人民法院依照《中华人民共和国道路交通安全法》第七十六条，《中华人民共和国民法典》第一千一百六十五条、第一千一百七十九条、第一千一百八十三条、第一千一百九十二条、第一千二百零八条、第一千二百一十一条、第一千二百一十三条之规定，判决如下：

一、由某保险公司在判决生效后十日内赔偿赵某1、赵某2、谭某某、纪某1因纪某2在交通事故中死亡产生的赔偿费用180000元；

二、由某服务公司在判决生效后十日内赔偿赵某1、赵某2、谭某某、纪某1因纪某2在交通事故中死亡产生的赔偿费用804578元；

三、由某服务公司在判决生效后十日内支付程某某47700元；

四、驳回赵某1、赵某2、谭某某、纪某1的其他诉讼请求。

赵某1、赵某2、谭某某、纪某1不服一审判决，提起上诉。重庆市第三中级人民法院经审理认为：某服务公司虽在市场监管部门注册成立，但其注册资本、设立条件、设立程序均不符合上述法律规定，并非由国务院保险监督管理机构批准成立的保险公司，不具备保险业务经营资质，其从事的机动车三者责任安全统筹业务系变相开展保险业务的行为，某服务公司与某物流公司签订的《机动车辆安全统筹单》亦不具备《最高人民法院关于审理道路交通事故损害赔偿案件适用法律若干问题的解释》（2020年修正）第十三条规定的第三者责任商业保险的性质，应当适用《中华人民共和国民法典》合同编的相关规定进行处理。一审判决某服务公司在机动车三者责任安全统筹限额内承担赔偿责任，于法不符，应予纠正。

重庆市第三中级人民法院依照《中华人民共和国保险法》（2015年修正）第六条、第六十七条、第六十九条，《中华人民共和国民法典》第一千二百一十一条，《中华人民共和国民事诉讼法》第一百七十七条第一款第二项之规定，判决如下：

一、维持重庆市垫江县人民法院（2022）渝0231民初4642号民事判决第一项；

二、撤销重庆市垫江县人民法院（2022）渝0231民初4642号民事判决第二项、第三项；

三、某物流公司和程某某在本判决生效后十日内赔偿赵某1、赵某2、谭某某、纪某1因纪某2在交通事故中死亡产生的赔偿费用852278元；

四、驳回赵某1、赵某2、谭某某、纪某1的其他诉讼请求。

【法官后语】

机动车交通安全统筹，是在交通运输系统内部开展的以服务交通运输安全为宗旨的一项行业互助制度，但在发展过程中，逐渐异化成为与保险理赔业务趋同的逐利业务。

有观点认为，由于统筹合同与保险合同具有内容上实质的相似性，因此从有关合同条款、权责分配的角度来看，交通安全统筹已经成为货车司机或运输企业商业保险的“平替”。交通安全统筹合同是双方自愿签订，合法有效，受害人可以直接向统筹人请求赔偿，审判人员为减少当事人的诉累，会直接在交通事故责任纠纷中予以处理，由统筹人直接向被侵权人承担赔偿责任。也有观点认为，安全统筹合同属于一般民事合同的效力，不属于机动车第三者责任保险，不应当适用保险法的相应规则。那么，如何界定机动车安全统筹合同的法律属性，运输企业将肇事机动车参加机动车第三者责任统筹签订的服务合同效力如何，能否适用《中华人民共和国民法典》第一千二百一十三条关于商业三者险的先行赔付规则，成为司法实践中亟须厘清的问题。

一、机动车安全统筹合同的法律属性

机动车交通安全统筹，是交通运输企业对营运车辆按照一定标准收取统筹费用并为其提供安全统筹服务，在车辆遭受损失时，接受统筹的一方可以获得相应赔偿的一项制度，具有内部互助、主体非市场化以及运营非营利性等特点，且受到交通安全部门的严格监管。

如果赋予机动车安全统筹合同与商业三者险相同的法律性质，即适用《中华人民共和国民法典》第一千二百一十三条关于保险公司先行赔付、不足部分再由机动车侵权人赔偿的规定，则会架空《中华人民共和国保险法》的适用，对保险市场经营秩序造成冲击。因为其一，根据《中华人民共和国保险法》第六条、第六十七条的规定，国家对保险业务实行特许制度，未经准许，任何单位和个人不得经营保险业务。其二，由于统筹公司的赔付能力普遍较弱，其作为被执行人的案件较多，如果判决统筹公司先行赔付，则被侵权人很可能难以得到赔偿。

笔者认为，机动车安全统筹合同的法律性质是糅合了服务合同与射幸合同的混合合同，属于《中华人民共和国民法典》规定的非典型合同（无名合同），应当适用《中华人民共和国民法典》第四百六十七条的规定："本法或者其他法律没有明文规定的合同，适用本编通则的规定，并可以参照适用本编或者其他法律最相类似合同的规定。"因此，交通安全统筹合同虽然不是保险合同，不应适用保险法的规定，但应适用民法典合同编的有关规定。

本案中，某服务公司与某物流公司签订的《机动车辆安全统筹单》并非保险合同，也不具备《最高人民法院关于审理道路交通事故损害赔偿案件适用法律若干问题的解释》（2020年修正）第十三条规定的第三者责任商业保险的性质，仅具备一般民事合同的效力，应当适用《中华人民共和国民法典》合同编的相关规定，由某服务公司与某物流公司依据双方签订的《机动车辆安全统筹单》另行主张权利，不应当适用保险法的相应规则。这样的处理方式体现了鼓励交易、不随意否认合同效力的司法政策，也体现出尊重合同当事人真实意思表示的裁判思路与裁判逻辑。

二、机动车安全统筹合同的效力

有观点认为，机动车安全统筹业务系变相开展保险业务的行为，违反效力性强制性规定，应属无效合同，侵权人可向统筹公司主张合同无效的损失，法院应根据双方过错大小在二者之间确定损失的分担。也有观点认为，即便合同无效，统筹公司也应承担全部过错责任。还有观点认为，机动车安全统筹合同系侵权人与统筹公司之间的真实意思表示，统筹公司应按合同约定履行义务。笔者认为，对合同性质和效力的审查与判断，应结合订立合同的目的、合同内容和具体情况，依据合同主要条款所约定的当事人各方的核心权利义务关系，进行全面理解和准确认定。虽然统筹公司系在市场监管部门注册成立，注册资本、设立条件、设立程序均不符合上述法律规定，并非国务院保险监督管理机构批准成立的保险公司，也不具备保险业务经营资质，但从意思自治的法律原理来看，被统筹方与统筹方所签订的协议是民事主体之间的合同，只要不存在《中华人民共和国民法典》第一百五十三条、第一百五十四条规定的情形，就应当承认安全统筹协议在当事人之间的效力，而不应当随意否认其效力和交易行为。如果统筹公司是以统筹业务为名、行保险业务之实，则该合同因违反《中华人民共和国保险法》第六条、第六十七条第一款等效力性强制性规范而无效。

本案中，应当明确侵权人程某某是损害赔偿的第一顺位责任人，由于其与某物流公司是挂靠关系，应当依法向赵某1、赵某2、谭某某、纪某1承担连带责任。程某某和某物流公司承担连带责任后，某物流公司可以根据其与首约公司签订的机动车安全统筹合同的约定向统筹公司主张合同责任。如果交通安全统筹合同中约定了统筹公司应当向第三人（交通事故的受害人或其近亲属）支付赔偿款，则第三人可以直接请求统筹公司向其支付，但第三人有权选择跳过统筹公司而要求被统筹人支付赔偿款，被统筹人支付后再向统筹公司追偿。如果没有这样的约定，则第三人不能直接请求统筹公司支付赔款，此时，只能先由被统筹人向第三人赔偿，再由被统筹人向统筹公司追偿。

**编写人：重庆市第三中级人民法院　张现委**

52

# “驾乘人员意外险”可在机动车交通事故责任纠纷中一并处理并抵偿投保人责任

## ——郑某诉程某等机动车交通事故责任案

### 【案件基本信息】

1. 裁判书字号

浙江省杭州市中级人民法院（2023）浙01民终12065号民事判决书

2. 案由：机动车交通事故责任纠纷

3. 当事人

原告（被上诉人）：郑某

被告（被上诉人）：程某

被告（上诉人）：某保险公司营业部

被告：某保险公司

### 【基本案情】

2020年11月25日，郑某乘坐程某驾驶的小型普通客车在行驶中与路边护栏发生碰撞，造成郑某车辆、路边护栏受损且郑某受伤的交通事故。经交警部门认定，程某负全责。事故发生后，郑某被送往医院住院治疗，经诊断全身多处骨折，产生医疗费等各项损失。程某车辆在某保险公司投保交强险及商业三者险、车上人员责任保险（乘客），在某保险公司营业部投保驾乘人员综合保险。郑某主张程某赔偿其经济损失，要求某保险公司及某保险公司营业部在保险范围内承担责任。

**【案件焦点】**

1. 驾乘人员意外伤害保险能否在本案中一并处理；2. 如合并处理，某保险公司营业部抗辩的限定赔偿项目及标准是否成立；3. 本案的具体赔付方式及金额如何确定。

**【法院裁判要旨】**

浙江省杭州市临平区人民法院经审理认为：关于争议焦点一。郑某与程某主张就驾乘人员意外伤害保险赔偿事宜在本案中一并处理，符合法律规定，本院予以支持。首先，虽然郑某作为受害人向侵权人提起的侵权之诉与其作为乘客即被保险人向保险公司提起的保险合同纠纷属于两个法律关系，但二者均基于同一交通事故的法律事实，且案涉驾乘人员意外伤害保险属于典型的“为第三人利益”的利他合同，郑某作为基于程某投保行为取得利益的第三方，有权向某保险公司营业部提出诉请，合并诉讼有利于节约诉讼成本、减轻当事人诉累、查明案件事实、促进案结事了；其次，程某作为投保人为不确定的驾驶员及乘客购买驾乘人员意外伤害保险的目的是分担责任风险，投保人仅具有缴纳保费的义务，却不享有保险合同利益，不符合公平原则及社会大众购买保险的普遍认知，也违背投保人投保初衷；最后，将交通事故的侵权责任纠纷与驾乘险的保险合同纠纷合并处理，既有利于弥补受害人损失，发挥保险功能，也未加重保险公司责任，且利于查明案件关键事实，保障各方当事人的诉讼权利。关于争议焦点二。某保险公司营业部抗辩驾乘人员意外伤害保险保障项目中“驾驶或乘坐非营运汽车意外伤害身故、残疾”仅在限额内赔付残疾赔偿金且应按照《评定标准及代码》中对应的伤残等级的给付比例乘以保险合同所载的该项意外伤害对应保险责任的保险金额给付残疾赔偿金、非医保金额及精神损害抚慰金免赔。在程某明确未收到相应保险条款的情形下，某保险公司营业部既未举证证明已将保单中所述相关具体条款交付或送达投保人，亦未举证证明已就合同主要内容及免责条款充分告知投保人，应承担举证及释明不利的法律后果，对其抗辩，本院不予采信。关于争议焦点三。公民的生命权、健康权受法律保护。根据当事人提交的有效证据及庭审陈述，程某负事故全部责任，郑某无事故责任，事故发生时，郑某系案涉车辆车上人员。故，郑某因本次事故造成的合理损失，先由某保险公司、某保险公司营业部各自在机动车车上人员责任保险（乘客）、驾乘人员意外伤害保险责任限额内承担相应赔偿责任，不足部分，再由侵权人程某承担。

浙江省杭州市临平区人民法院依照《中华人民共和国侵权责任法》第六条第一款、第十六条、第四十八条，《中华人民共和国道路交通安全法》第七十六条，《最高人民法院关于审理人身损害赔偿案件适用法律若干问题的解释》（2020年12月23日最高人民法院审判委员会第1823次会议通过）第六条、第七条、第八条、第九条、第十条、第十一条、第十二条、第二十二条、第二十三条，《最高人民法院关于适用〈中华人民共和国民法典〉时间效力的若干规定》第一条，《中华人民共和国民事诉讼法》第六十七条之规定，判决如下：

一、被告某保险公司于本判决生效后十日内在机动车车上人员责任保险（乘客）责任范围内赔偿原告郑某损失10000元；

二、被告某保险公司营业部于本判决生效后十日内在驾乘人员意外伤害保险责任范围内赔偿原告郑某损失285314.87元；

三、驳回原告郑某的其他诉讼请求。

某保险公司营业部不服一审判决，提起上诉。浙江省杭州市中级人民法院经审理认为：经查明，案涉驾乘人员意外伤害保险保险单记载投保人为程某，被保险人为案涉车辆的驾驶人员及乘客。因案涉事故发生时郑某系普通客车车上乘客，故郑某应为程某与上诉人之间驾乘人员意外伤害保险的被保险人，享有保险金请求权。虽然郑某作为受害人向侵权人提起的侵权之诉与其作为乘客即被保险人向保险公司提起的保险合同纠纷属于两个法律关系，但是，鉴于二者均基于发生同一交通事故的法律事实，且考虑到节约诉讼成本、减轻诉累的角度，及程某为不确定的驾驶员及乘客购买驾乘人员意外伤害保险意欲分担责任风险的初衷等实际因素，一审在本案中一并处理驾乘人员意外伤害保险赔付问题，并无不当。关于保险赔付数额问题。本案中，上诉人主张其应当承担的保险限额应为伤残赔偿金50000元（50万×10%伤残系数）、意外医疗费58666

元（扣除车上人员险承担10000元）、住院津贴1440元，但该些主张所关联的保险条款内容涉及格式条款合同主要内容及免责条款，对上诉人的责任范围进行了限定且与程某有重大利害关系。在此情况下，现在案证据未能证明上诉人已将保单中所述相关具体保险条款交付或送达投保人，也未能证明上诉人已就合同主要内容及免责条款充分告知投保人，故一审法院未采纳上诉人关于理赔数额的主张，并无不当。据此，一审法院最终确定上诉人在驾乘人员意外伤害保险责任范围内赔偿郑某损失285314.87元并无不当，本院予以确认。

浙江省杭州市中级人民法院依照《中华人民共和国民事诉讼法》第一百七十七条第一款第一项之规定，判决如下：

驳回上诉，维持原判。

【法官后语】

《中华人民共和国保险法》第六十五条第一款、第二款规定："保险人对责任保险的被保险人给第三者造成的损害，可以依照法律的规定或者合同的约定，直接向该第三者赔偿保险金。责任保险的被保险人给第三者造成损害，被保险人对第三者应负的赔偿责任确定的，根据被保险人的请求，保险人应当直接向该第三者赔偿保险金。被保险人怠于请求的，第三者有权就其应获赔偿部分直接向保险人请求赔偿保险金。"交强险、商业第三者责任险、座位险等均系责任保险，可在交通事故责任纠纷案件中一并处理，但本案被告投保的"驾乘人员综合保险"属于人身意外险，并非责任保险。实践中，对于该类人身意外保险合同纠纷是否适合在机动车交通事故责任纠纷中一并处理，存在争议。观点一认为，受害人与侵权人之间是侵权责任纠纷，而受害人作为被保险人与保险公司之间是保险合同纠纷，二者法律关系不同、相对方不同，不应在一案中合并处理。观点二认为，基于保险的损失填平原则及投保人投保初衷此类纠纷可以一并处理，并且可以抵偿投保人的赔偿责任。本案判决倾向观点二，具体理由如下：

首先，同一案件涉及两个不同法律关系，并非人民法院拒绝当事人一并处理的正当理由。《最高人民法院关于印发修改后的〈民事案件案由规定〉的通知》指出，同一诉讼中涉及两个以上的法律关系的，应当根据当事人诉争的法律关系的性质确定个案案由；均为诉争的法律关系的，则按诉争的两个以上法律关系并列确定相应的案由。法律允许诉争的两个不同法律关系合并在一个案件中进行审理。而且，在主要事实高度重叠、裁判结果相互牵连的特定情况下，将基于同一事实或者其他原因存在密切联系的不同法律关系在同一诉讼中解决，既有利于查明案件事实，明确法律责任和避免裁判冲突，也有利于保护当事人利益和实现诉讼经济的目标。

本案中，虽然郑某作为受害人向侵权人提起的侵权之诉与其作为乘客即被保险人向保险公司提起的保险合同纠纷属于两个法律关系，但二者均基于同一交通事故的法律事实，郑某作为驾乘人员意外险的被保险人享有保险金请求权，其主张将驾乘人员意外险与本案合并处理，具有合理性。

其次，驾乘人员意外险系机动车车主作为投保人为车辆不确定的驾驶员及乘客单方购买，属于典型的“为第三人利益”的利他合同，目的是分担责任风险，通过购买保险方式将自身风险部分或全部转嫁给保险公司。发生交通事故后，在乘客向投保人提起侵权之诉的情况下，可通过自身投保的驾乘人员意外险履行对乘客的赔偿责任。如果不同意合并处理，则可能造成投保人在承担赔偿责任后，因并非保险合同被保险人、主体不适格而无法直接提起保险合同诉讼。这将导致投保人仅具有缴纳保费的义务，却不享有保险合同利益，显然不符合公平原则及社会大众购买保险的普遍认知，违背投保人投保初衷，降低其投保积极性。

本案中，被告程某为其车辆投保交强险、商业三者险、车上人员责任保险（乘客）险及驾乘人员综合保险，因本案事故属于单方事故，原告系其车上乘客，不属于交强险及商业三者险理赔范围，若不同意将驾乘人员综合保险与本案一并处理，则某保险公司仅需在车上人员责任保险（乘客）险10000元的保险限额内赔付，其余均需车主自行赔付。这将置投保人于保险困境。

最后，保险领域是损失填平原则的一个重要应用领域，在《中华人民共和国保险法》的语境下，损失填平原则是对保险利益原则的补充。依据损失填平原则，受害人获得的赔偿应局限于其所遭受的损害，不能因遭受损害而获取利益。按照观点一，作为驾乘人员意外险的被保险人，乘客可以提起保险合同之诉和侵权之诉，获得双项赔偿，显然与损失填平原则不符。

综上，在单方事故中，应将驾乘人员意外险在机动车交通事故责任纠纷中一并处理，以抵偿投保人责任。如此，既有利于查明关键事实，保障当事人诉讼权利，节约诉讼成本，又有利于弥补受害人损失，在未加重保险公司责任的同时最大限度地发挥保险功能，维护投保人权益，亦符合保险的损失填平原则。

编写人：浙江省杭州市临平区人民法院　沈宇珍　张彤

53

# 交通事故撞击致车上人员脱离被保险车辆的，不应由“第三者险”赔付

——江某、孙某诉某保险公司等机动车交通事故责任案

## 【案件基本信息】

1. 裁判书字号

新疆维吾尔自治区乌鲁木齐市中级人民法院（2023）新01民终5797号民事判决书

2. 案由：机动车交通事故责任纠纷

3. 当事人

原告（上诉人）：江某、孙某

被告（被上诉人）：某保险公司、尤某、某物流公司

## 【基本案情】

尤某系案涉货车的所有权人，江某系尤某雇用的驾驶员。2018年12月24

日，江某驾车行驶时，车辆驶出路基发生侧翻后江某被甩出车外，造成江某受伤的道路交通事故。经交警部门认定，江某承担此次事故的全部责任。江某被送往医院救治，住院92日。在住院治疗过程中江某被确诊为肝恶性肿瘤，2019年9月5日因肝恶性肿瘤去世。江某生前治疗终结后，对其伤残等级进行鉴定，其构成十级伤残，左踝关节功能丧失构成八级伤残。

【案件焦点】

1. 尤某作为雇主是否应承担责任；2. 江某、孙某要求某物流公司承担赔偿责任是否有法律依据；3. 江某是否属于交强险、商业第三者责任险条款约定的第三人。

【法院裁判要旨】

新疆维吾尔自治区乌鲁木齐市达坂城区人民法院经审理认为：江某持有驾驶涉案车辆的驾驶执照，涉案车辆也具有合法的运营资质；车辆购买了相应的交强险、商业险；车辆在事故发生前一个月刚进行过年检，经审验合格，符合上路行驶要求；运载货物载重量并未超载。综合以上几点，尤某作为车主将符合上路资格的车辆交由具有相应驾驶资格的江某驾驶并无任何违法行为或过错情形。故，对于江某、孙某要求尤某承担赔偿责任的诉讼请求，不予支持。同理，尤某与某物流公司都无须承担赔偿责任。

关于某保险公司是否要在交强险及商业第三者责任险限额内承担责任。机动车辆第三者责任险中的“第三者”，是指除投保人、被保险人和保险人外的，因保险车辆发生意外事故遭受人身伤亡或财产损失的保险车辆下的受害者。事故发生时，江某身处车外，从空间位置要素判断其已经离开原车辆，但事故的发生具有连贯性和持续性，不能分段看待，同一人不能同时既是驾驶人员又是车外“第三者”。故，按照现行法律规定和保险合同规定，江某不能纳入“第三人”的范围，某保险公司不应在交强险及商业第三者责任险限额内承担责任。

新疆维吾尔自治区乌鲁木齐市达坂城区人民法院依照《中华人民共和国民

法典》第一千一百九十二条，《最高人民法院关于适用〈中华人民共和国民法典〉时间效力的若干规定》第二条，《最高人民法院关于适用〈中华人民共和国民事诉讼法〉的解释》第九十条之规定，判决如下：

一、被告某保险公司在座位险限额内一次性赔偿原告江某、孙某各项损失40000元；

二、驳回原告江某、孙某的其他诉讼请求。

江某、孙某不服一审判决，提起上诉。新疆维吾尔自治区乌鲁木齐市中级人民法院经审理认为：本案相关法律事实发生于《中华人民共和国民法典》施行前，应当适用《中华人民共和国侵权责任法》的相关规定，一审法院适用法律有误，予以纠正。尤某作为接受劳务一方，江某作为提供劳务一方，双方应按照过错比例承担责任。江某作为驾驶人员，未按安全操作规范驾驶车辆，应当承担主要责任，责任份额为80%。尤某作为雇主及涉案车辆的所有权人对雇员的日常安全行驶、规范操作负有监督、提醒的义务，且尤某系在劳务关系中处于因江某履行劳务职责而获得利益的地位，应承担次要责任，责任份额为20%。一审法院认为尤某对本案事故的发生并无过错因而无须承担赔偿责任的认定不当，予以纠正。

某物流公司虽为案涉车辆的名义车主，但是车辆的运营操作均在尤某的控制下进行，其对案涉车辆并无支配管理地位，也并非运营利益的直接归属者。故，江某、孙某要求某物流公司承担赔偿责任的理由不能成立，法院依法不予支持。

机动车辆第三者责任险中的“第三者”，是指除投保人、被保险人和保险人外的，因保险车辆发生意外事故遭受人身伤亡或财产损失的保险车辆下的受害者。本案中，江某系案涉事故发生时车辆的驾驶人，事故发生后江某虽已身处车外，但因江某系被保险人，且对机动车有实际的控制力，故依照现行法律规定和保险合同规定，江某不能纳入“第三人”的范围。江某、孙某要求某保险公司以交强险、商业三者责任险的标准给予赔偿的请求无事实依据，法院依法不予支持。

新疆维吾尔自治区乌鲁木齐市中级人民法院依照《中华人民共和国侵权责任法》第三十五条，《中华人民共和国民事诉讼法》第一百七十七条第一款第二项之规定，判决如下：

一、维持新疆维吾尔自治区乌鲁木齐市达坂城区人民法院（2022）新 0107 民初 245 号民事判决第一项；

二、撤销新疆维吾尔自治区乌鲁木齐市达坂城区人民法院（2022）新 0107 民初 245 号民事判决第二项；

三、尤某于本判决生效后十日内向江某、孙某支付医疗费、误工费、护理费、交通费、住院伙食补助费、营养费、精神损失费、鉴定费、各项损失费及鉴定费共计 88819.26 元；

四、驳回江某、孙某对某物流公司的诉讼请求。

## 【法官后语】

对车上人员与第三人属性的认定可以从事实层面和法律适用逻辑层面进行双重认定。

一、事实层面

在车内的人员属于车上人员，在车外的人员属于车外第三人，这是日常生活最基本的认知。车上人员到达目的地下车或者因其他原因换乘其他车辆后，相较于原车辆，车上人员当然就转变为车外第三人，即认定一个人是属于车上人员还是车外第三人，最主要的判断因素就是人员所处的位置。交通事故案件中乘车人或驾驶员被甩出车外，之后又被所乘坐或者驾驶的车辆碾轧，单从人员所处位置来看，在被车辆碾轧时车上人员已离开原车辆，已由之前的驾驶人或乘车人转变为车外人员，属于保险合同约定的第三人。但其之前是车上人员，事故发生时系被甩出车外，而非主动离开车辆。事故的发生是一个连续不间断的过程，乘车人属于车上人员，在被甩出车外后并不因其所处的位置发生变化而产生车内人员还是车外人员身份属性的变化。综上，在事实层面认定人员属于车上人员还是第三人时，除考虑人员所处位置外，还应审查人员位置发生变化系主动而为还是被动发生位移，以及发生位移时间的长短。即当人员位置的变化是人员自身意志追求的结果时，当然属于车外第三人，如人员的下车、换乘等；反之，若是人员被甩出车外，且发生位移时间与受损时间是连续不间断，则应认定为车上人员。

另外，必须考虑位移的发生与损害的发生是否为连续的，如车上人员被甩出车外后，被甩出车外的人员并未再上车，车辆经修理或简单处理后继续行驶，之后再次碰撞未上车的原乘车人，则原乘车人此时已转换为车外第三人。

二、法律适用层面认定

1. 从保险条例等规定分析。《机动车交通事故责任强制保险条例》第二十一条第一款“被保险机动车发生道路交通事故造成本车人员、被保险人以外的受害人人身伤亡、财产损失的，由保险公司依法在机动车交通事故责任强制保险责任限额范围内予以赔偿”明确规定，交强险赔偿对象为本车人员、被保险人以外的人员。《中国保险行业协会机动车商业保险示范条款》（2020 版）第三条“本保险合同中的第三者是指因被保险机动车发生意外事故遭受人身伤亡或者财产损失的人，但不包括被保险机动车本车车上人员、被保险人”明确规定，商业第三者责任险赔偿对象不包括本车车上人员和被保险人。结合以上规定，可得出同一主体在同一责任保险中不能既是被保险人又是第三人。

2. 从《中华人民共和国民法典》等法律规定分析。从同一人员不能同时被认定为受害人和侵权人。以本案为例，若认定驾驶员在事故发生时已置身车外属于车外第三人，则其当然是被案涉车辆碰撞的受害人，作为受害人当然有权向侵权人主张侵权赔偿责任。但案涉车辆是其自己驾驶的，因其驾驶车辆不当造成损害后果，其当然是实施违法行为并造成损害后果的侵权人。但按照法律规定，认定侵权关系成立的前提是一个民事主体违反法律规定侵害另一个民事主体的合法权益并造成损害后果。即侵权法律关系中一定存在两个不同的民事主体，同一个主体不能既是侵权人又是受害人。若民事主体自残自损，则不成立民事侵权法律关系。综上，从法律适用层面推理，本案驾驶员不能被认定为车外第三人。

**编写人：新疆维吾尔自治区乌鲁木齐市达坂城区人民法院　王红泉**

54

# 交通事故中非医保用药保险公司不赔应严格限定

——李某诉甲保险公司等机动车交通事故责任案

## 【案件基本信息】

1. 裁判书字号

湖北省武汉市中级人民法院（2023）鄂 01 民终 1761 号民事判决书

2. 案由：机动车交通事故责任纠纷

3. 当事人

原告（被上诉人）：李某

被告（上诉人）：甲保险公司

被告：程某、邱某

第三人：乙保险公司

## 【基本案情】

2021 年 9 月 18 日，程某驾驶重型非载货专项作业车与李某驾驶的二轮电动车发生道路交通事故，造成李某受伤及两车受损。经交警部门认定，程某负主要责任，李某负次要责任。事故发生后，李某共住院 21 日，花费医疗费 69512.05 元，甲保险公司垫付 18000 元，乙保险公司作为社会救助基金管理机构，对道路交通事故受害人产生的部分抢救费用垫付 40000 元。李某雇请护工护理 20 日花费护理费 4800 元，另花费电动车施救费 300 元。2022 年 1 月 6 日，李某的伤情经甲法医司法鉴定所鉴定为九级伤残，后续治疗费为 23000 元或据实赔付，误工期为 150 日，护理期为 60 日，营养期为 90 日。李某支出鉴定费 2280 元。重型非载货专项作业车的登记车主为邱某，邱某雇用程某驾驶该车。

该车在甲保险公司投保了交强险和 100 万元的第三者责任保险，事故发生在保险期间内。

一审法院审理中，甲保险公司对李某的法医鉴定结论中的伤残等级、后续治疗费及医疗费中超出国家基本医疗保险同类医疗费用标准的费用金额、与本次交通事故所致外伤治疗无关联的费用金额有异议，提出重新鉴定申请。一审法院准许后委托乙法医学司法鉴定中心进行鉴定。2022 年 6 月 1 日，乙法医学司法鉴定中心认为委托事项涉及医疗费用审核的鉴定，超出其中心技术能力范围，对该案作出不予受理的决定。一审法院再次委托丙法医司法鉴定所鉴定，2022 年 8 月 31 日，丙法医司法鉴定所出具鉴定意见：李某住院医疗费用与外伤存在关联性，超出国家基本医疗保险同类费用标准的费用金额为 10284.07 元。甲保险公司支付鉴定费 4000 元；甲保险公司未按时缴纳伤残等级、后续治疗费重新鉴定费用，丙法医司法鉴定所于 2022 年 10 月 25 日终止鉴定。

**【案件焦点】**

超出国家基本医疗保险同类费用标准的非医保用药保险公司是否承担赔偿责任。

**【法院裁判要旨】**

湖北省武汉市黄陂区人民法院经审理认为：道路交通事故致公民人身、财产受到损害，依法应当予以赔偿。交警部门认定，程某负主要责任，李某负次要责任，合法有据，一审法院以此作为本案定责依据，由程某承担 70%的赔偿责任，李某自负 30%的责任。根据法律规定，机动车发生交通事故造成人身伤亡、财产损失的，由保险公司在交强险责任限额范围内先行予以赔偿，不足部分，由承保商业三者险的保险公司根据保险合同予以赔偿，仍有不足的，依照道路交通安全法和侵权责任法的规定由侵权人赔偿。李某因本次交通事故遭受的各项损害合计 275199.05 元。甲保险公司应在交强险责任限额内赔偿 195137 元，对交强险赔偿不足部分的 80062.05 元，由甲保险公司在商业三者险内按 70%的责任比例赔偿 56043.4 元。

对于甲保险公司辩称其不应承担超出国家基本医疗保险同类标准的费用的意见，一审法院认为，国家基本医疗保险作为一项福利性的社会保险制度，为控制医疗保险药品费用的支出，对用药范围作出一定的限制。本案中，甲保险公司收取的商业险保费金额远高于国家基本医疗保险，其按照商业性保险收取保费，却按照国家基本医疗保险的标准理赔，明显限制了保险相对方的权利，且未提交充分证据证明其就非医保用药的免责条款进行了提示和说明，对该意见，一审法院不予支持。

甲保险公司垫付的 18000 元，乙保险公司垫付的 40000 元，为减少诉累，该院予以一并处理。对于甲保险公司辩称对法医司法鉴定书中的伤残等级、后续治疗费有异议的意见，因其未按期缴纳鉴定费，鉴定中心因此退卷，故对此意见，一审法院不予采纳。程某系邱某雇用的司机，诉讼费和鉴定费应由雇主邱某依责承担。甲保险公司支出重新鉴定费，系其申请鉴定必要性支出，由其负担。

湖北省武汉市黄陂区人民法院依照《中华人民共和国民法典》第一千一百六十五条、第一千一百七十九条、第一千一百八十三条、第一千一百八十四条、第一千一百九十二条、第一千二百零八条、第一千二百一十三条，《中华人民共和国保险法》第六十五条，《最高人民法院关于审理人身损害赔偿案件适用法律若干问题的解释》第六条、第七条、第八条、第九条、第十条、第十一条、第十二条和《中华人民共和国民事诉讼法》第六十七条、第一百四十五条之规定，判决如下：

一、甲保险公司在交强险范围内赔偿李某各项经济损失 195137 元，扣减已支付的 18000 元，尚需支付 177137 元；

二、甲保险公司在商业三者险范围内赔偿李某各项经济损失 56043.4 元；

三、李某返还乙保险公司垫付款 40000 元；

四、驳回李某的其他诉讼请求。

被告甲保险公司不服一审判决，提出上诉。湖北省武汉市中级人民法院经审理认为：甲保险公司与邱某签订的保险合同及保险条款系双方真实意思表示，合法有效，对双方均具有约束力。甲保险公司主张依照合同约定，李某医疗费中超出国家基本医疗保险同类医疗费用标准的部分不应由该公司承担赔偿责任。一方面，甲保险公司向邱某交付了保险条款，保险条款中明确约定“超出《道路交通事故受伤人员临床诊疗指南》和国家基本医疗保险同类医疗费用标准的费用部分，保险人不负责赔偿”。该条款通过字体加黑的形式予以标注，且邱某签字确认已知悉特种车综合商业保险免责事项，故甲保险公司已经尽到了免责条款的提示说明义务。另一方面，甲保险公司在一审中对非医保用药的费用申请了鉴定，鉴定意见载明李某医疗费中超出国家基本医疗保险同类医疗费标准的费用金额为10284.07元。故，该部分费用不应由甲保险公司承担。李某因案涉交通事故受伤，依据案涉交通事故责任分担，7198.85元非医保用药费用应由侵权人承担。程某系受邱某雇用，在履行职务过程中造成李某受伤，故该部分费用应由邱某负担。综上，甲保险公司的上诉请求成立。

湖北省武汉市中级人民法院依照《中华人民共和国民事诉讼法》第一百七十七条第一款第二项之规定，判决如下：

一、维持湖北省武汉市黄陂区人民法院（2022）鄂0116民初2369号民事判决第一项、第三项；

二、撤销湖北省武汉市黄陂区人民法院（2022）鄂0116民初2369号民事判决第二项、第四项；

三、甲保险公司在商业三者险范围内赔偿李某各项经济损失48844.55元；

四、邱某赔偿李某医疗费7198.85元；

五、驳回李某的其他诉讼请求。

## 【法官后语】

《最高人民法院关于适用〈中华人民共和国保险法〉若干问题的解释（三）》第十九条规定，保险合同约定按照基本医疗保险的标准核定医疗费用，保险人以被保险人的医疗支出超出基本医疗保险范围为由拒绝给付保险金的，人民法院不予支持；保险人有证据证明被保险人支出的费用超过基本医疗保险同类医疗费用标准，要求对超出部分拒绝给付保险金的，人民法院应予支持。

该规定秉持保险人对价平衡和投保人合理期待原则，规定了保险公司是否应就非医保用药费用进行赔偿，划定了“赔”与“不赔”的界限，明确了该条款符合免责条款的特征，具有法律适用的指引作用。

但保险公司仍常在诉讼中就非医保用药提出抗辩或提起上诉。究其原因，根据《中国保险行业协会机动车商业保险示范条款》（2020版）第三十条的规定，保险人按照《道路交通事故受伤人员临床诊疗指南》和国家基本医疗保险的同类医疗费用核定医疗费用的赔偿金额。保险公司在与投保人签订保险合同时，往往将这一条款不加修改地予以引用。据此，保险公司认为，其向受害人赔偿损失系基于与投保人之间的保险合同关系，赔偿范围理应受到保险合同内容的约束，非医保用药不赔即应有之义。

而目前审判实践中，对保险公司的该抗辩意见不支持的居多。驳回理由主要有：一是非医保用药不赔作为免责条款，保险公司没有尽到明确的提示说明义务，使该条款不产生法律效力；二是根据《最高人民法院关于审理人身损害赔偿案件适用法律若干问题的解释》第六条的规定，赔偿义务人对治疗的必要性和合理性有异议的，应承担相应的举证责任。保险公司未就非医保用药名录及具体金额进行举证；三是受害人在治疗过程中对用药并不具有选择权，由此产生的用药成本亦不受受害人控制，不得据此侵害受害人利益；四是保险公司收取的保费金额远高于国家基本医疗保险，如按照国家基本医疗保险的标准理赔，明显利益不对等。

本案中，一审法院依据上述理由一、四驳回了甲保险公司的抗辩意见。但二审审理中查明，甲保险公司与投保人邱某在保险条款中就非医保用药不赔进行了明确约定，并将该保险条款交付给了投保人。甲保险公司亦通过字体加黑的形式进行了提示，且邱某单就已知悉特种车综合商业保险免责事项进行了签字确认，故甲保险公司在本案中就非医保用药不赔已经尽到了提示说明义务。且甲保险公司在一审中对超出国家基本医疗保险同类医疗费标准的费用进行了鉴定，鉴定意见通过比照国家基本医疗保险同类医疗费标准计算出超出标准的费用金额，甲保险公司已然尽到了举证义务，故二审法院将非医保用药费用从甲保险公司应赔偿款项中予以扣除。

虽然本案支持了甲保险公司非医保用药不赔的意见，但非医保用药保险公司是否应予赔偿涉及受害人权益保障、投保人合理期待、保险人风险对价，涉及交通事故侵权纠纷中各交互主体利益，因此，在适用过程中，对保险公司应尽义务及举证责任仍应从严把握，严格审查标准。

1. 应严格审查保险合同中有无关于非医保用药不赔的约定。通常情况下，投保人以电子保单形式投保，其对保险条款内容不了解的情形并不鲜见。而投保人持有的电子保单中除保险金额和日期等表格事项外不会涉及具体保险条款，这就使双方有无就非医保用药不赔问题进行了约定变得模糊不清，对此，保险公司作为保险合同的提供方，应承担不利后果。

2. 应严格审查保险公司就非医保用药不赔条款有无尽到明确的提示说明义务。该说明义务应排除形式上的告知，而要求尽到实质告知义务，应确保投保人已经知晓该免责条款的含义、内容及法律后果。除对非医保用药不赔的条款字体加黑加粗外，还应审查有无通过单独成页、投保人有无完整抄录并签字确认、有无对已尽到明确说明义务的过程进行记录，如录音、录像等来佐证。

3. 应严格审查保险公司就非医保用药有无尽到完善的举证义务。当保险公司主张扣除非医保用药费用时，若仅提出按约定或酌情按某一比例扣除，则显然不能得到支持。保险公司应当根据受害者提供的用药清单，举证证明基本医疗保险同类医疗费用标准及超出该标准的用药项目及具体金额。同时，要准确把握“超过基本医疗保险同类医疗费用标准”与“超过基本医疗保险用药范围”的区别。对于基本医疗保险范围外的医疗项目支出，保险人仍应当按照基本医疗保险范围内的同类医疗费用标准赔付。

编写人：湖北省武汉市中级人民法院　庄敏

55

# 不具有保险经营资质公司的农机互助宝不应视作交强险纳入交通事故一并处理

## ——刘某诉何某等机动车交通事故责任案

**【案件基本信息】**

1. 裁判书字号

重庆市第二中级人民法院（2023）渝 02 民再 33 号民事判决书

2. 案由：机动车交通事故责任纠纷

3. 当事人

原告（再审申请人）：刘某

被告（再审被申请人）：何某、某服务公司

被告：某农业机械化协会、某保险公司

**【基本案情】**

2021 年 6 月 3 日，何某驾驶农用拖拉机与行人刘某发生交通事故，导致刘某受伤。该事故经公安机关认定，由何某承担全部责任，刘某无责任。刘某受伤后被送往医院住院治疗，产生医疗费 18107.75 元。刘某出院后，经鉴定构成十级伤残。何某为该农用拖拉机向某服务公司购买了农机互助宝保险，约定死亡伤残责任限额为 110000 元，医疗费用责任限额为 10000 元，财产损失赔偿责任限额为 2000 元；何某还向某保险公司投保了家庭农用机械综合保险；本次事故发生在保险期间内。刘某原审起诉要求某服务公司在交强险责任限额范围内承担责任，不足部分，由某保险公司在家庭农业机械综合保险责任限额范围内承担，仍有不足的，由何某承担。原判决生效后，刘某又以何某向某服务公司投保的互助宝不属于交强险，本案交强险范围内的赔偿责任应由何某承担为由申请再审。

【案件焦点】

1. 农用机动车向不具有保险经营资质的农机公司投保的农机互助宝能否作为交强险纳入交通事故一并处理；2. 农机所有人、侵权人能否以肇事农机车已投保农机互助宝为由，主张免除其交强险范围内的赔偿责任。

【法院裁判要旨】

重庆市开州区人民法院经审理认为：何某为案涉机动车向某服务公司投保的农机互助宝保险系一般商业保险而非交强险。虽然何某未为其驾驶的拖拉机投保交强险，但其向某保险公司投保的家庭农用机械综合保险中约定，该份保险仅承担交强险之外的损失。故，本案交强险范围内的损失应由某服务公司承担，不足部分，由何某赔偿；交强险范围之外的损失先由某保险公司进行赔偿，仍有不足的，由何某赔偿。

重庆市开州区人民法院判决如下：

一、被告某服务公司于判决生效之日起十五日内赔偿原告刘某因在本次交通事故中受伤而产生的各项费用120000元；

二、被告何某于判决生效之日起十五日内赔偿原告刘某因在本次交通事故中受伤而产生的各项费用33208元；

三、被告某保险公司于判决生效之日起十五日内赔偿原告刘某因在本次交通事故中受伤而产生的各项费用10087.75元；

四、驳回原告刘某的其他诉讼请求。

原告刘某不服一审判决，申请再审。重庆市第二中级人民法院经审理认为：未依法投保交强险的机动车发生交通事故造成损害，当事人请求投保义务人在交强险责任限额范围内予以赔偿的，人民法院应予支持。本案中，何某所驾驶的农用拖拉机属于机动车，应当依法投保交强险。现虽然何某已为该车投保了农机互助宝，但因该互助宝的承保公司未取得相应的保险经营、销售许可，故何某投保的农机互助宝不能认定为合法的保险业务。因何某所驾驶的案涉肇事车辆未依法投保交强险，故本案应由何某对受害人刘某在交强险责任限额范围内的相应损失承担全部赔偿责任。

重庆市第二中级人民法院依照《中华人民共和国民事诉讼法》第二百零七条第一款、第一百七十条第一款第二项的规定，判决如下：

一、维持重庆市开州区人民法院（2022）渝 0154 民初 13 号民事判决第二、三项；

二、撤销重庆市开州区人民法院（2022）渝 0154 民初 13 号民事判决第一、四项；

三、何某于本判决生效后七日内赔付刘某 80304.6 元；

四、驳回刘某的其他诉讼请求。

**【法官后语】**

现实生活中，部分农用机动车的所有人、管理人为降低农机使用过程中的风险，在依法投保交强险及商业三者险的同时还会购买农机互助宝。但实践中，部分农机所有人、管理人误将农机公司经营的互助宝当作交强险进行投保，导致农机车辆发生交通事故以后的赔偿责任出现争议。为正确处理此类交通事故中的赔偿责任，应厘清如下法律问题：

一、准确界定保险业务

保险是指投保人根据合同约定，向保险人支付保险费，保险人对于合同约定的可能发生的事故因其发生所造成的财产损失承担赔偿保险金责任，或者当被保险人死亡、伤残、疾病或者达到合同约定的年龄、期限等条件时承担给付保险金责任的商业保险行为。《中华人民共和国保险法》第六条规定，保险业务由依法设立的保险公司以及法律、行政法规规定的其他保险组织经营，其他单位和个人不得经营保险业务。据此，非依法设立的保险公司以及非法律、行政法规规定的其他保险组织所经营、销售的“保险产品”，不属于合法保险业务。交通事故案件中，人民法院对肇事车所投保“保险产品”是否属于法律意义的保险业务的认定，应结合在案保单、保险合同及保险条款等证据进行综合分析，同时还应对承保公司的经营资质进行审核。若承保公司未取得保险经营资质，则不应认定为法律意义的保险业务。

二、准确界定可以纳入交通事故一并处理的保险业务范围

为保障交通事故赔偿的迅捷、明确，保证受害人及时得到救助，保护机动车驾驶人合法权益，《中华人民共和国道路交通安全法》第七十六条第一款规定，机动车发生交通事故造成人身伤亡、财产损失的，由保险公司在机动车第三者责任强制保险责任限额范围内予以赔偿；《最高人民法院关于审理道路交通事故损害赔偿案件适用法律若干问题的解释》第十三条规定，肇事车辆投保的商业三者险亦可以纳入交通事故一并处理。据此，事故车辆所投保的交强险和商业三者险可以纳入交通事故中一并处理，除此之外的其他保险业务和非法律意义的保险均不得纳入交通事故进行处理。本案中，某服务公司作为农机公司，并未取得保险业务经营资质，故何某为案涉农机向该公司投保的互助宝并非保险业务，不得纳入本案一并处理。

三、准确界定机动车所有人未投保交强险时的赔偿责任

机动车交通事故第三者责任强制保险是为保障交通事故受害人依法得到赔偿，促进道路安全，而依法设立的强制性责任保险。该强制保险的设立有助于让保险人承担、分摊社会风险，保障受害人及时从保险公司获得赔偿，以分散投保人承担责任的风险。《机动车交通事故责任强制保险条例》第二条即规定，凡在我国境内道路上行驶的机动车的所有人或管理人，均应依法投保交强险。《最高人民法院关于审理道路交通事故损害赔偿案件适用法律若干问题的解释》第十六条亦明确规定，未投保交强险的机动车发生交通事故后，投保义务人或侵权人应直接全额承担交强险责任限额范围内的责任。司法实务中，针对机动车所有人误将互助宝当作交强险投保的情形，人民法院应当明确认定该车辆属于未依法投保交强险情形，并对未投保交强险的赔偿责任依照前述法律规定予以处理。人民法院不得以农机互助宝约定的保险责任限额与交强险相同，或商业三者险已明确约定只承担交强险之外的赔偿责任为由，将该互助宝保险当作交强险纳入交通事故中进行处理，更不能以此为由免除投保义务人或侵权人在

交强险范围内的赔偿责任。

四、准确界定农机互助宝的性质及法律地位

农机互助宝本质上系农用机械会员之间所达成的互助协议，在一定程度上具有加强行业会员互助、共同化解风险的功能。但农机互助宝的经营主体通常并不具备保险业务经营资质，该互助宝产品亦不具有足以让保险人分担社会风险的价值功能，故不是合法的保险产品。本案裁判结果依法维护了交通事故受害人的合法权益，明确了农机互助宝的法律性质，亦有助于引导农用机动车所有人、管理人依法正确投保交强险，让保险更“保险”。

编写人：重庆市第二中级人民法院　何贤龙

56

# 不能仅以厢式货车改变投保性质为标准判断“保险标的危险程度显著增加”

## ——郑某等诉某保险公司等机动车交通事故责任案

**【案件基本信息】**

1. 裁判书字号

山东省济南市中级人民法院（2023）鲁 01 民终 13990 号民事判决书

2. 案由：机动车交通事故责任纠纷

3. 当事人

原告（被上诉人）：郑某、郝某、郝某甲、郝某乙

被告（上诉人）：某保险公司

被告（被上诉人）：闫某、某货运公司

【基本案情】

2023年05月11日11时40分许，闫某驾驶某轻型栏板货车行驶时，与郑某甲（系郑某之女）驾驶的电动三轮车发生交通事故，造成车辆损坏，郑某甲经医院抢救无效死亡。该事故经某交警大队处理，认定闫某与郑某甲均承担事故同等责任。

闫某的车辆外侧贴有某货运公司平台接单贴纸，在货运应用程序中等级系L6，是钻石会员。事故发生当天10时30分接的货运订单，从Z地送至某物流公司，路程为63.5公里，11时40分许在国道308发生本案交通事故。闫某所有的车辆总质量为3350千克，无须申请取得道路运输经营许可证及车辆营运证。闫某使用电子投保的方式在某保险公司投保交强险及商业三者险，其登记投保车辆情况的机动车使用性质为“非营业个人”。投保单、投保人声明及授权均由闫某本人签字确认。

【案件焦点】

本案厢式货车改变投保性质是否可以评价为保险标的危险程度显著增加。

【法院裁判要旨】

山东省济南市章丘区人民法院经审理认为：关于闫某在货物搬运服务平台从事营运活动是否符合“改变使用性质，导致被保险机动车危险程度显著增加”这一情形，根据《中华人民共和国道路运输条例》第二十四条的规定，对于车辆总质量4500千克及以下普通货运车辆从事普通货运经营的，无须申请取得道路运输经营许可证及车辆营运证，而闫某的车辆总质量为3350千克，亦即闫某不管是为自己抑或为不特定他人从事运输行为均无须登记为“营运”并办理营运手续，车辆登记为“营运”或“非营运”仅为政府职能部门基于道路运输管理进行的区分，与是否从事经营活动并无必然关系，闫某驾驶的车辆本身即为轻型货车，载货乃其根本，否则将失去其意义，因而其从事经营性货物运输不属于改变使用性质，不符合商业三者险免责事项说明书约定的情形。某保险公司未尽到明确提示说明义务，主张商业三者险免赔证据不足且无法律依据，依法不予支持。

山东省济南市章丘区人民法院依照《中华人民共和国道路交通安全法》第七十六条第二款，《中华人民共和国保险法》第六十五条，《中华人民共和国民法典》第一千一百六十五条、第一千一百七十九条，《最高人民法院关于审理人身损害赔偿案件适用法律若干问题的解释》第六条、第十四条、第十五条、第十六条、第十七条、第二十三条，《中华人民共和国民事诉讼法》第六十七条、第一百四十七条，《机动车交通事故责任强制保险条款》第八条之规定，判决如下：

一、被告某保险公司于本判决生效之日起十日内在交强险各分项责任限额内赔偿原告郑某、郝某甲、郝某、郝某乙精神损害抚慰金 10000 元；

二、被告某保险公司于本判决生效之日起十日内在交强险各分项责任限额内赔偿原告郑某、郝某甲、郝某、郝某乙死亡赔偿金 170000 元；

三、被告某保险公司于本判决生效之日起十日内在商业三者险保险合同范围内赔偿原告郑某、郝某甲、郝某、郝某乙死亡赔偿金、丧葬费 455612 元［（1028592 元+52632 元−170000 元）×50%］；

四、原告郑某、郝某甲、郝某、郝某乙于本判决生效之日起十日内退还被告闫某垫付款 50000 元；

五、驳回原告郑某、郝某甲、郝某、郝某乙的其他诉讼请求。

某保险公司不服一审判决，提起上诉。山东省济南市中级人民法院经审理认为：本案的争议焦点为保险责任应否免除。本案中，闫某以“非营业个人”方式为肇事车辆投保，某保险公司提交的证据能够证实其在闫某投保时已尽到明确说明义务。闫某在合同期间，通过货运应用程序将涉案车辆用于营运业务过程中，与驾驶电动三轮车的郑某甲发生交通事故，双方均承担同等责任。闫某通过货运应用程序从事业务，从其货运应用程序截图的接单频率及等级来看，改变了涉案车辆的性质及用途，增加了车辆出险概率，属于保险标的危险程度显著增加的情形，且本案事故发生在营运过程中。因闫某并未及时将改变车辆使用性质情况告知某保险公司，保险公司主张免于承担本次事故对第三者造成的超出交强险之外的损失合法有据，故受害人交强险责任限额外的损失应由闫某承担。

山东省济南市中级人民法院依照《中华人民共和国民事诉讼法》第一百七十七条第一款第二项之规定，判决如下：

一、维持山东省济南市章丘区人民法院（2023）鲁 0114 民初 7195 号民事判决第一、二项；

二、撤销山东省济南市章丘区人民法院（2023）鲁 0114 民初 7195 号民事判决第三、四、五项及案件受理费负担部分；

三、闫某于判决生效之日起十日内赔偿郑某等 405612 元；

四、驳回郑某等的其他诉讼请求。

【法官后语】

司法实践中，对于保险标的危险程度是否显著增加，以及是否判决承保商业三者险的保险公司承担责任问题，一直是审理中的难点。总结来说，应该主要考虑以下三个因素：

一是如何理解保险标的危险程度显著增加的情形。《最高人民法院关于适用〈中华人民共和国保险法〉若干问题的解释（四）》第四条第一款规定了以下七种："（一）保险标的用途的改变；（二）保险标的使用范围的改变；（三）保险标的所处环境的变化；（四）保险标的因改装等原因引起的变化；（五）保险标的使用人或者管理人的改变；（六）危险程度增加持续的时间；（七）其他可能导致危险程度显著增加的因素。"具体到本案中，涉案厢式货车发生的交通事故，根据《中华人民共和国道路运输条例》第二十四条的规定，总质量 4500 千克及以下普通货运车辆从事普通货运经营，已经无须申请取得道路运输经营许可证及车辆营运证，但是闫某以"非营业个人"方式为肇事车辆投保，并且通过货运应用程序从事业务，事故发生在营运过程中，其改变涉案车辆的性质及用途，显著增加了车辆出险概率，属于保险标的危险程度显著增加的情形，在其没有通知保险人的情况下责任应该由其自行承担。

二是是否必须存在因果关系。有法院个案认为保险标的危险程度显著增加与保险事故之间无须存在因果关系，这明显违反了《中华人民共和国保险法》第五十二条第二款的要求，即被保险人未履行前款规定的通知义务的，因保险标的的危险程度显著增加而发生的保险事故，保险人不承担赔偿保险金的责任。该观点明显并非主流观点，因果关系是必须考虑的。

三是危险程度显著增加是否为保险人订立保险合同时可以预见的。有部分法院案例对与本案类似的厢式货车以非营运性质投保的行为，认定保险人应当预见"厢式货车主要从事货物运输"的事实，而仍然承保的，发生事故后主张不承担赔偿责任不成立，主要就是针对订立保险合同的可预见性。但是，如果以该类裁判观点为指引，将会导致货车投保"非营运"成为常态，显然不利于保险法设置此条文的立法本意，不符合目的解释的一般原则，这种行为也不应该得到肯定评价。

裁判该类案件时，应该本着严格适用上述情形的原则，不能随意扩大危险程度显著增加的适用场景。保险人要将举证重点放在证明存在危险程度显著增加的情形上，一旦认定构成危险程度显著增加，法院就应适度降低对增加危险与保险事故之间因果关系的举证要求，从而树立正确的裁判规则，保障保险市场的健康发展。

编写人：山东省济南市中级人民法院　孙磊　乔斌

57

# 投保商业险车辆的理赔行为可视为履行危险程度显著增加的通知义务

## ——荆某、黄某2诉李甲等机动车交通事故责任案

### 【案件基本信息】

1. 裁判书字号

江苏省常州市中级人民法院（2023）苏04民终775号民事判决书

2. 案由：机动车交通事故责任纠纷

3. 当事人

原告（被上诉人）：荆某、黄某2

被告（上诉人）：李甲

被告：李乙

被告（被上诉人）：某保险公司

### 【基本案情】

2022年5月30日，李甲驾驶某小型普通客车与黄某1发生交通事故，黄某1经抢救无效于当日死亡。后经交通警察大队作出《道路交通事故认定书》，认定李甲应承担该起事故的主要责任；黄某1应承担该起事故的次要责任。李甲驾驶的某小型普通客车登记在李乙名下，该车辆在某保险公司处投保了交强险及商业第三者责任保险200万元，事故发生在保险期间内。李乙在投保交强险及商业第三者责任保险时，某小型普通客车登记使用性质为家庭自用汽车。事故发生时，某小型普通客车上贴有“H××”标识。经调查，案涉小型普通客车于2021年12月1日至2022年5月30日在“H××”平台上从事了运输服务。

本起事故并非发生在从事“H××”服务过程中。荆某系黄某 1 的配偶，黄某 2 系黄某 1 的儿子。

2022 年 1 月 27 日，李甲驾驶的某小型普通客车因事故出险，本次事故为单方事故，某保险公司向李甲进行了理赔，李甲提交的该次事故现场照片显示，案涉车辆上张贴有“H××”标志且较为清晰、显著。2022 年 2 月 9 日，李甲驾驶的某小型普通客车因与其他车辆相擦，发生事故出险，李甲的事故责任为全责，某保险公司于 2022 年 7 月 14 日向第三者车辆所有人进行了理赔，李甲提交的该次事故现场照片显示，案涉车辆上亦张贴有“H××”标志。案涉车辆在 2022 年 10 月 26 日办理了商业险保险的续保。

## 【案件焦点】

案涉车辆商业三者险理赔的行为是否构成履行危险程度显著增加的通知义务。

## 【法院裁判要旨】

江苏省常州市钟楼区人民法院经审理认为：公民的生命健康权、财产权受法律保护。荆某、黄某 2 作为黄某 1 的近亲属，依法有权获得赔偿。

本案中，交通警察大队作出的《道路交通事故认定书》对事故过程进行了认定，李甲对本起事故的发生负主要责任，黄某 1 对本起事故的发生负次要责任，因李甲作为机动车驾驶人，其注意义务高于行人黄某 1，故法院酌定李甲对本起事故造成的损失承担 80%的责任。涉案小型普通客车在某保险公司投保了交强险及商业三者险 200 万元，含不计免赔，故荆某、黄某 2 的损失先由某保险公司在交强险范围内进行赔偿。

关于某保险公司应否在商业三者险范围内承担赔偿责任的问题。本案中，李甲驾驶的小型普通客车在购买商业三者险时告知的使用性质为家庭自用汽车，自“H××”平台调取的数据信息显示李乙为该车辆购买保险后，李甲实际使用该车辆并从事运营服务，属于改变保险标的用途。故，对某保险公司辩称无须在商业险范围内承担赔偿责任的抗辩主张，法院予以采信。荆某、黄某 2 超出交强险部分的损失由李甲按照 80%的责任比例赔偿。

江苏省常州市钟楼区人民法院依照《中华人民共和国民法典》第一千一百六十五条、第一千一百七十九条、第一千一百八十一条、第一千一百九十一条、第一千二百零八条、第一千二百零九条、第一千二百一十三条，《中华人民共和国道路交通安全法》第七十六条第一款，《中华人民共和国民事诉讼法》第四十条第二款、第一百四十五条之规定，判决如下：

一、某保险公司于本判决生效之日起十五日内赔偿荆某、黄某 2 因黄某 1 死亡而产生的交通事故损失 183900 元；

二、李甲于本判决生效之日起十五日内赔偿荆某、黄某 2 因黄某 1 交通事故而产生的医疗费、死亡赔偿金等各项损失共计 497480 元。

李甲不服一审判决，提起上诉。江苏省常州市中级人民法院经审理认为：本案的争议焦点为某保险公司关于保险标的的危险程度显著增加且被保险人未向保险人如实告知的观点是否成立。

关于危险程度是否显著增加，案涉车辆在购买商业第三者责任险时勾选并确认的使用性质为家庭自用，但据“H××”平台调取的数据并结合案件各方当事人的陈述，足以认定李甲在保险期间内驾驶案涉车辆多次开展营运业务，一审法院据此认定李甲的行为系改变保险标的用途并使危险程度显著增加于法有据，法院予以认可。

关于被保险人是否就保险标的危险程度显著增加的情况向保险人进行告知的问题，根据在案证据及李甲、某保险公司的陈述可知，案涉车辆曾于 2022 年 1 月 27 日发生交通事故且由该公司完成理赔。在该次理赔过程中，某保险公司通过阅看李甲向其提交的用于理赔的事故现场照片后，应当知道案涉车辆上张贴有显著的“H××”字样，保险公司作为专业的保险机构，其专业属性要求其在开展各项业务时尽到最大的注意和审查义务，因此可以认定某保险公司在 2022 年 1 月 27 日的事故发生后知道或应当知道案涉车辆存在改变车辆使用性质进行营运的事实，但该公司并未要求投保人增加保费或者行使合同解除权，而是进行了相应理赔，应当视为其仍同意为改变车辆使用性质后的案涉车辆承保，因此某保险公司应当在商业险责任范围内承担相应的赔偿责任。

此外，李甲在一审庭审中对未使用案涉车辆开展“H××”服务以及张贴“H××”标志系用于做广告的陈述，有违诚信诉讼的原则，法院予以批评，但该行为不应认定为其未向某保险公司就营运行为进行通知。李甲向某保险公司发送 2022 年 1 月 27 日事故照片并申请理赔的行为，在客观上已经产生了使保险人知道或应当知道的效果，李甲是否存在“如实通知”的主观要素并不影响该通知效果的产生。

江苏省常州市中级人民法院依照《中华人民共和国民事诉讼法》第一百七十七条第一款第二项之规定，判决如下：

一、维持常州市钟楼区人民法院（2022）苏 0404 民初 4408 号民事判决第一项判决；

二、撤销常州市钟楼区人民法院（2022）苏 0404 民初 4408 号民事判决第二项判决及诉讼费负担部分；

三、某保险公司于本判决生效之日起十五日内在商业险范围内赔偿荆某、黄某 2 因黄某 1 死亡而产生的各项损失共计 497168 元；

四、李甲于本判决生效之日起十五日内赔偿荆某、黄某 2 医药费 312 元。

## 【法官后语】

随着共享经济的发展及不断成熟，参与网约车经营的车辆数量逐年攀升，网约车市场容量持续增长，网约车发生机动车交通事故后，在保险理赔方面出现了保险公司以投保人未履行危险增加通知义务为由在商业险范围内拒赔等情形。保险公司商业险的拒赔，将交通事故损失的承担转移到机动车驾驶人身上。一方面容易造成交通事故被侵权人的损失无法实现全额赔偿的问题；另一方面也容易给驾驶人的经济状况造成严重困难，此类情形的发生与投保人购买机动车商业保险分散风险的目的相悖，也不利于投保人、被保险人等主体之间的利益平衡。

本案主要涉及两个争议焦点，其一，以家用性质投保商业三者险的车辆偶尔从事网约车服务是否构成危险程度显著增加；其二，车辆以家用性质投保商业三者险，并贴有营运广告时，其理赔行为是否构成履行保险法危险程度显著增加的通知义务。

关于争议焦点一，目前存在两种观点：一种观点认为只要从事了网约车运营即构成保险标的危险程度显著增加，保险人可以依照保险法的规定拒绝承担商业三者险范围内的赔偿责任；另一种观点认为，是否构成改变车辆使用性质并导致危险程度显著增加要区别网约车发生事故时是否处于营运状态。本案中，事故发生时并非处于营运状态，但是案涉车辆在事故发生当日从事多单网约车平台运营服务，据此本案一、二审均认为案涉车辆已构成改变车辆使用性质并导致保险标的危险程度显著增加。

关于争议焦点二，一种观点认为，通知应具有主观要素，即投保人应主动向保险人告知情况；另一种观点则认为，通知不应以投保人具有主观要素并主动告知为限，保险人作为专业的商主体，其对经营过程中投保标的的变化应具有更高的注意义务，即理赔行为亦属于履行告知义务的形式之一。另外，关于案涉车辆的理赔行为能否构成履行保险法危险程度显著增加的通知义务的认定，实际是认定保险人应否在商业三者险范围内承担赔偿责任的关键。《最高人民法院关于适用〈中华人民共和国保险法〉若干问题的解释（四）》第四条第二款规定："保险标的危险程度虽然增加，但增加的危险属于保险合同订立时保险人预见或者应当预见的保险合同承保范围的，不构成危险程度显著增加。"本案从该条文亦可以认定保险标的危险程度的增加属于保险人预见或者应当预见的保险合同承保范围。从该条文内容来看，虽然只规定了合同订立时保险人预见或者应当预见的情形，但是本案的理赔行为属于合同履行过程中保险人预见或者应当预见的保险标的危险程度增加的情形，举轻以明重，如果在合同订立时能够预见或者应当预见的情形，能够认定不构成危险程度显著增加，那么在履行过程中能够预见或者应当预见的情形，亦应认定不构成危险程度显著增加。

另外，本案判决的作出，旨在平衡投保人、被保险人及保险人之间的利益，通过苛以商事主体保险人更高的注意义务，保障投保人、被保险人等自然人的合法权益，发挥保险的社会职能。

编写人：江苏省常州市钟楼区人民法院　郎静

58

# 以租代售的车辆不能证明所有权已经转移的，车辆所有权人仍为交强险投保义务人

## ——黄某诉柯某、某汽车租赁公司机动车交通事故责任案

**【案件基本信息】**

1. 裁判书字号

福建省厦门市中级人民法院（2023）闽02民终2840号民事判决书

2. 案由：机动车交通事故责任纠纷

3. 当事人

原告（被上诉人）：黄某

被告（上诉人）：柯某、某汽车租赁公司

**【基本案情】**

2022年5月13日20时48分许，柯某驾驶轻型封闭货车行驶时，车右侧与沿人行道由北往南方向横过机动车道的黄某所驾驶的无牌电动自行车左侧发生碰撞，造成黄某受伤及车辆损坏的交通事故。经交警部门认定，柯某承担事故的主要责任，黄某承担事故的次要责任。

案涉轻型封闭货车的登记所有人为某汽车租赁公司。某汽车租赁公司曾与某汽车公司签订经营租赁合同，约定：某汽车租赁公司将包括案涉车辆在内的30辆新能源汽车租赁给某汽车公司，租赁期限自2018年8月1日起至2021年

7 月 31 日止；某汽车公司应为承租车辆购买与车辆登记性质相对应的交强险和商业保险（商业保险包含车损 15 万元，三者险 100 万元、司机座位险 1 万元、车辆自燃险、不计免赔险），不得在无保险的情况下驾驶或运营车辆，否则由此造成的全部责任和产生的一切费用由某汽车公司承担；若某汽车公司未按时支付保险费，则某汽车租赁公司有权收回车辆；租赁期满后，按每辆车残值 1 万元的价格从某汽车租赁公司过户给某汽车公司，由某汽车公司负责办理过户手续并负担过户费用。上述协议签订后，某汽车租赁公司将车辆交付某汽车公司，柯某于 2022 年 3 月通过案外人黄某租赁取得案涉车辆并实际使用。本案交通事故发生时，案涉车辆未投保任何机动车保险。

**【案件焦点】**

1. 以租代售车辆的投保义务人认定；2. 肇事车辆未依法投保交强险情形下，投保义务人与侵权人的“相应责任”认定。

**【法院裁判要旨】**

福建省厦门市思明区人民法院经审理认为：某汽车租赁公司主张，其与某汽车公司之间的经营租赁合同已经期满终止，包括案涉车辆在内的租赁车辆的所有权已经转归占有人某汽车公司所有，并由某汽车公司自行承担投保义务。根据上述主张，某汽车租赁公司应当持有与某汽车公司完成剩余租金及保险费用结算、完成租赁车辆残值评估及交付、配合某汽车公司进行过户的相应书面凭证；即使某汽车公司未主动配合完成合同价款的结算和所有权的正式交付，某汽车租赁公司也应当持有自身催告某汽车公司按期完成所有权变更登记、催告某汽车公司继续支付租金及保险费用、催告某汽车公司交还租赁车辆的相关证据。但某汽车租赁公司未在指定期限内提供上述任何一项证据。故，对某汽车租赁公司的上述主张不予采信，并相应认定：某汽车租赁公司与某汽车公司签订的经营租赁合同在约定期限届满后，仍然按照原合同约定条件继续履行，即某汽车租赁公司仍然是包括案涉车辆在内的租赁车辆的所有权人，仍然是为租赁车辆办理保险手续的投保义务人。

柯某驾驶机动车在本案事故中导致驾驶非机动车的黄某受伤并承担事故主要责任，本应由柯某所驾驶的机动车交强险保险人在交强险的责任限额内优先赔偿，其后由商业三者险的保险人根据商业险合同的约定在商业三者险限额内对黄某损失的 80%进行赔偿，仍有不足部分，再由侵权人柯某承担。

首先，案涉车辆在发生交通事故时并未投保交强险，根据 2020 年修订后的《最高人民法院关于审理道路交通事故损害赔偿案件适用法律若干问题的解释》第十六条的规定，应由投保义务人和侵权人在交强险责任限额范围内承担相应责任。上述条款在修订前，投保义务人和侵权人在交强险责任限额范围内原系承担连带责任。从该条款的修订目的看，所谓“相应责任”应视侵权人是否知道或应当知道投保义务人未投保交强险而进行区分处理：若侵权人事先不知道或不可能知道投保义务人未投保交强险，则其对交强险的“脱保”责任并无过错，交强险责任限额内的赔偿责任应由投保义务人承担；若侵权人事先知道或应当知道投保义务人未投保交强险而仍然继续使用该机动车，则其与投保义务人对交强险的“脱保”责任过错相当，交强险责任限额内的赔偿责任应由侵权人与投保义务人平均承担。本案中，某汽车租赁公司作为案涉车辆的所有人，未能提供证据证明其已及时向某汽车公司催讨保险费用并及时办理交强险的投保手续，对交强险的“脱保”责任负有过错；柯某虽是案涉车辆的承租人和使用人，但福建省和安徽省自 2020 年 6 月起即均不再需要在机动车上粘贴交强险标识。在柯某承租案涉车辆时，若非投保义务人明确告知，其不可能查验知悉车辆是否投保交强险，故其对案涉车辆交强险“脱保”并无过错，本案交强险责任限额内的损失为 198000 元，应由对交强险“脱保”负有过错的某汽车租赁公司负责赔偿。至于某汽车租赁公司主张其与某汽车公司另有关于保险“脱保”责任的约定，可在履行本案侵权赔偿责任后，另行向某汽车公司主张违约赔偿责任。

其次，机动车商业保险以平等协商、自愿购买为原则。本案事故发生时，案涉车辆未投保商业保险，黄某在交强险投保义务人优先赔偿之后的其他损失为 145743 元（343743 元-198000 元），应由侵权人柯某在其过错范围内承担

80%的赔偿责任，即116594.4元。至于柯某主张其租赁案涉车辆时被告知车辆已购买商业保险，但未就该主张提供任何证据；即使柯某所述为真，其亦可在履行本案侵权赔偿责任后，另行向出租人主张违约赔偿责任。至于黄某要求某汽车租赁公司在该公司与某汽车公司约定的基础上，向其直接承担未投保机动车商业保险的责任；本院认为，某汽车租赁公司与某汽车公司的内部约定并未事先向第三人公示，黄某对此并无信赖利益，故对黄某的该项请求，本院不予支持。

综上所述，黄某的总损失为343743元，应由某汽车租赁公司在交强险责任限额范围内优先赔偿198000元；在扣除交强险责任范围后，应由柯某在其过错范围内赔偿116594元，扣除柯某已垫付的20000元，还应赔偿96594元。

福建省厦门市思明区人民法院依照《中华人民共和国民法典》第一千一百七十九条、第一千一百八十三条第一款、第一千二百一十三条，《最高人民法院关于审理道路交通事故损害赔偿案件适用法律若干问题的解释》第十六条，《中华人民共和国民事诉讼法》第十三条第二款、第一百四十七条，《最高人民法院关于适用〈中华人民共和国民事诉讼法〉的解释》第九十条、第九十一条第一款第二项的规定，判决如下：

一、某汽车租赁公司应于本判决生效之日起七日内向黄某赔偿198000元；

二、柯某应于本判决生效之日起七日内向黄某赔偿96594元；

三、驳回黄某的其他诉讼请求。

柯某、某汽车租赁公司不服一审判决，提起上诉。福建省厦门市中级人民法院同意一审法院裁判意见，依照《中华人民共和国民事诉讼法》第一百七十七条第一款第一项之规定，判决如下：

驳回上诉，维持原判。

【法官后语】

为机动车投保交强险，是机动车所有人或者管理人的法定义务，根据《中华人民共和国民法典》第一千二百一十三条的规定，机动车发生交通事故造成损害，属于该机动车一方责任的，先由承保交强险的保险人在交强险责任限额内进行赔偿。现实生活中，有的投保义务人在保险期限届满后忘记续保，也有故意不投保的情况。这会造成未投保交强险的车辆在发生交通事故后，受害人无法从保险机构获得交强险责任限额内的赔偿，不利于对受害人的权益保障。

为规制投保义务人的行为，法律规定未依法投保交强险的机动车发生交通事故造成损害，当事人请求投保义务人在交强险责任限额内予以赔偿的，人民法院应予以支持。也就是说，在投保义务人未投保交强险的情况下，应由投保义务人来承担保险机构的赔偿责任。实际上，当投保义务人和实际侵权人不是同一人时，如车辆所有人将未投保交强险的车辆出借、出租或者转让给其他人后，使用人在使用该车辆的过程中发生交通事故，这种情况下，投保义务人的认定就存在争议，本案就是一起以租代售模式下投保义务人应如何认定的典型案例。

在以租代售模式下，当车辆租赁合同到期但所有权并未变更登记时，也就是双方约定的所有权转让条件成就时，车辆原所有人不能仅以租赁合同到期为由主张其对车辆的投保义务已自然转嫁至承租人（买受人）处，即便租赁合同到期，作为出卖人自身仍负有催告承租人（买受人）按期完成所有权变更登记、催告承租人（买受人）继续支付租金及保险费用、催告承租人（买受人）交还租赁车辆的相关义务。如果出卖人怠于履行前述义务，相当于将车辆的使用置于管理缺位的状态，在此情形下，车辆在使用过程中发生交通事故且致第三人产生损失时，当然不能免除出卖人的赔偿义务。因此，在以租代售模式下，车辆原所有人如主张对车辆的投保义务已转嫁至承租人（买受人）处，则应负有相应举证责任，如提供与承租人（买受人）就剩余租金及保险费用结算、完成租赁车辆残值评估及交付、催告承租人（买受人）按期完成所有权变更登记、配合承租人（买受人）完成过户登记等相关证据。本案中，因作为出卖人的某汽车租赁公司未能就上述其负有的义务进行举证，故法院难以将其剔除出投保义务人范围之外。

此外，在肇事车辆未依法投保交强险的情形下，投保义务人与侵权人的“相应责任”认定亦是司法实务中的判断难点。应结合投保义务人是否履行告知义务，以及侵权人是否履行审慎注意义务，来认定两者的责任比例，且投保义务人应对未投保交强险所导致的后果承担更重的责任。

编写人：福建省厦门市思明区人民法院　张希华　洪瑾君

59

# 增驾实习期内发生交通事故，保险公司在商业三者险范围内的责任认定

## ——谭某诉某物流公司等机动车交通事故责任案

### 【案件基本信息】

1. 裁判书字号

湖南省湘潭市中级人民法院（2023）湘03民终605号民事判决书

2. 案由：机动车交通事故责任纠纷

3. 当事人

原告：谭某

被告（上诉人）：某物流公司

被告（被上诉人）：某保险公司

被告：汤某

### 【基本案情】

2019年9月29日10时30分许，汤某驾驶重型半挂牵引车行驶时，与陈某驾驶的无号牌普通二轮摩托车（搭乘谭某）相挂，造成谭某受伤，摩托车损坏的交通事故。经交警大队认定，汤某和陈某负同等责任，谭某无责任。经鉴定，谭某构成十级伤残，事故造成其经济损失191969.97元。汤某驾驶的车辆登记在某物流公司名下，该车辆系汤某以融资租赁方式从某物流公司承租，事故发生在承租期内。该车交强险和商业三者险以某物流公司名义在某保险公司投保，保险费由汤某负担，事故发生在保险期间内。事故发生时，汤某的驾照处于A2驾照增驾实习期。某保险公司未提交证据证明在订立保险合同时，已将机动车

综合商业保险示范条款等材料送达某物流公司，也未提交证据证明已就商业保险条款中的免责条款向某物流公司尽到了提示说明义务。

【案件焦点】

某保险公司对尚在增驾实习期内的汤某驾驶重型半挂牵引车引发交通事故的损失，在商业三者险范围内是否应承担赔偿责任。

【法院裁判要旨】

湖南省湘潭县人民法院经审理认为：虽汤某驾驶的机动车在某保险公司投保了商业三者险，但商业三者险条款约定，驾驶员在实习期内驾驶机动车牵引挂车，保险公司可以免责。某保险公司答辩称，事故发生时，汤某的驾照处于A2驾照增驾实习期，其驾驶机动车牵引挂车发生交通事故，保险公司在商业险赔付上免责。某保险公司该答辩理由成立，法院予以支持。

湖南省湘潭县人民法院依据《最高人民法院关于适用〈中华人民共和国民法典〉时间效力的若干规定》第一条第二款，《中华人民共和国道路交通安全法》第七十六条，《中华人民共和国侵权责任法》第十六条，《最高人民法院关于审理道路交通事故损害赔偿案件适用法律若干问题的解释》（2012年9月17日最高人民法院审委会通过）第三条、第十六条，《最高人民法院关于审理人身损害赔偿案件适用法律若干问题的解释》（2003年12月4日最高人民法院审委会通过）第十七条、第十八条、第十九条、第二十条、第二十一条、第二十二条、第二十三条、第二十四条、第二十五条，《中华人民共和国民事诉讼法》第一百四十七条之规定，判决如下：

一、某保险公司赔偿谭某因交通事故造成的各项经济损失合计120000元（含已支付的10000元）；

二、汤某与某物流公司连带赔偿谭某因交通事故造成的各项经济损失合计35984.99元（含汤某已支付的1000元）；

三、驳回谭某的其他诉讼请求。

某物流公司不服一审判决，提起上诉。湖南省湘潭市中级人民法院经审理认为：某保险公司称根据《商业保险合同》第二十四条责任免除条款的约定，实习期内驾驶牵引挂车，保险公司对超出交强险限额部分的损失，不承担保险责任。汤某提交的保险单中没有关于免责条款的说明，某保险公司未提交证据证明其向汤某或某物流公司送达了《商业保险合同》等保险材料，且该《商业保险合同》系保险行业商业保险的示范条款，某保险公司无证据证明《商业保险合同》第二十四条机动车第三者责任保险责任免除的内容，在某物流公司为案涉车辆购买保险时已对投保人作出明确的说明，并获某物流公司确认，故对某物流公司称汤某在实习期内驾驶重型半挂牵引车，保险公司应对超出交强险限额部分的损失承担保险责任的上诉理由，法院予以支持。

湖南省湘潭市中级人民法院依照《最高人民法院关于适用〈中华人民共和国民法典〉时间效力的若干规定》第一条第二款，《中华人民共和国侵权责任法》第十六条，《中华人民共和国道路交通安全法》（2011 年修正）第七十六条，《中华人民共和国保险法》第六十五条第一款，《最高人民法院关于审理道路交通事故损害赔偿案件适用法律若干问题的解释》第十六条，《最高人民法院关于审理人身损害赔偿案件适用法律若干问题的解释》第十七条、第十八条、第十九条、第二十条、第二十一条、第二十二条、第二十三条、第二十四条、第二十五条，《中华人民共和国民事诉讼法》第一百七十七条第一款第二项之规定，判决如下：

一、撤销湖南省湘潭县人民法院（2022）湘 0321 民初 3634 号民事判决；

二、某保险公司于本判决生效之日起十日内在保险责任限额内向谭某赔偿损失 145984.99 元（已扣除某保险公司垫付的 10000 元）；

三、驳回谭某的其他诉讼请求。

## 【法官后语】

一般情况下，机动车《商业保险合同》均系格式合同，其中责任免除条款中均会约定实习期内驾驶牵引挂车，保险公司对超出交强险限额部分的损失，不承担保险责任。合同签订双方对“实习期”的不同理解，导致肇事司机在实习期内驾驶重型半挂牵引车，保险公司对超出交强险限额部分的损失是否需要承担保险责任有不同的认识。其中包含：一是增驾是否系初次申报；二是增驾实习期内驾驶牵引挂车是否违反法律、行政法规的禁止性规定；三是保险合同签订时保险公司对该免责条款是否负有明确说明义务。从本案的情形可知，增驾实习期内驾驶牵引挂车不属于违反法律、行政法规的禁止性规定，即不属于违反法定义务情形；对格式条款有两种以上解释的，应当作出不利于提供条款一方的解释；保险公司应对该免责条款负有明确说明义务，若未明确说明，则应承担商业三者险范围内的赔偿责任。

1.《最高人民法院关于适用〈中华人民共和国保险法〉若干问题的解释（二）》第十条规定，保险人将法律、行政法规的禁止性规定情形作为保险合同免责条款的免责事由，保险人对该条款作出提示后，投保人、被保险人或者受益人以保险人未履行说明义务为由主张该条款不生效的，人民法院不予支持。某些情形系法律、行政法规的禁止性规定，或者有些情形是法定义务，合同双方依据常识也能清楚明白，无须保险人进行明确说明，这些情形不管有没有写进保险合同的免责条款中，都可免除保险公司的责任。比如，如实告知义务，该义务是一种保险合同中特有的民事义务、前合同义务、法定义务，即使未写进合同的免责条款，投保人违反如实告知义务，保险公司亦可免责。本案中，增驾实习期驾驶机动车牵引挂车是否属于“法律、行政法规的禁止性规定情形”呢？公安部《机动车驾驶证申领和使用规定》第七十七条规定：“机动车驾驶人在实习期内不得驾驶公共汽车、营运客车或者执行任务的警车……的机动车；驾驶的机动车不得牵引挂车。驾驶人在实习期内驾驶机动车上高速公路行驶，应当由持相应或者包含其准驾车型驾驶证三年以上的驾驶人陪同……在增加准驾车型后的实习期内，驾驶原准驾车型的机动车时不受上述限制。”从上述规定可知，实习期包含增加准驾车型后的12个月。但该规定是公安部制定的关于指导机动车驾驶证申领和使用的部门规章，并非全国人大及其常委会制定的法律，也不是国务院制定的行政法规，因此该规定中关于增驾实习期不得驾驶牵引车的相关规定，并不属于《最高人民法院关于适用〈中华人民共和国保险法〉若干问题的解释（二）》中的“禁止性规定”。因此，作为保险公司的免责条款在保险合同签订时，保险公司应当向投保人作出明确的说明。

2. 根据《道路交通安全法实施条例》第二十二条第二款的规定，机动车驾驶人初次申领机动车驾驶证后的12个月为实习期。在此期间，机动车驾驶人不能驾驶上述车辆。此处的实习期是否包含增驾实习期，合同签订双方有不同的理解。保险公司认为，肇事司机的驾照处于A2驾照增驾实习期，此增驾实习期亦属于“初次申领机动车驾驶证后的12个月为实习期”，其驾驶机动车牵引挂车发生交通事故，保险公司在商业险赔付上免责。肇事方则认为，在实习期内对机动车驾驶人员所作的驾驶特种车辆的限制性规定，应当理解为仅针对初次申领机动车驾驶证的驾驶人员，而申领增驾驾驶证的驾驶人员则不在上述限制范围之内，故保险公司应当予以理赔。在双方对条款有不同理解时，作为制作格式合同的一方即保险公司在签订合同时应当对条款内容进行说明，在未进行说明的情况下，保险公司应承担相应的责任。

3. 本案涉案《商业保险合同》第二十四条“责任免除”条款规定：“下列情况下，不论任何原因造成的人身伤亡、财产损失和费用，保险人均不负责赔偿……5. 实习期内驾驶公共汽车、营运客车或者执行任务的警车、载有危险物品的机动车或牵引挂车的机动车。”合同双方对增驾实习期是否包含在该规定的“实习期内”存在争议，且肇事司机在增驾实习期内驾驶牵引车的行为并不属于违反“法律、行政法规禁止性规定”，故保险公司需要就增驾实习期的含义、内容与增驾实习期内禁止驾驶车辆所产生的法律后果向投保人进行明确的说明。

编写人：湖南省湘潭县人民法院　黄戌娟

60

# 电动车被鉴定为机动车，交强险赔付责任的认定

## ——高某诉黄某机动车交通事故责任案

### 【案件基本信息】

1. 裁判书字号

安徽省蚌埠市中级人民法院（2023）皖03民终2746号民事判决书

2. 案由：机动车交通事故责任纠纷

3. 当事人

原告（被上诉人）：高某

被告（上诉人）：黄某

### 【基本案情】

2022年11月17日，黄某持B2驾驶证驾驶一辆正三轮轻便摩托车，沿某路北侧非机动车道由西向东逆向行驶至某街路口西侧时，高某驾驶的悬挂电动车临时号牌的两轮轻便摩托车，沿此路由东向西行驶至此处，因避让黄某驾驶的正三轮轻便摩托车而摔倒，致高某受伤，高某驾驶的两轮轻便摩托车受损。交通警察大队出具《道路交通事故认定书》，认定黄某负事故主要责任，高某负次要责任。黄某不服，提出事故责任复核，交通警察支队经复核对事故责任予以维持。事故发生后，高某前往医院治疗，经诊断为骨折、气滞血瘀证、髌骨骨折等损伤，住院20日，共支出医疗费16520.52元。黄某驾驶的正三轮轻便摩托车未投保保险。

**【案件焦点】**

电动车被鉴定为机动车辆后，交强险赔付责任如何认定。

**【法院裁判要旨】**

安徽省蚌埠市淮上区人民法院经审理认为：黄某驾驶车辆致高某受伤，在事故中负主要责任，因黄某驾驶的车辆为机动车，未投保保险，高某的全部合理损失，应由黄某在交强险范围内承担赔偿责任，超出交强险范围的按照70%的比例承担赔偿责任。高某此次诉请为医疗费16844.52元，支持其16520.52元，未超出交强险范围，应由黄某对此承担赔偿责任。

安徽省蚌埠市淮上区人民法院判决如下：

一、黄某赔偿高某医疗费16520.52元，于判决生效之日起十日内付清；

二、驳回高某的其他诉讼请求。

黄某不服一审判决，提起上诉。安徽省蚌埠市中级人民法院经审理认为：案涉《道路交通事故认定书》根据现场视频监控、现场勘测笔录、当事人询问记录、鉴定意见等证据材料，认定黄某持B2驾驶证驾驶正三轮轻便摩托车在非机动车道内逆向行驶且未按规定使用灯光，系造成本起事故的主要原因，高某驾驶机动车操作不当是造成本起交通事故的次要原因。该事故认定书程序合法，认定事实客观，可以作为定案依据。黄某上诉对该认定书认定事实有异议，但未能提供足以推翻该事故认定书的相关证据，法院不予支持。因本案的赔偿系在交强险范围内的赔偿，应不分当事人事故责任而进行全额赔偿。故，黄某主张案涉医疗费用应当按比例承担的请求，于法无据，不予支持。综上所述，黄某的上诉请求不能成立，应予驳回；一审判决认定事实清楚，适用法律正确，应予维持。

安徽省蚌埠市中级人民法院依照《中华人民共和国民事诉讼法》第一百七十七条第一款第一项之规定，判决如下：

驳回上诉，维持原判。

## 【法官后语】

在电动车达到机动车标准的情况下，是否应当在法律上认定为机动车并适用交强险赔偿规则，应充分考量《道路交通事故认定书》的证据效力，并结合我国交强险制度基本保障模式的立法目的，作出综合判断。

一是从《道路交通事故认定书》的证据效力来看，应将被鉴定为机动车的电动车视为法律意义上的机动车。《最高人民法院关于审理道路交通事故损害赔偿案件适用法律若干问题的解释》第二十四条规定："公安机关交通管理部门制作的交通事故认定书，人民法院应依法审查并确认其相应的证明力，但有相反证据推翻的除外。"交通事故认定书从证据性质上属公文书证，是道路交通纠纷案件中据以查明事实和划分责任的重要依据。在已有交通事故认定书对案件事实进行合理认定，且没有相反证据予以推翻的前提下，应对交通事故认定书的证据效力予以采信，事故认定书中关于车辆属性的认定亦应采信，且具有事实依据。本案中，黄某驾驶的正三轮轻便摩托车已被鉴定为机动车，其虽主张交通事故责任认定书认定的事实有误，但未提交证据推翻公安交管部门作出的事故认定书的效力，因此该事故认定书仍应作为本案认定事实的证据，黄某驾驶的正三轮轻便摩托车应被视为法律意义上的机动车。且电动车被鉴定为机动车，在交通运行中可能发生事故的风险就与机动车无异，应视为机动车当承担与其危险性相当的责任。

二是从我国交强险制度基本保障模式的立法目的看，电动车被鉴定为机动车应按照交强险赔付。《最高人民法院关于审理道路交通事故损害赔偿案件适用法律若干问题的解释》第十六条第一款规定："未依法投保交强险的机动车发生交通事故造成损害，当事人请求投保义务人在交强险责任限额内予以赔偿的，人民法院应予支持。"交强险的设立初衷是转嫁交通事故受害人所遭受的人身伤亡及财产损失的风险，由保险公司在责任限额内予以赔偿的强制性责任保险，目的就是在交通事故发生后，受害方能够得到及时、有效的救济，在一定程度上缓解肇事方和受害方的对立关系。为机动车投保交强险是机动车所有人或管理人的法定义务，上述条款没有对机动车未依法投保交强险的原因进行区分，而是规定投保义务人在交强险责任限额范围内应当承担赔偿责任。投保义务人未购买交强险的原因，不构成免除其应承担侵权责任的法定理由，故投保义务人应当在交强险范围内先行承担赔偿责任。法院判定被鉴定为机动车的电动车一方承担交强险赔付责任，有利于形成机动车一方为避免承担交强险先行赔付责任而积极投保交强险的效应，继而达到我国交强险基本保障模式的应然效果，即及时赔偿受害人损失和维护交通秩序。

在电动车达到机动车标准但未投保交强险且驾车上路行驶的情况下，赋予其机动车法律属性，并据此判定应承担的法律后果，这不仅符合普通大众的一般认知，而且有利于相关者识别其危险性，引导车辆购买者、使用者谨慎行事。

编写人：安徽省蚌埠市中级人民法院　田蕾

ISBN 978-7-5216-5042-6

9 787521 650426 >

**图书在版编目（CIP）数据**

中国法院2025年度案例. 道路交通纠纷 / 国家法官学院，最高人民法院司法案例研究院编. -- 北京 ：中国法治出版社，2025. 3. -- ISBN 978-7-5216-5042-6

Ⅰ. D920. 5

中国国家版本馆CIP数据核字第2025KN5194号

策划编辑：李小草　韩璐玮　白天园
责任编辑：贺鹏娟　　封面设计：李宁

**中国法院2025年度案例．道路交通纠纷**

ZHONGGUO FAYUAN 2025 NIANDU ANLI. DAOLU JIAOTONG JIUFEN

编者/国家法官学院，最高人民法院司法案例研究院
经销/新华书店
印刷/三河市紫恒印装有限公司
开本/730毫米×1030毫米　16开　　印张/19.5　字数/236千
版次/2025年3月第1版　　2025年3月第1次印刷

中国法治出版社出版
书号ISBN 978-7-5216-5042-6　　定价：75.00元

北京市西城区西便门西里甲16号西便门办公区
邮政编码：100053　　传真：010-63141600
**网址：http：//www.zgfzs.com**　　**编辑部电话：010-63141791**
**市场营销部电话：010-63141612**　　**印务部电话：010-63141606**

（如有印装质量问题，请与本社印务部联系。）